編者的話

　　「指定科目考試」是進入大學的主要管道，自 104 學年度起，各大學會依照科系的需求，分發入學採計指定科目考試，各招生校系採計科目由現行 3 到 6 科，降爲 3 到 5 科作爲招生入學的標準。因此「指考」每一年度的考題，對考生而言都非常重要，都具有參考及練習的價值。

　　爲了提供同學珍貴的資料，我們特別蒐集了 104 年度指考各科試題，做成「**104 年指定科目考試各科試題詳解**」，書後並附有大考中心所公佈的各科選擇題參考答案，及各科成績一覽表，同學在做完題目之後，不妨參考那些統計表，就可以知道有哪些科目需要加強。

　　這本書的完成，要感謝各科老師協助解題：

英文 / 謝靜芳老師・蔡琇瑩老師・李冠勳老師
　　　葉哲榮老師・謝沛叡老師・劉　毅老師
　　　美籍老師 Laura E. Stewart
　　　美籍老師 Christian Adams

數學 / 高英捷老師・徐家鵬老師

歷史 / 李　曄老師　　　地理 / 蕭仲亨老師

公民與社會 / 向　恆老師

物理 / 趙人平老師　　　化學 / 陳怡婷老師

生物 / 詹宗岳老師　　　國文 / 李雅清老師

　　另外，也要感謝白雪嬌小姐設計封面，黃淑貞小姐、蘇淑玲小姐負責打字及排版，李冠勳老師協助校稿。本書編校製作過程嚴謹，但仍恐有缺失之處，尚祈各界先進不吝指正。

劉　毅

目　錄

104 年大學入學指定科目考試試題
英文考科

第壹部分：選擇題 (占 72 分)

一、詞彙 (占 10 分)

說明： 第 1 題至第 10 題，每題有 4 個選項，其中只有一個是正確或最適當的
選項，請畫記在答案卡之「選擇題答案區」。各題答對者，得 1 分；
答錯、未作答或畫記多於一個選項者，該題以零分計算。

1. John is very close to his family. Whenever he feels depressed, he
   returns to the warm, _____, and comfortable atmosphere of his
   home.
   (A) crucial　　　(B) sloppy　　　(C) secure　　　(D) cautious

2. Tom _____ something before he left the room, but I couldn't
   figure out exactly what he said.
   (A) mumbled　　(B) perceived　　(C) summoned　　(D) trampled

3. The content of the book is very much technical and specialized; it is
   too difficult for a _____ to understand.
   (A) patriot　　　(B) hacker　　　(C) layman　　　(D) tenant

4. Food shortages are one of the main causes of _____ nutrition
   among children in developing countries.
   (A) distinctive　(B) vigorous　　(C) inadequate　(D) abundant

5. Good writers do not always write _____; on the contrary, they
   often express what they really mean in an indirect way.
   (A) explicitly　　(B) ironically　　(C) persistently　(D) selectively

6. According to the weather report, some light rain or _____ is
   expected today. You may need to take an umbrella with you when
   you go out.
   (A) hail　　　　(B) breeze　　　(C) tornado　　　(D) drizzle

7. The movie was so popular that many people came to the ＿＿＿＿＿
   conclusion that it must be good; however, many professional critics
   thought otherwise.
   (A) acute　　　(B) naive　　　(C) confidential　　(D) skeptical

8. In ancient times, people used large shells to ＿＿＿＿＿ voices in
   open-air ceremonies so that their tribal members near and far could
   hear what was said.
   (A) amplify　　(B) mobilize　　(C) penetrate　　(D) undermine

9. The audience held their breath and sat motionless in the theater as
   they watched the tragic historical event ＿＿＿＿＿ in front of their
   eyes.
   (A) ascending　(B) elaborating　(C) illustrating　(D) unfolding

10. According to government regulations, if employees are unable to
    work because of a serious illness, they are ＿＿＿＿＿ to take an
    extended sick leave.
    (A) adapted　　(B) entitled　　(C) oriented　　　(D) intimidated

二、綜合測驗（占 10 分）

說明：　第 11 題至第 20 題，每題一個空格，請依文意選出最適當的一個選項，
　　　　請畫記在答案卡之「選擇題答案區」。各題答對者，得 1 分；答錯、未
　　　　作答或畫記多於一個選項者，該題以零分計算。

第 11 至 15 題為題組

　　Ernest Hemingway (1899-1961) was an American author and
journalist. His writing style, characterized by simplicity and
understatement, influenced modern fiction, as ＿＿11＿＿ his life of
adventure.

　　Hemingway started his career as a journalist at 17. In the 1920s, he
was sent to Europe as a newspaper correspondent to ＿＿12＿＿ such events
as the Greek Revolution. During this period, he produced his early
important works, including *The Sun Also Rises*. Among his later works,

the most outstanding is *The Old Man and the Sea* (1952), which became perhaps his most famous book, finally winning him the Pulitzer Prize he had long been ___13___.

Hemingway liked to portray soldiers, hunters, bullfighters—tough, at times primitive people whose courage and honesty are set against the brutal ways of modern society, and who in this ___14___ lose hope and faith. His straightforward prose is particularly effective in his short stories, some of ___15___ are collected in *Men Without Women* (1927). In 1954, Hemingway was awarded the Nobel Prize in Literature. He died in Idaho in 1961.

11. (A) was　　　　(B) being　　　　(C) did　　　　　(D) doing
12. (A) cover　　　 (B) approve　　　(C) predict　　　 (D) escape
13. (A) planned　　 (B) achieved　　 (C) examined　　 (D) denied
14. (A) limitation　 (B) classification　(C) confrontation　(D) modification
15. (A) what　　　 (B) which　　　 (C) them　　　　(D) these

第 16 至 20 題為題組

Road running is one of the most popular and accessible athletic activities in the world. It refers to the sport of running on paved roads or established paths as opposed to track and field, or cross country running. The three most common ___16___ for road running events are 10K runs, half marathons (21.1K), and marathons (42.2K).

Road running is unique among athletic events because it ___17___ all ages and abilities. In many cases first time amateurs are welcome to participate in the same event as running club members and even current world-class ___18___. Sometimes it may also include wheelchair entrants.

Road running often offers those ___19___ a range of challenges such as dealing with hills, sharp bends, rough weather, and so on. Runners are advised to train prior to participating in a race. Another important factor contributing to success is a suitable pair of running shoes.

Road running is often a community-wide event that highlights or raises money for an issue or project. ___20___, Race for the Cure is held throughout the U.S. to raise breast cancer awareness. This race is also run in Germany, Italy, and Puerto Rico.

16. (A) journeys   (B) distances   (C) destinations   (D) measurements
17. (A) caters to   (B) depends on   (C) goes after   (D) identifies with
18. (A) matches   (B) civilians   (C) associations   (D) champions
19. (A) involving   (B) involved   (C) to involve   (D) are involved
20. (A) Above all   (B) For example
    (C) As it appears   (D) To some extent

三、文意選填（占 10 分）

說明： 第 21 題至第 30 題，每題一個空格，請依文意在文章後所提供的 (A) 到 (L) 選項中分別選出最適當者，並將其英文字母代號畫記在答案卡之 「選擇題答案區」。各題答對者，得 1 分；答錯、未作答或畫記多於 一個選項者，該題以零分計算。

第 21 至 30 題為題組

The 1918 influenza epidemic, which occurred during World War I, was one of the most devastating health crises of the 20th century. Between September 1918 and June 1919, more than 600,000 Americans died of influenza and pneumonia, making the epidemic far more ___21___ than the war itself. The influenza hit Americans in two waves. The first wave attacked the army camps and was less fatal than the second. The second wave arrived in the port city of Boston in September 1918 with war ___22___ of machinery and supplies. Other wartime events enabled the disease to ___23___ the country quickly. As men across the nation were joining the ___24___ to serve the country, they brought the virus with them everywhere they went. In October 1918 alone, the virus killed almost 200,000. In the following month, the end of World War I resulted in an even ___25___ spread of the disease. The celebration of the end of the war with parades and parties was a complete disaster from the standpoint of public health. This ___26___ the spread of the disease in some cities. The flu that winter was destructive beyond imagination as millions were ___27___ and thousands died. In fact, it caused many more deaths than any of the other epidemics which had ___28___ it.

Medical scientists ___29___ that another epidemic will attack people at some point in the future. Today's worldwide transportation makes it even ___30___ to control an epidemic. Therefore, doctors advise that we continue to get our annual flu shots in order to stay healthy.

(A) military	(B) crisis	(C) harder	(D) wider
(E) deadly	(F) come across	(G) shipments	(H) infected
(I) preceded	(J) warn	(K) accelerated	(L) sweep through

四、篇章結構（占 10 分）

說明： 第 31 題至第 35 題，每題一個空格。請依文意在文章後所提供的 (A) 到 (F) 選項中分別選出最適當者，填入空格中，使篇章結構清晰有條理，並將其英文字母代號畫記在答案卡之「選擇題答案區」。每題答對者，得 2 分；答錯、未作答或畫記多於一個選項者，該題以零分計算。

第 31 至 35 題為題組

Since the early 1990s, the lithium-ion battery has been the most suitable battery for portable electronic equipment. Today, they're commonly used for cellphones, computers, tablets, digital cameras, and other devices.

Lithium-ion batteries have nearly twice the energy density of traditional nickel cadmium batteries. ___31___ This feature has important implications for cellphones and computers, because it makes these items more portable for consumers. It also makes power tools easier to use and allows workers to use them for longer periods of time.

___32___ Lithium-ion batteries retain no "memory" of their power capacity from previous charging cycles. Thus they require no scheduled cycling and can be fully re-fueled to their maximum capacity during each charging cycle. Other rechargeable battery types, in contrast, retain information from previous charging cycles, which wastes valuable storage space. Over time, this makes these rechargeable batteries hold less of a charge.

　　__33__ It is fragile and requires a protection circuit to maintain safe operation. A high load could overheat the pack and safety might be jeopardized. __34__ After 2-3 years of use, the pack often becomes unserviceable due to a large voltage drop caused by high internal resistance.

　　It should be noted, however, that manufacturers are constantly making improvements on lithium-ion batteries. __35__ With such rapid progress, the use of lithium-ion batteries will certainly expand further.

(A) The lithium-ion battery is also a low maintenance battery.
(B) Despite its overall advantages, the lithium-ion battery has its drawbacks.
(C) New and enhanced chemical combinations are introduced every six months or so.
(D) Attempts to develop rechargeable lithium-ion batteries failed due to memory problems.
(E) That is, they carry more power in a smaller unit, helping to reduce overall weight and size.
(F) Another downside is the increase of the internal resistance that occurs with cycling and aging.

五、閱讀測驗（占 32 分）

說明：　第 36 題至第 51 題，每題請分別根據各篇文章之文意選出最適當的一個選項，請畫記在答案卡之「選擇題答案區」。各題答對者，得 2 分；答錯、未作答或畫記多於一個選項者，該題以零分計算。

第 36 至 39 題爲題組

Fabergé eggs are jeweled eggs that were made by the famous Russian jeweler, the House of Fabergé, from 1885 to 1917. The eggs were made of valuable metals or stones coated with beautiful colors and decorated with precious jewels.

The first Fabergé egg was crafted for Tsar Alexander III, who gave his wife, the Empress Maria Fedorovna, an Easter egg to celebrate their 20th wedding anniversary. He placed an order with a young jeweler, Peter Carl Fabergé, whose beautiful creations had caught Maria's eye earlier. On Easter morning of 1885, what appeared to be a simple enameled egg was delivered to the palace. But to the delight of the Empress, the egg opened to a golden yolk; within the yolk was a golden hen; and concealed within the hen was a diamond miniature of the royal crown and a tiny ruby egg. Unfortunately, the last two surprises are now lost to history.

Empress Maria was so delighted by this gift that Alexander appointed Fabergé a "goldsmith by special appointment to the Imperial Crown." The Tsar also asked Fabergé to make an Easter egg every year. The requirements were straightforward: Each egg must be unique, and each must contain a pleasant surprise. With excellent craftsmanship and an inventive spirit, **Peter Fabergé and his successors repeatedly met the challenge.** The House of Fabergé made approximately 50 Imperial Easter Eggs for Tsar Alexander III and his son Nicholas II until 1917, when the Russian revolution broke out.

Today, the term "Fabergé eggs" has become a synonym of luxury and the eggs are regarded as masterpieces of the jeweler's art. More significantly, perhaps, they serve as reminders of the last Russian imperial family.

36. Why did Tsar Alexander III choose Peter Fabergé to make the first Easter egg?
    (A) Peter Fabergé was the goldsmith for the royal family.
    (B) Empress Maria was impressed by Peter Fabergé's work.
    (C) Tsar Alexander III received an order from Empress Maria.
    (D) Peter Fabergé owned the most famous Russian jewelry house.

37. What went missing from the first Fabergé egg?
    (A) A golden hen and a ruby egg.
    (B) A golden hen and a golden yolk.
    (C) A ruby egg and a diamond crown.
    (D) A golden yolk and a diamond crown.

38. What does it mean by "**Peter Fabergé and his successors repeatedly met the challenge**" in the third paragraph?
    (A) They repeated their designs over and over.
    (B) They fulfilled the Tsar's requirements each time.
    (C) They challenged the Tsar's expectations every year.
    (D) They were faced with unexpected difficulties time and again.

39. Which of the following statements about the Fabergé eggs is true, according to the passage?
    (A) They were all genuine creations of the jeweler, Peter Fabergé.
    (B) They were created to represent Russian emperors and their dynasty.
    (C) They were made for annual Easter parties in the Russian imperial court.
    (D) They were connected to the last two Russian emperors and their families.

第 40 至 43 題為題組

　　Six Sigma is a highly disciplined process that helps companies focus on developing and delivering near-perfect products and services. The word "sigma" is a statistical term that measures how far a given process falls short of perfection. The central idea behind Six Sigma is that if a company can measure how many "defects" they have in a commercial production process, they can systematically figure out how to eliminate the problems and get as close to "zero defects" as possible.

Training and teamwork are essential elements of the Six Sigma methodology. In other words, companies need to have their team leaders and team members trained to implement the Six Sigma processes. They must learn to use the measurement and improvement tools. They also need to learn communication skills necessary for them to involve customers and suppliers and to serve their needs.

Six Sigma was developed in 1986 by Motorola, an American telecommunications company. Engineers in Motorola used it as an informal name for a plan to reduce faults in production processes. A few years later, Motorola extended the name "Six Sigma" to mean a general performance improvement method, beyond purely "defect reduction" in the production process. In 1995, Jack Welch, CEO of General Electrics (GE), decided to implement Six Sigma in GE; and by 1998 GE claimed that Six Sigma had generated over three-quarters of a billion dollars of cost savings.

By 2000, Six Sigma was effectively established as an industry in its own right, involving the training, consultancy and implementation of Six Sigma methodology in all sorts of organizations around the world. Organizations as diverse as local governments, prisons, hospitals, the armed forces, banks, and multi-national corporations have been adopting Six Sigma for quality and process improvement.

40. According to the passage, what is "Six Sigma"?
   (A) A digital device to speed up production processes.
   (B) A near-perfect process in business communication.

(C) A statistical term that measures a company's budgets and profits.

(D) A quality measure that detects problems to improve products and services.

41. For Six Sigma to be applied successfully, which of the following are the most crucial factors?

(A) Customers and suppliers' needs.

(B) Tools in statistics and marketing.

(C) Strong teamwork and proper training.

(D) Good leadership and sufficient budget.

42. How are the author's ideas developed in the last two paragraphs?

(A) By definition.　　　　(B) By comparison.

(C) In time order.　　　　(D) In space order.

43. According to the passage, which of the following is true regarding Six Sigma?

(A) It helped Motorola and General Motors to promote sales.

(B) It requires multi-national efforts to generate satisfactory results.

(C) It has gained popularity mostly among large telecommunications companies.

(D) It has become a business model which provides services to organizations worldwide.

第 44 至 47 題為題組

　　Imagine two bottlenose dolphins swimming in the Gulf of Mexico. You hear a series of clicks, whistles, and whines coming from each, much like a conversation. We can't be sure what they are discussing, but scientists do believe dolphins call each other by "name."

　　A recent study suggests the marine mammals not only produce their own unique "signature whistles," but they also recognize and mimic whistles of other dolphins they are close to and want to see again. It seems that dolphins can call those they know by mimicking their distinct whistles. "They're abstract names," said Randall Wells, one of the authors of the study.

To conduct the study, the researchers listened to recordings of about 250 wild bottlenose dolphins made around Florida's Sarasota Bay from 1984 to 2009, and four captive dolphins at a nearby aquarium. Some wild dolphins were briefly captured and held in separate nets by the research team, allowing them to hear but not see each other. Researchers found that dolphins familiar with each other would mimic the whistle of another in that group when they were separated. Most of **this** took place among mothers and calves, or among males who were close associates, suggesting it was affiliative and not aggressive—somewhat like calling out the name of a missing child or friend. Whistle copying of this sort was not found in dolphins that happened to cross paths in the wild.

This use of vocal copying is similar to its use in human language, where the maintenance of social bonds appears to be more important than the immediate defense of resources. This helps differentiate dolphins' vocal learning from that of birds, which tend to address one another in a more "aggressive context."

If confirmed, this would be a level of communication rarely found in nature. If dolphins can identify themselves and address friends with just a few squeaks, it's easy to imagine what else they're saying. However, as the authors of the study point out, all we can do right now is still imagine.

44. What is the main idea of the passage?
   (A) Bottlenose dolphins show strong ties to their family members.
   (B) Bottlenose dolphins recognize their friends' voices in the wild.
   (C) Bottlenose dolphins produce whistles that distinguish themselves.
   (D) Bottlenose dolphins demonstrate a unique type of animal communication.

45. Which of the following statements is true about Wells's research team?
    (A) Their data were collected over two decades.
    (B) They recorded the calls of dolphins and birds.
    (C) Their major research base was in Mexico.
    (D) They trained 250 wild dolphins for observation.

46. What does "**this**" in the third paragraph refer to?
    (A) Recording messages.   (B) Conducting research.
    (C) Behavior learning.   (D) Whistle copying.

47. Which of the following can be inferred from the passage?
    (A) Birds may use their calls to claim territory.
    (B) Male dolphins whistle when fighting for mates.
    (C) Dolphins make harsh squeaks when hunting for food.
    (D) Both dolphins and birds tend to mimic their enemies' whistles.

第 48 至 51 題為題組

　　With soaring rock formations, uniquely-rippled landscapes, and mysterious underground cities, the Goreme National Park is an incredible tourist attraction in central Turkey.

　　Thousands of years ago a group of ancient volcanoes spewed out layer upon layer of thick ash and lava which formed the Cappadocia region, where the Goreme National Park is now located. Over the centuries the wind and rain worked their magic on this land, carving out spectacular gorges and leaving behind the dramatic towering formations of rock pillars that reach heights of 40 meters. These amazing structures are usually called "fairy chimneys." They come in an extraordinary range of shapes and sizes, but most are tall and resemble king trumpet mushrooms with a cap on top. The top stone is the hardest part of each formation and protects the softer rock underneath from erosion.

Eventually, however, these caps fall off, whereupon the wind and rain start to cut away the cone until it, too, collapses. The unique landforms of the Goreme valley have created its lunar-like landscape, also known as a moonscape.

But the Goreme National Park has always been much more than its dramatic scenery. Humans, too, have left their unique mark on the region. The Byzantine Christians inhabited the area in the fourth century. They carved thousands of cave churches, chapels, and monasteries out of rock. Many of these churches were decorated with beautiful wall paintings whose colors still retain all their original freshness. The Byzantine Christians even carved out entire underground villages in an effort to hide from the Romans and later, the Muslims. To this day, many of these villages are still inhabited and many of the rock-cut storerooms are still stuffed with grapes, lemons, potatoes and flat bread waiting for the winter.

48. How is the landscape of the Goreme National Park formed?
    (A) It is the effect of erosions of volcanic rocks by wind and water.
    (B) It is the outcome of cumulative ash and lava from volcanoes.
    (C) It is the creation of some mysterious forces from the moon.
    (D) It is the result of rock cutting by the Byzantine Christians.

49. Which of the following descriptions of the "fairy chimneys" is true?
    (A) They are almost identical in size and shape.
    (B) They have mushrooms growing on the top.
    (C) They are formed by rocks of different hardness.
    (D) They have strong bottoms to support their 40-meter height.

50. Which of the following has **NOT** been a function served by the carved rocks in the Goreme National Park?
    (A) Refuge.   (B) Gallery.
    (C) Residence.   (D) Place of worship.

51. Which of the following sentences best states the main idea of the
    passage?
    (A) Goreme is a wonder where nature meets man.
    (B) Goreme is a representation of ancient Turkish life.
    (C) Goreme is a living example of the power of nature.
    (D) Goreme is an attraction that mixes the new and the old.

第貳部份：非選擇題（占 28 分）

說明： 本部分共有二題，請依各題指示作答，答案必須寫在「答案卷」上，
　　　 並標明大題號（一、二）。作答務必使用筆尖較粗之黑色墨水的筆書
　　　 寫，且不得使用鉛筆。

一、中譯英（占 8 分）

說明： 1. 請將以下中文句子譯成正確、通順、達意的英文，並將答案寫在「答
　　　　 案卷」上。
　　　 2. 請依序作答，並標明子題號（1、2）。每題 4 分，共 8 分。

1. 台灣便利商店的密集度是全世界最高的，平均每兩千人就有一家。

2. 除了購買生活必需品，顧客也可以在這些商店繳費，甚至領取網路訂購之
   物品。

二、英文作文（占 20 分）

說明： 1. 依提示在「答案卷」上寫一篇英文作文。
　　　 2. 文長至少 120 個單詞（words）。

提示： 指導別人學習讓他學會一件事物，或是得到別人的指導而自己學會一
　　　 件事物，都是很好的經驗。請根據你過去幫助別人學習，或得到別人
　　　 的指導而學會某件事的經驗，寫一篇至少 120 個單詞的英文作文。文
　　　 分兩段，第一段說明該次經驗的緣由、內容和過程，第二段說明你對
　　　 該次經驗的感想。

104年度指定科目考試英文科試題詳解

第壹部分：選擇題

一、詞彙：

1. (**C**) John is very close to his family. Whenever he feels depressed, he
   returns to the warm, <u>secure</u>, and comfortable atmosphere of his
   home. 約翰和他的家人非常親密。每當他感到沮喪，他就會回到氣
   氛非常溫暖、安全，而且又舒適的家。
   (A) crucial〔'kruʃəl〕*adj.* 非常重要的
   (B) sloppy〔'slɑpɪ〕*adj.* 邋遢的
   (C) ***secure***〔sɪ'kjur〕*adj.* 安全的
   (D) cautious〔'kɔʃəs〕*adj.* 小心的；謹慎的
   * close〔klos〕*adj.* 親密的　　depressed〔dɪ'prɛst〕*adj.* 沮喪的
   atmosphere〔'ætməs,fɪr〕*n.* 氣氛

2. (**A**) Tom <u>mumbled</u> something before he left the room, but I couldn't
   figure out exactly what he said.
   湯姆在離開房間之前喃喃地說某件事，但是我不知道他究竟說了什麼。
   (A) ***mumble***〔'mʌmbl̩〕*v.* 喃喃地說
   (B) perceive〔pɚ'siv〕*v.* 察覺
   (C) summon〔'sʌmən〕*v.* 召喚；鼓起（勇氣）
   (D) trample〔'træmpl̩〕*v.* 踐踏
   * ***figure out*** 了解　　exactly〔ɪg'zæktlɪ〕*adv.* 確切地

3. (**C**) The content of the book is very much technical and specialized; it
   is too difficult for a <u>layman</u> to understand.
   這本書的內容相當技術性和專業；對<u>外行人</u>來說太難了，無法了解。
   (A) patriot〔'petrɪət〕*n.* 愛國者
   (B) hacker〔'hækɚ〕*n.* 駭客
   (C) ***layman***〔'lemən〕*n.* 外行人；門外漢
   (D) tenant〔'tɛnənt〕*n.* 房客
   * content〔'kɑntɛnt〕*n.* 內容
   technical〔'tɛknɪkl̩〕*adj.* 技術的；專門的
   specialized〔'spɛʃəl,aɪzd〕*adj.* 專門的

4. (**C**) Food shortages are one of the main causes of <u>inadequate</u> nutrition among children in developing countries.
食物的短缺是開發中國家兒童營養<u>不足</u>的主要原因之一。

    (A) distinctive〔dɪˈstɪŋktɪv〕*adj.* 獨特的

    (B) vigorous〔ˈvɪgərəs〕*adj.* 精力充沛的

    (C) *inadequate*〔ɪnˈædəkwɪt〕*adj.* 不足的

    (D) abundant〔əˈbʌndənt〕*adj.* 豐富的

    * shortage〔ˈʃɔrtɪdʒ〕*n.* 短缺　　　main〔men〕*adj.* 主要的
    nutrition〔njuˈtrɪʃən〕*n.* 營養　　*developing country* 開發中國家

5. (**A**) Good writers do not always write <u>explicitly</u>; on the contrary, they often express what they really mean in an indirect way.
好的作家不一定都會寫得很<u>清楚</u>；相反地，他們常會用間接的方式，來表達自己真正的意思。

    (A) *explicitly*〔ɪkˈsplɪsɪtlɪ〕*adv.* 明白地；清晰地

    (B) ironically〔aɪˈrɑnɪkḷɪ〕*adv.* 諷刺地

    (C) persistently〔pɚˈsɪstəntlɪ〕*adv.* 持續不斷地

    (D) selectively〔səˈlɛktɪvlɪ〕*adv.* 有選擇地

    * *not always* 未必；不一定　　*on the contrary* 相反地
    express〔ɪkˈsprɛs〕*v.* 表達　　indirect〔ˌɪndəˈrɛkt〕*adj.* 間接的

6. (**D**) According to the weather report, some light rain or <u>drizzle</u> is expected today. You may need to take an umbrella with you when you go out. 根據天氣預報，預計今天會有一些小雨或<u>毛毛雨</u>。當你出門的時候，可能必須隨身帶把傘。

    (A) hail〔hel〕*n.* 冰雹

    (B) breeze〔briz〕*n.* 微風

    (C) tornado〔tɔrˈnedo〕*n.* 龍捲風

    (D) *drizzle*〔ˈdrɪzḷ〕*n.* 毛毛雨

    * *light rain* 小雨　　expect〔ɪkˈspɛkt〕*v.* 預期

7. (**B**) The movie was so popular that many people came to the <u>naive</u> conclusion that it must be good; however, many professional critics thought otherwise. 這部電影很受歡迎，所以很多人就很<u>天真</u>地斷定它一定是一部好片；然而，很多專業的評論家卻認為並非如此。

    (A) acute〔əˈkjut〕*adj.* 急性的

    (B) *naive*〔nɑˈiv〕*adj.* 天真的

(C) confidential〔͵kɑnfə'dɛnʃəl〕*adj.* 機密的

(D) skeptical〔'skɛptɪkḷ〕*adj.* 懷疑的

* conclusion〔kən'kluʒən〕*n.* 結論　　***come to a conclusion*** 下結論
professional〔prə'fɛʃənḷ〕*adj.* 專業的
critic〔'krɪtɪk〕*n.* 批評家；評論家
otherwise〔'ʌðə͵waɪz〕*adv.* 不那樣；以另外的方式

8. (**A**) In ancient times, people used large shells to <u>amplify</u> voices in open-air ceremonies so that their tribal members near and far could hear what was said. 在古代，人們在戶外的典禮中，會用大型的貝殼來<u>擴大</u>音量，這樣不論遠近的部落成員都能聽到在說什麼。

(A) ***amplify***〔'æmplə͵faɪ〕*v.* 擴大；放大

(B) mobilize〔'mobḷ͵aɪz〕*v.* 動員

(C) penetrate〔'pɛnə͵tret〕*v.* 貫穿

(D) undermine〔͵ʌndə'maɪn〕*v.* 暗中破壞；逐漸損害

* ancient〔'enʃənt〕*adj.* 古代的　　***in ancient times*** 在古代
shell〔ʃɛl〕*n.* 貝殼　　open-air〔'opən'ɛr〕*adj.* 露天的；戶外的
ceremony〔'sɛrə͵monɪ〕*n.* 典禮　　tribal〔'traɪbḷ〕*adj.* 部落的
near and far 遠近；到處（ = *far and near* ）

9. (**D**) The audience held their breath and sat motionless in the theater as they watched the tragic historical event <u>unfolding</u> in front of their eyes. 當戲院的觀眾看到這個悲慘的歷史事件在他們眼前<u>展開</u>時，都屏住氣息，動也不動地坐著。

(A) ascend〔ə'sɛnd〕*v.* 上升

(B) elaborate〔ɪ'læbə͵ret〕*v.* 詳細說明；精心製作

(C) illustrate〔'ɪləstret〕*v.* 說明

(D) ***unfold***〔ʌn'fold〕*v.*（故事等）展開

* audience〔'ɔdɪəns〕*n.* 觀眾　　***hold one's breath*** 屏住氣息
motionless〔'moʃənlɪs〕*adj.* 不動的；靜止的
tragic〔'trædʒɪk〕*adj.* 悲劇的；悲慘的
historical〔hɪs'tɔrɪkḷ〕*adj.* 歷史上的　　***in front of*** 在…的前面

10. (**B**) According to government regulations, if employees are unable to work because of a serious illness, they are <u>entitled</u> to take an extended sick leave. 根據政府的規定，如果員工因為重病而無法工作，他們<u>有權</u>請長期的病假。

(A) adapt〔ə'dæpt〕v. 適應;改編
(B) ***entitle***〔ɪn'taɪt!〕v. 使享有權利;使符合資格
  be entitled to 有權利;有資格
(C) orient〔'orɪˌɛnt〕v. 使適應(新環境等)
(D) intimidate〔ɪn'tɪməˌdet〕v. 威脅;使恐懼

＊regulation〔ˌrɛgjə'leʃən〕n. 規定
employee〔ˌɛmplɔɪ'i〕n. 員工
extended〔ɪk'stɛndɪd〕adj. 延長的;長期的
take a sick leave 請病假

二、綜合測驗:

第 11 至 15 題為題組

Ernest Hemingway (1899-1961) was an American author and journalist. His writing style, characterized by simplicity and understatement, influenced modern fiction, as did his life of adventure.
                                    11

　　海明威(1899-1961)是美國作家及記者。他的寫作風格特色是簡樸、含蓄,影響了現代的小說,他的冒險生活也是。

Ernest Hemingway〔'ɝnɪst 'hɛmɪŋˌwe〕n. 海明威
author〔'ɔθɚ〕n. 作者　　journalist〔'dʒɝnl̩ɪst〕n. 記者
be characterized by 特色是　　simplicity〔sɪm'plɪsətɪ〕n. 簡樸
understatement〔'ʌndɚ'stetmənt〕n. 含蓄;輕描淡寫
influence〔'ɪnfluəns〕v. 影響　　modern〔'mɑdən〕adj. 現代的
fiction〔'fɪkʃən〕n. 小說　　adventure〔əd'vɛntʃɚ〕n. 冒險

11.(**C**) 連接詞 as 在此作「和～一樣;也是」解,後接倒裝句,前句主要
　　動詞為 influenced,故後句助動詞應用 ***did***,選 (C)。

Hemingway started his career as a journalist at 17. In the 1920s, he was sent to Europe as a newspaper correspondent to cover such events as
                                                        12
the Greek Revolution. During this period, he produced his early important works, including The Sun Also Rises. Among his later works, the most outstanding is The Old Man and the Sea (1952), which became perhaps his most famous book, finally winning him the Pulitzer Prize he had long been denied.
                13

海明威17歲就開始了他的記者生涯。在1920年代，他被派到歐洲擔任報社的特派員，報導一些事件如希臘革命等。在這段期間，他創作了他早期的重要作品，包括「太陽照常升起」。在他後期的作品中，最傑出的是的「老人與海」（1952年），這或許是他最有名的書，最後讓他贏得普立茲獎，這是他長久以來一直未能得到的。

career〔kə'rır〕*n.* 職業；事業
correspondent〔ˌkɔrə'spɑndənt〕*n.* 新聞特派員
event〔ɪ'vɛnt〕*n.* 事件　　revolution〔ˌrɛvə'luʃən〕*n.* 革命
Greek Revolution 希臘革命　　period〔'pɪrɪəd〕*n.* 時期；期間
outstanding〔'aʊt'stændɪŋ〕*adj.* 傑出的
Pulitzer Prize〔'pjulɪtsɚ 'praɪz〕*n.* 普立茲獎【美國新聞界的最高榮譽】

12.(**A**) 依據文意，應選 (A)。
　　(A) **cover**〔'kʌvɚ〕*v.* 報導
　　(B) approve〔ə'pruv〕*v.* 贊成；批准
　　(C) predict〔prɪ'dɪkt〕*v.* 預測
　　(D) escape〔ə'skep〕*v.* 逃走

13.(**D**) 依據文意，應選 (D)。
　　(A) plan〔plæn〕*v.* 計劃
　　(B) achieve〔ə'tʃiv〕*v.* 達成；成就
　　(C) examine〔ɪg'zæmɪn〕*v.* 檢查；測驗
　　(D) **deny**〔dɪ'naɪ〕*v.* 否認；拒絕給予

Hemingway liked to portray soldiers, hunters, bullfighters—tough, at times primitive people whose courage and honesty are set against the brutal ways of modern society, and who in this <u>confrontation</u> lose hope
14
and faith. His straightforward prose is particularly effective in his short stories, some of <u>which</u> are collected in Men Without Women (1927). In
15
1954, Hemingway was awarded the Nobel Prize in Literature. He died in Idaho in 1961.

海明威喜歡描繪軍人、獵人、鬥牛士——很強悍，有時又很原始的人，他們的勇氣與誠實，與現在社會的殘忍方面做對照，他們在這種衝突之中失去希望和信念。他率直的散文寫作在他的短篇小說中特別有效，其中一些收集在「沒有女人的男人」（1927年）。在1954年，海明威獲頒諾貝爾文學獎。1961年，他在愛德荷州過世。

portray〔pɔr'tre〕v. 描繪　　soldier〔'soldʒɚ〕n. 軍人；士兵

hunter〔'hʌntɚ〕n. 獵人　　bullfighter〔'bul,faɪtɚ〕n. 鬥牛士

tough〔tʌf〕adj. 強悍的　　*at times* 偶爾；有時

primitive〔'prɪmətɪv〕adj. 原始的　　courage〔'kɝɪdʒ〕n. 勇氣

honesty〔'ɑnɪstɪ〕n. 誠實　　*set against* 與～對照

brutal〔'brutl̩〕adj. 殘忍的；冷酷的　　faith〔feθ〕n. 信仰；信念

straightforward〔'stret,fɔrwɚd〕adj. 率直的

prose〔proz〕n. 散文　　particularly〔pɚ'tɪkjələlɪ〕adv. 特別地

effective〔ə'fɛktɪv〕adj. 有效的　　award〔ə'wɔrd〕v. 頒發

Nobel Prize〔no'bɛl 'praɪz〕n. 諾貝爾獎

literature〔'lɪtərətʃɚ〕n. 文學

Idaho〔'aɪdə,no〕n. 愛達荷州【位於美國西北部】

14.（ **C** ）依據文意，應選 (C)。

(A) limitation〔,lɪmə'teʃən〕n. 限制

(B) classification〔,klæsəfə'keʃən〕n. 分類

(C) *confrontation*〔,kɑnfrʌn'teʃən〕n. 對立；衝突

(D) modification〔,mɑdəfə'keʃən〕n. 變更；修正

15.（ **B** ）空格需要代名詞，代替前面的 short stories，也需要連接詞連接前後
兩句話，應用關係代名詞 *which*，故選 (B)。

第 16 至 20 題為題組

　　Road running is one of the most popular and accessible athletic
activities in the world. It refers to the sport of running on paved roads or
established paths as opposed to track and field, or cross country running.
The three most common <u>distances</u> for road running events are 10K runs,
16
half marathons (21.1K), and marathons (42.2K).

　　路跑是全世界最受歡迎、最容易參加的體育活動之一。相對於田徑賽，或
是越野賽跑，它指的是在鋪設好的道路或既定的路徑上跑步的運動。路跑活動
三種最常見的距離為：10公里賽跑、半馬（21.1公里）和全馬（42.2公里）。

accessible〔æk'sɛsəbl̩〕adj. 可以得到的；容易取得的

athletic〔æθ'lɛtɪk〕adj. 運動的；體育的

activity〔æk'tɪvətɪ〕n. 活動　　*refer to* 指

paved〔pevd〕adj. 鋪設好的

established〔ə'stæblɪʃt〕*adj.* 確定的

path〔pæθ〕*n.* 小徑；路徑　　***as opposed to*** 與～相對的

track and field 田徑賽　　***cross country*** （不經過道路）越野的

marathon〔'mærə,θɑn〕*n.* 馬拉松賽跑

16.（**B**）依據文意，應選 (B)。

(A) journey〔'dʒɜnɪ〕*n.* 旅行

(B) ***distance***〔'dɪstəns〕*n.* 距離

(C) destinaton〔,dɛstə'neʃən〕*n.* 目的地

(D) measurement〔'mɛʒəmənt〕*n.* 測量

Road running is unique among athletic events because it <u>caters to</u> all

17

ages and abilities.　In many cases first time amateurs are welcome to

participate in the same event as running club members and even current

world-class <u>champions</u>.　Sometimes it may also include wheelchair entrants.

18

　　路跑在體育賽事中是很獨特的，因為它滿足了各種年齡層、各種能力的人。
在許多情況中，第一次參加的業餘者、跑步社團的成員，還有甚至是現今世界
級的冠軍選手，都歡迎參加同一場比賽。有時可能還包括坐輪椅的參賽者。

unique〔ju'nik〕*adj.* 獨特的　　ability〔ə'bɪlətɪ〕*n.* 能力

case〔kes〕*n.* 情況　　amateur〔'æmətʃur〕*n.* 業餘者

participate〔pə'tɪsə,pet〕*v.* 參加 < *in* >

current〔'kɜənt〕*adj.* 現在的；現今的

world-class〔'wɜld'klæs〕*adj.* 世界級的

wheelchair〔'hwil,tʃɛr〕*n.* 輪椅

entrant〔'ɛntrənt〕*n.* 參加者（ = *participant* ）

17.（**A**）依據文意，應選 (A)。

(A) ***cater to*** 迎合；滿足　　(B) depend on 依賴；取決於

(C) go after 追求　　(D) identify with 認同；有同感

18.（**D**）依據文意，應選 (D)。

(A) match〔mætʃ〕*n.* 火柴；對手

(B) civilian〔sə'vɪljən〕*n.* 平民；百姓

(C) association〔ə,soʃɪ'eʃən〕*n.* 協會

(D) ***champioin***〔'tʃæmpɪən〕*n.* 冠軍者

Road running often offers those <u>involved</u> a range of challenges such
19
as dealing with hills, sharp bends, rough weather, and so on. Runners are
advised to train prior to participating in a race. Another important factor
contributing to success is a suitable pair of running shoes.

路跑常給予參加者各種挑戰，例如要應付山丘、急轉彎、惡劣的天氣等等。
一般建議跑者在參加比賽之前要先訓練。另一個有助於成功的重要因素是，要
有一雙合適的慢跑鞋。

range〔rendʒ〕*n.* 範圍　　***a range of*** 各種
challenge〔'tʃælındʒ〕*n.* 挑戰　　***deal with*** 處理；應付
hill〔hıl〕*n.* 山丘　　sharp〔ʃɑrp〕*adj.* (轉彎) 急轉的
bend〔bɛnd〕*n.* 轉彎；轉角　　rough〔rʌf〕*adj.* (天候) 惡劣的
and so on 等等　　advise〔əd'vaız〕*v.* 勸告；建議
train〔tren〕*v.* 訓練　　***prior to*** 在～之前
race〔res〕*n.* 賽跑　　factor〔'fæktə〕*n.* 因素
contribute〔kən'trıbjut〕*v.* 促成；有助於 < *to* >
suitable〔'sutəbḷ〕*adj.* 合適的　　***running shoes*** 慢跑鞋

19.(**B**) 此處原來應是 those who are involved (參加的人)，省略關代和
be 動詞，而成為 those ***involved***，故選 (B)。

Road running is often a community-wide event that highlights or
raises money for an issue or project. <u>For example</u>, Race for the Cure is
20
held throughout the U.S. to raise breast cancer awareness. This race is
also run in Germany, Italy, and Puerto Rico.

路跑常常是全社區的活動，強調某個議題或計劃，或是為該議題或計劃募
款。例如，在全美國舉行的「為治療而跑」，就是要提高大家對乳癌的意識。這
個路跑也在德國、義大利和波多黎各舉行。

community〔kə'mjunətı〕*n.* 社區
-wide〔waıd〕指「涵蓋～全部」的字尾
highlight〔'haı,laıt〕*v.* 強調　　raise〔rez〕*v.* 籌募；提高
issue〔'ıʃju〕*n.* 議題　　project〔'prɑdʒɛkt〕*n.* 計劃
cure〔kjur〕*n.* 治療　　hold〔hold〕*v.* 舉行
throughout〔θru'aut〕*prep.* 遍及　　breast〔brɛst〕*n.* 胸部；乳房
breast cancer 乳癌　　awareness〔ə'wɛrnıs〕*n.* 意識
Puerto Rico〔,pwɛrtə'riko〕*n.* 波多黎各【位於西印度群島】

20.（**B**） 依據文意，應選 (B)。

(A) Above all　尤其；最重要的是

(B) *For example*　例如

(C) As it appears　似乎

(D) To some extent　到某種程度；有幾分

三、文意選填：

第 21 至 30 題為題組

The 1918 influenza epidemic, which occurred during World War I, was one of the most devastating health crises of the 20th century. Between September 1918 and June 1919, more than 600,000 Americans died of influenza and pneumonia, making the epidemic far more [21](E) deadly than the war itself. The influenza hit Americans in two waves. The first wave attacked the army camps and was less fatal than the second. The second wave arrived in the port city of Boston in September 1918 with war [22](G) shipments of machinery and supplies.

1918 年流感的傳播，發生於第一次世界大戰期間，是20世紀最具毀滅性的健康危機之一。在1918 年 9 月和1919 年 6 月期間，超過60萬美國人死於流感和肺炎，使得流感比起戰爭本身更加致命。流感在美國爆發過兩波。第一波是襲擊軍營，沒有比第二波致命。1918 年的 9 月，隨著運送戰爭的機械和軍糧，第二波到達港口城市波士頓。

influenza〔ˌɪnfluˈɛnzə〕 *n.* 流行性感冒

epidemic〔ˌɛpɪˈdɛmɪk〕 *n.* 傳播；流行病

occur〔əˈkɝ〕 *v.* 發生　　*World War I* 第一次世界大戰

devastating〔ˈdɛvəsˌtetɪŋ〕 *adj.* 毀滅性的

crisis〔ˈkraɪsɪs〕 *n.* 危機（ 複數為 crises〔ˈkraɪsiz〕）

die of 死於（ 疾病 ）　　pneumonia〔njuˈmonjə〕 *n.* 肺炎

deadly〔ˈdɛdlɪ〕 *adj.* 致命的　　hit〔hɪt〕 *v.* 襲擊

wave〔wev〕 *n.* 波　　attack〔əˈtæk〕 *v.* 襲擊

army〔ˈɑrmɪ〕 *n.* 軍隊　　camp〔kæmp〕 *n.* 兵營

fatal〔ˈfetl̩〕 *adj.* 致命的　　port〔port〕 *n.* 港口

shipment〔ˈʃɪpmənt〕 *n.* 運送；運貨

machinery〔məˈʃinərɪ〕 *n.* 機器；機械

supplies〔səˈplaɪz〕 *n. pl.* 軍糧

Other wartime events enabled the disease to [23](L) sweep through the country quickly. As men across the nation were joining the [24](A) military to serve the country, they brought the virus with them everywhere they went. In October 1918 alone, the virus killed almost 200,000. In the following month, the end of World War I resulted in an even [25](D) wider spread of the disease. The celebration of the end of the war with parades and parties was a complete disaster from the standpoint of public health. This [26](K) accelerated the spread of the disease in some cities. The flu that winter was destructive beyond imagination as millions were [27](H) infected and thousands died. In fact, it caused many more deaths than any of the other epidemics which had [28](I) prededed it.

其他戰爭事件使得這個疾病，快速橫掃整個國家。當全國的男性參加軍隊為國服務時，他們走到哪裡就把病毒帶到哪裡。光是1918年10月，這病毒就奪走幾乎20萬人的性命。接下來的一個月，第一次世界大戰結束，導致這疾病的散布更加廣泛。以公共健康的觀點來看，用遊行和派對來慶祝戰爭結束，簡直就是災難。這樣的慶祝加速這疾病在某些城市的散布。那個冬天流感的毀滅力超乎大家想像，隨著數百萬人被感染，數千人死亡。事實上，它造成的死亡，比發生在它之前的任何一個流感，都要來得多。

wartime〔'wɔr͵taɪm〕*n.* 戰時	event〔ɪ'vɛnt〕*n.* 事件
enable〔ɪn'ebḷ〕*v.* 使…能夠	disease〔dɪ'ziz〕*n.* 疾病
sweep〔swip〕*v.* 橫掃；襲擊	across〔ə'krɔs〕*prep.* 橫越；遍及
across the nation 全國	*the military* 軍方
virus〔'vaɪrəs〕*n.* 病毒	following〔'fɑləwɪŋ〕*adj.* 接著的
result in 導致	spread〔sprɛd〕*n.v.* 蔓延；散布
celebration〔͵sɛlə'breʃən〕*n.* 慶祝	
parade〔pə'red〕*n.* 遊行	complete〔kəm'plit〕*adj.* 徹底的
disaster〔dɪz'æstə〕*n.* 災難	standpoint〔'stænd͵pɔɪnt〕*n.* 觀點
accelerate〔æk'sɛlə͵ret〕*v.* 加速	flu〔flu〕*n.* 流行性感冒
destructive〔dɪ'strʌktɪv〕*adj.* 毀滅性的	
beyond imagination 超乎想像	infect〔ɪn'fɛkt〕*v.* 感染
cause〔kɔz〕*v.* 造成；導致	precede〔prɪ'sid〕*v.* 在～之前

Medical scientists [29](J) warn that another epidemic will attack people at some point in the future. Today's worldwide transportation makes it

even ^{30}**(C) harder** to control an epidemic. Therefore, doctors advise that we
continue to get our annual flu shots in order to stay healthy.

醫學專家警告，另一波流感會在將來的某一時間點侵襲我們。因為現今全
球的運輸系統，使得控制流感更加困難。因此，醫生建議我們應該每年都持續
注射流感疫苗，來維持健康。

> medical (ˈmɛdɪkḷ) *adj.* 醫學的　　point (pɔɪnt) *n.* 時刻
> worldwide (ˈwɜldˏwaɪd) *adj.* 全世界的
> transportation (ˏtrænspɚˈteʃən) *n.* 運輸工具
> control (kənˈtrol) *v.* 控制　　advise (ədˈvaɪz) *v.* 建議
> continue (kənˈtɪnju) *v.* 持續　　annual (ˈænjʊəl) *adj.* 一年一次的
> shot (ʃat) *n.* 注射　　**flu shot** 流感疫苗的注射
> stay (ste) *v.* 保持

四、篇章結構：

第 31 至 35 題為題組

Since the early 1990s, the lithium-ion battery has been the most suitable
battery for portable electronic equipment. Today, they're commonly used
for cellphones, computers, tablets, digital cameras, and other devices.

從 1990 年代早期開始，鋰離子電池就一直是可攜式電子設備的最佳選
擇。在現今，他們被廣泛地使用在手機、電腦、平板電腦、數位相機、以及其
他的裝置上。

> lithium-ion (ˈlɪθɪəmˈaɪən) *n.* 鋰離子
> battery (ˈbætərɪ) *n.* 電池
> portable (ˈpɔrtəḷ) *adj.* 便於攜帶的；手提的
> electronic (ɪˏlɛkˈtrɑnɪk) *adj.* 電子的
> equipment (ɪˈkwɪpmənt) *n.* 裝備　　tablet (ˈtæblɪt) *n.* 平板電腦
> digital (ˈdɪdʒɪtḷ) *adj.* 數位的　　device (dɪˈvaɪs) *n.* 裝置

Lithium-ion batteries have nearly twice the energy density of traditional
nickel cadmium batteries. ^{31} **(E) That is, they carry more power in a smaller**
unit, helping to reduce overall weight and size. This feature has important
implications for cellphones and computers, because it makes these items
more portable for consumers. It also makes power tools easier to use and
allows workers to use them for longer periods of time.

　　鋰離子電池比起傳統的鎳鎘電池多了將近一倍的能量密度。也就是說,它們能夠在更小的裝置裡擁有更高的蓄電力,有助於減低整體的重量與尺寸。這個特色對於手機與電腦有著重大的意義,因為它使得這些物品更利於攜帶。它同時也讓一些電動工具更容易使用,且有著更長的使用時間。

density〔'dɛnsətɪ〕n. 密度
nickel cadmium〔'nɪkḷ 'kædmɪəm〕n. 鎳鎘　　***that is*** 也就是說
power〔'pauɚ〕n. 電力　　unit〔'junɪt〕n. 單位;裝置
overall〔'ovɚ,ɔl〕adj. 全面的　　feature〔'fitʃɚ〕n. 特色
implication〔,ɪmplɪ'keʃən〕n. 含意;暗示
consumer〔kən'sumɚ〕n. 消費者

32 **(A)** The lithium-ion battery is also a low maintenance battery. Lithium-ion batteries retain no "memory" of their power capacity from previous charging cycles. Thus they require no scheduled cycling and can be fully re-fueled to their maximum capacity during each charging cycle. Other rechargeable battery types, in contrast, retain information from previous charging cycles, which wastes valuable storage space. Over time, this makes these rechargeable batteries hold less of a charge.

　　鋰離子電池同時也是低送修率的電池。鋰離子電池並不保留前一次充電循環所留下的電容量記憶,所以它們不需要既定的循環,並且可以在每一次的充電循環中,重新充滿到最大容量。對比之下,其他種類的可充電電池保有先前充電循環的記憶,因而會浪費掉珍貴的蓄電空間。隨著時間過去,這樣會減低電池的蓄電力。

maintenance〔'mentənəns〕n. 維修;保養
retain〔rɪ'ten〕v. 保留　　memory〔'mɛmərɪ〕n. 記憶
capacity〔kə'pæsətɪ〕n. 容量　　previous〔'privɪəs〕adj. 之前的
charge〔tʃɑrdʒ〕v., n. 充電　　cycle〔'saɪkḷ〕n., v. 循環
require〔rɪ'kwaɪr〕v. 需要　　fuel〔'fjuəl〕v. 加燃料
maximum〔'mæksəməm〕adj. 最大的
rechargeable〔ri'tʃɑrdʒəbḷ〕adj. 可再充電的
in contrast 對比之下　　valuable〔'væljuəbḷ〕adj. 珍貴的
storage space 儲存空間

33 **(B)** Despite its overall advantages, the lithium-ion battery has its drawbacks. It is fragile and requires a protection circuit to maintain safe operation. A high load could overheat the pack and safety might be jeopardized. [34] **(F) Another downside is the increase of the internal resistance that occurs with cycling and aging.** After 2-3 years of use, the pack often becomes unserviceable due to a large voltage drop caused by high internal resistance.

　　儘管有著這些優點，鋰離子電池還是有缺點的。它相當脆弱，並且需要保護迴路來維持安全的運作。高度的電容量可能會使得電池過熱而造成危險。另外一個缺點是，當充電的次數與使用的時間增加時，電池內的內阻會增加。使用兩三年後，過高的電阻將會造成電池的輸出電壓大量下降，而使得電池不敷使用。

> drawback〔'drɔ,bæk〕*n.* 缺點　　fragile〔'frædʒəl〕*adj.* 脆弱的
> circuit〔'sɝkɪt〕*n.* 迴路　　maintain〔men'ten〕*v.* 維持
> operation〔,ɑpə'reʃən〕*n.* 操作　　load〔lod〕*n.* 負荷
> pack〔pæk〕*n.* 容器；此指「電池」
> jeopardize〔'dʒɛpəd,aɪz〕*v.* 使陷入危險
> downside〔'daʊn,saɪd〕*n.* 不利　　internal〔ɪn'tɝnḷ〕*adj.* 內部的
> resistance〔rɪ'zɪstəns〕*n.* 阻力
> unserviceable〔ʌn'sɝvɪsəbḷ〕*adj.* 不堪使用的
> voltage〔'voltɪdʒ〕*n.* 電壓；伏特

It should be noted, however, that manufacturers are constantly making improvements on lithium-ion batteries. [35] **(C) New and enhanced chemical combinations are introduced every six months or so.** With such rapid progress, the use of lithium-ion batteries will certainly expand further.

　　然而，應該注意的是，廠商們仍舊不斷地在改善鋰離子電池的品質。大約每六個月，就會推出新的且改良的化學組合。在如此快速的進展之下，鋰離子電池的使用將無疑地會更加廣泛。

> note〔not〕*v.* 注意
> manufacturer〔,mænjə'fæktʃərə〕*n.* 製造商
> constantly〔'kɑnstəntlɪ〕*adv.* 不斷地
> enhanced〔ɪn'hænst〕*adj.* 增大的
> combination〔,kɑmbə'neʃən〕*n.* 組合
> introduce〔,ɪntrə'djus〕*v.* 推出
> progress〔'prɑgrɛs〕*n.* 進步；進展
> expand〔ɪk'spænd〕*v.* 擴張　　further〔'fɝðə〕*adv.* 更進一步地

五、閱讀測驗：

<u>第 36 至 39 題為題組</u>

Fabergé eggs are jeweled eggs that were made by the famous Russian jeweler, the House of Fabergé, from 1885 to 1917. The eggs were made of valuable metals or stones coated with beautiful colors and decorated with precious jewels.

法貝熱彩蛋是種鑲有珠寶的蛋，是 1885 年至 1917 年間，由俄羅斯著名珠寶匠法貝熱家族所製作。此彩蛋是由覆蓋著美麗色彩的貴重金屬或寶石所製成，裝飾上珍貴的珠寶。

> Fabergé egg 〔ˌfæbəˈdʒɛi ɛg 〕 *n.* 法貝熱彩蛋；俄羅斯彩蛋【歷史淵源於百年前俄羅斯沙皇時期，將蛋切割，用珠寶和彩繪裝飾。訂製彩蛋是當年俄國皇室傳統的復活節活動。】
>
> jewelled 〔ˈdʒuəld 〕 *adj.* 帶寶石的；帶首飾的
> Russian 〔ˈrʌʃən 〕 *adj.* 俄國的；俄語的
> jeweler 〔ˈdʒuələ˞ 〕 *n.* 珠寶匠；寶石匠　　**be made of** 由…製造
> valuable 〔ˈvæljuəbḷ 〕 *adj.* 值錢的；貴重的
> metal 〔ˈmɛtḷ 〕 *n.* 金屬；合金　　stone 〔 ston 〕 *n.* 石頭；寶石
> coat 〔 kot 〕 *v.* 覆蓋…的表面　　decorate 〔ˈdɛkəˌret 〕 *v.* 裝飾；修飾
> precious 〔ˈprɛʃəs 〕 *adj.* 貴重的；寶貴的

The first Fabergé egg was crafted for Tsar Alexander III, who gave his wife, the Empress Maria Fedorovna, an Easter egg to celebrate their 20th wedding anniversary. He placed an order with a young jeweler, Peter Carl Fabergé, whose beautiful creations had caught Maria's eye earlier. On Easter morning of 1885, what appeared to be a simple enameled egg was delivered to the palace. But to the delight of the Empress, the egg opened to a golden yolk; within the yolk was a golden hen; and concealed within the hen was a diamond miniature of the royal crown and a tiny ruby egg. Unfortunately, the last two surprises are now lost to history.

第一顆法貝熱彩蛋是為沙皇亞歷山大三世所精巧製作，是亞歷山大三世為慶祝與皇后瑪麗亞・費多羅夫那的結婚二十週年紀念日，給他妻子的復活節彩蛋。他向一位年輕的珠寶匠彼得・卡爾・法貝熱下訂單，法貝熱的美麗作品早已先吸引瑪麗亞的注意。在 1885 年復活節的早上，一顆似乎是簡單搪瓷的彩蛋被送到皇宮。然而讓皇后喜悅的是，彩蛋打開是一顆金色的蛋黃，在那蛋黃中

是一隻金色的母雞，而隱藏在母雞裡的是一頂鑽石縮小版的王冠和一顆紅寶石的小雞蛋。可惜的是，最後的這兩樣驚喜，現在已消失在歷史上了。

craft〔kræft〕v. 精巧地製作　　Tsar〔tsɑr〕n. 沙皇；獨裁者
empress〔'ɛmprɪs〕n. 皇后；女皇
celebrate〔'sɛlə,bret〕v. 慶祝　　wedding〔'wɛdɪŋ〕n. 結婚
anniversary〔,ænə'vɝsərɪ〕n. 週年紀念；週年紀念日
place an order 下訂單　　creation〔krɪ'eʃən〕n. 創作品
catch one's eye 引起某人的注意
appear〔ə'pɪr〕v. 似乎；看來好像＜ to ＞
enameled〔ɪ'næmḷd〕adj. 搪瓷的；瓷漆的
deliver〔dɪ'lɪvɚ〕v. 遞送　　palace〔'pælɪs〕n. 皇宮
delight〔dɪ'laɪt〕n. 欣喜；愉快　　golden〔'goldn̩〕adj. 金黃色的
yolk〔jok〕n. 蛋黃　　hen〔hɛn〕n. 母雞
conceal〔kən'sil〕v. 隱藏；隱瞞
diamond〔'daɪəmənd〕n. 鑽石
miniature〔'mɪnɪətʃɚ〕n. 縮樣；縮圖　　royal〔'rɔɪəl〕adj. 王室的
crown〔kraʊn〕n. 王冠　　tiny〔'taɪnɪ〕adj. 極小的；微小的
ruby〔'rubɪ〕n. 紅寶石
unfortunately〔ʌn'fɔrtʃənɪtlɪ〕adv. 遺憾地；可惜
surprise〔sə'praɪz〕n. 驚奇　　lost〔lɔst〕adj. 遺失的

Empress Maria was so delighted by this gift that Alexander appointed Fabergé a "goldsmith by special appointment to the Imperial Crown." The Tsar also asked Fabergé to make an Easter egg every year. The requirements were straightforward: Each egg must be unique, and each must contain a pleasant surprise. With excellent craftsmanship and an inventive spirit, **Peter Fabergé and his successors repeatedly met the challenge**. The House of Fabergé made approximately 50 Imperial Easter Eggs for Tsar Alexander III and his son Nicholas II until 1917, when the Russian revolution broke out.

　　皇后瑪麗亞為了這件禮物是如此高興，致使亞歷山大任命法貝熱為「皇家王冠特約金匠」。沙皇還要求法貝熱每年做一顆復活節彩蛋。條件很簡單明瞭：每顆彩蛋必須是獨一無二的，且每一顆都必須包含一個驚喜。憑藉精良的製作工藝和創新的精神，彼得‧法貝熱和他的繼任者們一再地達成挑戰。直到 1917 年俄國革命爆發之前，法貝熱家族為沙皇亞歷山大三世和他的兒子尼古拉二世，製作了大約五十顆的皇家復活節彩蛋。

delighted〔dɪˈlaɪtɪd〕*adj.* 高興的

appoint〔əˈpɔɪnt〕*v.* 任命；指派　　goldsmith〔ˈgoldˌsmɪθ〕*n.* 金匠

appointment〔əˈpɔɪntmənt〕*n.* 任命；委派

imperial〔ɪmˈpɪrɪəl〕*adj.* 帝國的；皇帝（或女皇）的

requirement〔rɪˈkwaɪrmənt〕*n.* 要求；必要條件

straightforward〔ˌstretˈfɔrwəd〕*adj.* 簡單的；易懂的

unique〔juˈnik〕*adj.* 獨一無二的；獨特的

contain〔kənˈten〕*v.* 包含；容納

pleasant〔ˈplɛznt〕*adj.* 討人喜歡的；令人愉快的

excellent〔ˈɛksḷənt〕*adj.* 出色的；傑出的

craftsmanship〔ˈkræftsmənˌʃɪp〕*n.* 技巧；技術

inventive〔ɪnˈvɛntɪv〕*adj.* 善於創造的；有發明才能的

spirit〔ˈspɪrɪt〕*n.* 精神　　successor〔səkˈsɛsə〕*n.* 後繼者

repeatedly〔rɪˈpitɪdlɪ〕*adv.* 一再；再三

challenge〔ˈtʃælɪndʒ〕*n.* 挑戰；艱鉅的事

approximately〔əˈprɑksəmɪtlɪ〕*adv.* 大概；近乎（= *about*）

revolution〔ˌrɛvəˈluʃən〕*n.* 革命　　***break out*** 爆發

Today, the term "Fabergé eggs" has become a synonym of luxury and the eggs are regarded as masterpieces of the jeweler's art. More significantly, perhaps, they serve as reminders of the last Russian imperial family.

今日，「法貝熱彩蛋」一詞已成爲奢侈的同義字，而那些彩蛋被認爲是珠寶藝術的傑作。意味更深長的是，它們也許是作爲幫助人們回憶最後俄羅斯皇室的物件。

term〔tɜm〕*n.* 名詞　　synonym〔ˈsɪnəˌnɪm〕*n.* 同義字

luxury〔ˈlʌkʃərɪ〕*n.* 奢侈；奢華　　***be regarded as*** 被認爲是

masterpiece〔ˈmæstəˌpis〕*n.* 傑作；名作

significantly〔sɪgˈnɪfəkəntlɪ〕*adv.* 意味深長地；值得注目地

serve as 作爲；充當　　reminder〔rɪˈmaɪndə〕*n.* 提示；提醒物

36. (**B**) 爲什麼沙皇亞歷山大三世選擇彼得・法貝熱做第一顆復活節彩蛋？

(A) 彼得・法貝熱是皇室的金匠。

(B) <u>皇后瑪麗亞對彼得・法貝熱的作品印象深刻。</u>

(C) 沙皇亞歷山大三世接到女皇瑪麗亞的訂單。

(D) 彼得・法貝熱擁有俄羅斯最著名的珠寶公司。

jewelry〔ˈdʒuəlrɪ〕*n.*（總稱）珠寶；首飾

37. (**C**) 第一顆法貝熱彩蛋裡的什麼消失了？
    (A) 金色母雞和紅寶石雞蛋。   (B) 金色母雞和金色蛋黃。
    (C) <u>紅寶石雞蛋和鑽石皇冠。</u>   (D) 金色蛋黃和鑽石皇冠。

38. (**B**) 第三段中，**Peter Fabergé and his successors repeatedly met the challenge**. 是什麼意思？
    (A) 他們一遍又一遍地重複他們的設計。
    (B) <u>他們每次都達成沙皇的要求。</u>
    (C) 他們每年都挑戰沙皇的期望。
    (D) 他們屢次面臨意想不到的困難。

    repeat (rɪˋpit) *v.* 重複   ***over and over*** 一再；反覆
    fulfill (fʊlˋfɪl) *v.* 履行（諾言等）；完成（任務等）；實現
    expectation (ˌɛkspɛkˋteʃən) *n.* 期待；預期
    be faced with 面臨
    unexpected (ˌʌnɪkˋspɛktɪd) *adj.* 想不到的；意外的
    difficulty (ˋdɪfəˌkʌltɪ) *n.* 難事；難題   ***time and again*** 屢次

39. (**D**) 根據本文，下列對法貝熱彩蛋的敘述何者正確？
    (A) 它們都是珠寶匠彼得‧法貝熱的正版作品。
    (B) 它們被創作出來代表俄羅斯帝王及其王朝。
    (C) 它們是為了俄羅斯宮廷每年的復活節派對所做的。
    (D) <u>它們與俄羅斯最後兩個皇帝及其家族有關連。</u>

    genuine (ˋdʒɛnjuɪn) *adj.* 眞的；非偽造的
    represent (ˌrɛprɪˋzɛnt) *v.* 象徵；表示
    emperor (ˋɛmpərɚ) *n.* 皇帝   dynasty (ˋdaɪnəstɪ) *n.* 王朝；朝代
    annual (ˋænjʊəl) *adj.* 一年一次的   court (kort) *n.* 宮廷；王宮
    connect (kəˋnɛkt) *v.* 使有關連

<u>第 40 至 43 題爲題組</u>

    Six Sigma is a highly disciplined process that helps companies focus on developing and delivering near-perfect products and services. The word "sigma" is a statistical term that measures how far a given process falls short of perfection. The central idea behind Six Sigma is that if a company can measure how many "defects" they have in a commercial production process, they can systematically figure out how to eliminate the problems and get as close to "zero defects" as possible.

六標準差是一個極為嚴謹的過程，來協助公司專注於發展和實現近乎完美的產品和服務。「西格瑪」這個字是一個統計學上的術語，用來評估一個給定的過程有多不及完美。六標準差背後的中心思想是，如果一間公司可以評估在商業上的生產過程中有多少「瑕疵」，就能夠有系統地了解如何排除問題，並且盡可能地接近「零瑕疵」。

sigma〔ˈsɪgmə〕*n.* 西格瑪【希臘字母的第十八個字母 Σ】
Six Sigma 六標準差　　highly〔ˈhaɪlɪ〕*adv.* 非常；極
disciplined〔ˈdɪsəplɪnd〕*adj.* 遵守紀律的
process〔ˈprɑsɛs〕*n.* 過程；流程　　focus〔ˈfokəs〕*v.* 專注於 <on>
develop〔dɪˈvɛləp〕*v.* 發展　　deliver〔dɪˈlɪvɚ〕*v.* 實現；履行
near〔nɪr〕*adv.* 幾乎；將近　　perfect〔ˈpɝfɪkt〕*adj.* 完美的
product〔ˈprɑdəkt〕*n.* 產品　　service〔ˈsɝvɪs〕*n.* 服務
statistical〔stəˈtɪstɪkḷ〕*adj.* 統計學的　　term〔tɝm〕*n.* 術語；用語
measure〔ˈmɛʒɚ〕*v.* 評估　　given〔ˈgɪvən〕*adj.* 給定的；特定的
fall short of 不及；未達　　perfection〔pɚˈfɛkʃən〕*n.* 完美
central〔ˈsɛntrəl〕*adj.* 中心的　　idea〔aɪˈdiə〕*n.* 思想；想法
defect〔dɪˈfɛkt〕*n.* 瑕疵；缺陷
commercial〔kəˈmɝʃəl〕*adj.* 商業上的
production〔prəˈdʌkʃən〕*n.* 生產
systematically〔ˌsɪstəˈmætɪkḷɪ〕*adv.* 有系統地　　***figure out*** 了解
eliminate〔ɪˈlɪməˌnet〕*v.* 除去　　***get close to*** 接近
as⋯ as possible 盡可能⋯

　　Training and teamwork are essential elements of the Six Sigma methodology. In other words, companies need to have their team leaders and team members trained to implement the Six Sigma processes. They must learn to use the measurement and improvement tools. They also need to learn communication skills necessary for them to involve customers and suppliers and to serve their needs.

　　訓練和團隊合作是六標準差方法學不可或缺的要素。換句話說，公司需要讓團隊的領導者和團隊成員受訓，來實行六標準差流程。他們必須學會使用評估和改善工具。他們也需要學習必要的溝通技巧，來影響顧客和供應商，並且滿足他們的需求。

training〔ˈtrenɪŋ〕*n.* 訓練　　teamwork〔ˈtimˌwɝk〕*n.* 團隊合作
essential〔əˈsɛnʃəl〕*adj.* 不可或缺的；必要的
element〔ˈɛləmənt〕*n.* 要素
methodology〔ˌmɛθədˈɑlədʒɪ〕*n.* 方法學　　***in other words*** 換句話說

leader〔'lidɚ〕*n.* 領導者　　member〔'mɛmbɚ〕*n.* 成員
train〔tren〕*v.* 訓練　　implement〔'ɪmplə,mɛnt〕*v.* 實行；實施
measurement〔'mɛʒɚmənt〕*n.* 評估
improvement〔ɪm'pruvmənt〕*n.* 改善；改良　　tool〔tul〕*n.* 工具
communication〔kə,mjunə'keʃən〕*n.* 溝通　　skill〔skɪl〕*n.* 技巧
necessary〔'nɛsə,sɛrɪ〕*adj.* 必要的
involve〔ɪn'vɑlv〕*v.* 對…有影響　　customer〔'kʌstəmɚ〕*n.* 顧客
supplier〔sə'plaɪɚ〕*n.* 供應商　　serve〔sɝv〕*v.* 滿足

　　Six Sigma was developed in 1986 by Motorola, an American telecommunications company. Engineers in Motorola used it as an informal name for a plan to reduce faults in production processes. A few years later, Motorola extended the name "Six Sigma" to mean a general performance improvement method, beyond purely "defect reduction" in the production process. In 1995, Jack Welch, CEO of General Electrics (GE), decided to implement Six Sigma in GE; and by 1998 GE claimed that Six Sigma had generated over three-quarters of a billion dollars of cost savings.

　　六標準差在 1986 年，由美國的電信通訊公司摩托羅拉所開發。摩托羅拉的工程師，用它當作用於一項計畫來減少生產過程瑕疵的非正式名稱。幾年之後，摩托羅拉擴大「六標準差」這個名稱，意指一個全面的產品性能改善方法，超越生產過程中的完全「減少瑕疵」。在 1995 年，通用電氣公司的執行長，傑克·威爾許決定在通用電氣實行六標準差；而且到了 1998 年，通用電氣宣稱，六標準差已經產生超過七點五億美金的成本節省。

> *Motorola* 摩托羅拉【美國電信通訊公司】
> telecommunication〔,tɛləkə,mjunə'keʃən〕*n.* 電信通訊
> engineer〔,ɛndʒə'nɪr〕*n.* 工程師　　informal〔ɪn'fɔrml̩〕*adj.* 非正式的
> reduce〔rɪ'djus〕*v.* 減少　　fault〔fɔlt〕*n.* 瑕疵；缺陷
> extend〔ɪk'stɛnd〕*v.* 擴大　　mean〔min〕*v.* 意思是
> general〔'dʒɛnərəl〕*adj.* 全面的
> performance〔pɚ'fɔrməns〕*n.* （產品的）性能；效能
> method〔'mɛθəd〕*n.* 方法　　purely〔'pjʊrlɪ〕*adv.* 完全地
> reduction〔rɪ'dʌkʃən〕*n.* 縮減　　*CEO* 執行長
> electric〔ɪ'lɛktrɪk〕*adj.* 電氣的
> *General Electrics* 通用電氣【美國企業，產品橫跨家電、航空、3C 等】
> decide〔dɪ'saɪd〕*v.* 決定　　claim〔klem〕*v.* 宣稱
> generate〔'dʒɛnə,ret〕*v.* 產生　　three-quarters *n.* 四分之三
> billion〔'bɪljən〕*n.* 十億　　cost〔kɔst〕*n.* 成本
> saving〔'sevɪŋ〕*n.* 節省

By 2000, Six Sigma was effectively established as an industry in its own right, involving the training, consultancy and implementation of Six Sigma methodology in all sorts of organizations around the world. Organizations as diverse as local governments, prisons, hospitals, the armed forces, banks, and multi-national corporations have been adopting Six Sigma for quality and process improvement.

到了 2000 年，六標準差憑藉本身的條件，而被有效地建立為一項產業，牽動著全世界各種組織的六標準差方法學的訓練、顧問和實施。各式各樣的組織，像是地方政府、監獄、醫院、軍隊、銀行和跨國企業，已經為了品質和流程的改善而採用六標準差。

effectively〔əˋfɛktɪvlɪ〕*adv.* 有效地　　establish〔əˋstæblɪʃ〕*v.* 建立
industry〔ˋɪndəstrɪ〕*n.* 產業　　***in one's own right*** 靠本身而獲得成就
consultancy〔kənˋsʌltənsɪ〕*n.* 顧問
implementation〔͵ɪmpləmɛnˋteʃən〕*n.* 實行；實施
sort〔sɔrt〕*n.* 種類　　organization〔͵ɔrgənəˋzeʃən〕*n.* 組織
diverse〔daɪˋvɝs〕*adj.* 多種的　　local〔ˋlokl̩〕*adj.* 當地的；本地的
government〔ˋgʌvənmənt〕*n.* 政府　　prison〔ˋprɪzn̩〕*n.* 監獄
armed〔ɑrmd〕*adj.* 武裝的　　***armed forces*** 軍隊
multi-national〔ˋmʌltɪˋnæʃənl̩〕*adj.* 跨國的；多國的
corporation〔͵kɔrpəˋreʃən〕*n.* 股份（有限）公司
adopt〔əˋdɑpt〕*v.* 採用　　quality〔ˋkwɑlətɪ〕*n.* 品質

40. (**D**) 根據這段文章，什麼是「六標準差」？
　　(A) 一個加速生產過程的數位裝置。
　　(B) 一個在商務溝通上近乎完美的過程。
　　(C) 一個評估一間公司的預算和利潤的統計學術語。
　　(D) <u>一項發現問題來改良產品和服務的品質評估。</u>

　　speed up 加速　　budget〔ˋbʌdʒɪt〕*n.* 預算
　　profit〔ˋprɑfɪt〕*n.* 利潤　　detect〔dɪˋtɛkt〕*v.* 發現

41. (**C**) 六標準差要被成功地應用，以下何者是最重要的因素？
　　(A) 顧客和供應商的需求。　　　　(B) 統計和行銷的工具。
　　(C) <u>強大的團隊合作和適當的訓練。</u>
　　(D) 良好的領導能力和充足的預算。

　　marketing〔ˋmɑrkɪtɪŋ〕*n.* 行銷　　proper〔ˋprɑpɚ〕*adj.* 適當的
　　leadership〔ˋlidɚʃɪp〕*n.* 領導能力
　　sufficient〔səˋfɪʃənt〕*adj.* 充足的

42. (**C**) 作者的想法在最後兩段是如何展開的？
　　　(A) 透過定義。　　　　　　　(B) 透過比較。
　　　(C) 按時間順序。　　　　　　(D) 按空間順序。

　　　definition〔ˌdɛfə'nɪʃən〕*n.* 定義
　　　comparison〔kəm'pærəsṇ〕*n.* 比較　　order〔'ɔrdə〕*n.* 順序

43. (**D**) 根據這段文章，關於六標準差，以下何者爲眞？
　　　(A) 它協助摩托羅拉和通用電氣促銷。
　　　(B) 它需要跨國的努力來產生滿意的結果。
　　　(C) 它主要在大型的通訊公司間獲得青睞。
　　　(D) 它已經變成提供服務給遍及全世界的組織的商業模式。

　　　regarding〔rɪ'gɑrdɪŋ〕*prep.* 關於　　promote〔prə'mot〕*v.* 促進
　　　require〔rɪ'kwaɪr〕*v.* 需要　　effort〔'ɛfət〕*n.* 努力
　　　satisfactory〔ˌsætɪs'fæktərɪ〕*adj.* 令人滿意的
　　　result〔rɪ'zʌlt〕*n.* 結果　　gain〔gen〕*v.* 增加
　　　popularity〔ˌpɑpjə'lærətɪ〕*n.* 流行；受歡迎
　　　model〔'mɑdḷ〕*n.* 模式　　provide〔prə'vaɪd〕*v.* 提供

第 44 至 47 題爲題組

　Imagine two bottlenose dolphins swimming in the Gulf of Mexico. You hear a series of clicks, whistles, and whines coming from each, much like a conversation. We can't be sure what they are discussing, but scientists do believe dolphins call each other by "name."

　想像一下有兩隻寬吻海豚在墨西哥灣游來游去。你聽到來自海豚彼此之間一連串的喀喀聲、哨聲以及哀鳴聲，就好像在對話一般。雖然我們不能確實知道他們在討論些什麼，但科學家確信，海豚會互稱彼此的「名字」。

　　　bottlenose dolphin 寬吻海豚　　gulf〔gʌlf〕*n.* 海灣
　　　Gulf of Mexico 墨西哥灣　　***a series of*** 一系列的
　　　click〔klɪk〕*n.* 喀喀聲　　whistle〔'hwɪsḷ〕*n.* 哨聲
　　　whine〔hwaɪn〕*n.* 抱怨；哀鳴

　A recent study suggests the marine mammals not only produce their own unique "signature whistles," but they also recognize and mimic whistles of other dolphins they are close to and want to see again. It seems that dolphins can call those they know by mimicking their distinct whistles. "They're abstract names," said Randall Wells, one of the authors of the study.

　　一個最近的研究表示，海洋哺乳動物不僅能發出牠們自己獨特的「識別哨聲」，還能辨識、模仿其他與牠們關係緊密或想要再次見面的海豚，所發出的哨音。海豚似乎可以透過模仿那些可區別的哨聲，來稱呼他們所認識的海豚。「那些聲音是抽象的名字，」這份研究的作者之一，蘭德爾‧威爾斯如此說道。

> suggest〔səˋdʒɛst〕v. 顯示；表示
> ***marine mammal*** 海洋哺乳類動物
> produce〔prəˋdjus〕v. 製造　　unique〔juˋnik〕adj. 獨特的
> signature〔ˋsɪgnətʃɚ〕adj. 特有的；可識別的
> recognize〔ˋrɛkəgˏnaɪz〕v. 認出
> mimic〔ˋmɪmɪk〕v. 模仿　　distinct〔dɪˋstɪŋkt〕adj. 可區別的
> abstract〔ˋæbˏstrækt〕adj. 抽象的

　　To conduct the study, the researchers listened to recordings of about 250 wild bottlenose dolphins made around Florida's Sarasota Bay from 1984 to 2009, and four captive dolphins at a nearby aquarium.　Some wild dolphins were briefly captured and held in separate nets by the research team, allowing them to hear but not see each other.　Researchers found that dolphins familiar with each other would mimic the whistle of another in that group when they were separated.　Most of **this** took place among mothers and calves, or among males who were close associates, suggesting it was affiliative and not aggressive—somewhat like calling out the name of a missing child or friend.　Whistle copying of this sort was not found in dolphins that happened to cross paths in the wild.

　　為了要執行這個研究，研究者聽了約 250 隻野生寬吻海豚從 1984 到 2009 年，在佛羅里達州薩拉索塔灣的錄音，另外還有四隻關在附近一間水族館中海豚的聲音。一部分的野生海豚是研究團隊暫時捉住、關在不同網裡的。研究團隊讓海豚只聽得到彼此，但卻看不到對方。研究員發現彼此熟悉的海豚，分開時會模仿原本同組海豚的哨聲。多數的這種行爲發生在母海豚與小海豚間，或發生在那些關係緊密公海豚的夥伴間。這顯示出這個行爲是有親和力的，而非具有攻擊性的——就好像是在呼叫走失的小孩或是朋友。這種的哨聲模仿並沒有發生在野外那些不期而遇的海豚中。

> conduct〔kənˋdʌkt〕v. 執行　　Florida〔ˋflɔrədə〕n. 佛羅里達州
> ***Sarasota bay*** 薩拉索塔灣
> captive〔ˋkæptɪv〕adj. 被捉到的；關著的
> aquarium〔əˋkwɛrɪəm〕n. 水族館　　wild〔waɪld〕adj. 野生的
> briefly〔ˋbriflɪ〕adv. 短暫地　　capture〔ˋkæptʃɚ〕v. 捕捉

familiar〔fəˈmɪljɚ〕*adj.* 熟悉的＜*with*＞
calf〔kæf〕*n.* 幼獸　　male〔mel〕*n.* 雄性動物
close〔klos〕*adj.* 親近的　　associate〔əˈsoʃɪɪt〕*n.* 夥伴
affiliative〔əˈfɪlɪətɪv〕*adj.* 有親和力的
aggressive〔əˈgrɛsɪv〕*adj.* 有攻擊性的　　sort〔sɔrt〕*n.* 種類
cross paths 不期而遇　　***in the wild*** 在自然環境中；在野外

This use of vocal copying is similar to its use in human language, where the maintenance of social bonds appears to be more important than the immediate defense of resources. This helps differentiate dolphins' vocal learning from that of birds, which tend to address one another in a more "aggressive context."

這種聲音模仿的使用與人類語言的使用相似。在人類語言中，維持社會關係似乎比直接防衛資源來的重要。這有助於區分海豚的聲音學習和鳥類的聲音學習。鳥類傾向於在較爲「侵略性的情境」中互相稱呼。

vocal〔ˈvokl̩〕*adj.* 聲音的　　similar〔ˈsɪmələ〕*adj.* 相似的
maintenance〔ˈmentənəns〕*n.* 維持
social bond 社會關係；社會連繫
appear to 似乎　　immediate〔ɪˈmidɪɪt〕*adj.* 直接的
defense〔dɪˈfɛns〕*n.* 防衛　　resource〔rɪˈsɔrs〕*n.* 資源
differentiate〔ˌdɪfəˈrɛnʃɪ͵et〕*v.* 區別　　***tend to*** 傾向於
address〔əˈdrɛs〕*v.* 稱呼
context〔ˈkantɛkst〕*n.* 上下文；情境

If confirmed, this would be a level of communication rarely found in nature. If dolphins can identify themselves and address friends with just a few squeaks, it's easy to imagine what else they're saying. However, as the authors of the study point out, all we can do right now is still imagine.

如果證實如此，這可能是在自然界中鮮少被發現的一種溝通層次。如果海豚能彼此辨識，且能用幾聲尖銳的叫聲來稱呼朋友，想像牠們在說些什麼其他的東西就變得容易多了。然而，如同研究作者所提出的，我們現在所能做的仍只是想像而已。

confirm〔kənˈfɝm〕*v.* 證實　　level〔ˈlɛvl̩〕*n.* 層次
rarely〔ˈrɛrlɪ〕*adv.* 很少　　identify〔aɪˈdɛntə͵faɪ〕*v.* 分辨
squeak〔skwik〕*n.* 尖銳的叫聲　　***point out*** 指出

44. (**D**) 這篇文章的主旨為何？

(A) 寬吻海豚表現出對家族成員的強烈關係連繫。

(B) 寬吻海豚在自然環境中可以辨識牠們朋友的聲音。

(C) 寬吻海豚能發出區分彼此的哨聲。

(D) 寬吻海豚展示出一種獨特的動物溝通類型。

tie〔taɪ〕*n.* 關係；連繫　distinguish〔dɪ'stɪŋgwɪʃ〕*v.* 區分

demonstrate〔'dɛmən,stret〕*v.* 展示

45. (**A**) 關於威爾斯的研究團隊下列敘述何者正確？

(A) 資料的收集時間超過了二十年。

(B) 他們錄下了鳥類及海豚的叫聲。

(C) 他們主要的研究基地是在墨西哥。

(D) 他們訓練了 250 隻野生海豚來觀察。

decade〔'dɛked〕*n.* 十年　base〔bes〕*n.* 基地

observation〔,abzə'veʃən〕*n.* 觀察

46. (**D**) 第三段的 "**this**" 指的是什麼？

(A) 紀錄訊息。　　　　　　　(B) 執行研究。

(C) 行為學習。　　　　　　　(D) 哨聲模仿。

behavior〔bɪ'hevjə〕*n.* 行為

47. (**A**) 下列何者可以從這個文章中被推斷出來？

(A) 鳥類可能用牠們的叫聲來宣示領域。

(B) 公海豚在爭奪交配對象時會發出哨聲。

(C) 海豚在狩獵食物時會發出刺耳的尖銳聲音。

(D) 海豚及鳥類皆傾向模仿牠們敵人的哨聲。

infer〔ɪn'fə〕*v.* 推斷　　*claim territory* 宣示領域

mate〔met〕*n.* 交配對象　　harsh〔harʃ〕*adj.* 刺耳的

enemy〔'ɛnəmɪ〕*n.* 敵人

第 48 至 51 題為題組

　　With soaring rock formations, uniquely-rippled landscapes, and mysterious underground cities, the Goreme National Park is an incredible tourist attraction in central Turkey.

　　有高聳的岩石構造、獨特波紋的風景，和神秘的地下成市，格雷梅國家公園是土耳其中部一個不可思議的旅遊勝地。

soaring〔'sorɪŋ〕*adj.* 高飛的；高聳的　　rock〔rɑk〕*n.* 岩石
formation〔fɔr'meʃən〕*n.* 形成；構造（物）
uniquely〔ju'niklɪ〕*adv.* 獨特地
ripple〔'rɪpl̩〕*v.* 使起連漪；使起波紋
landscape〔'lænskep〕*n.* 風景
mysterious〔mɪs'tɪrɪəs〕*adj.* 神祕的
underground〔'ʌndɚ'graʊnd〕*adj.* 地下的
Goreme〔ˌgə'remə〕***National Park*** 格雷梅國家公園
incredible〔ɪn'krɛdəbl̩〕*adj.* 難以置信的；驚人的；不可思議的
tourist attraction 觀光景點；旅遊勝地
central〔'sɛntrəl〕*adj.* 中央的；中部的
Turkey〔'tɝkɪ〕*n.* 土耳其

　　Thousands of years ago a group of ancient volcanoes spewed out layer upon layer of thick ash and lava which formed the Cappadocia region, where the Goreme National Park is now located. Over the centuries the wind and rain worked their magic on this land, carving out spectacular gorges and leaving behind the dramatic towering formations of rock pillars that reach heights of 40 meters. These amazing structures are usually called "fairy chimneys." They come in an extraordinary range of shapes and sizes, but most are tall and resemble king trumpet mushrooms with a cap on top. The top stone is the hardest part of each formation and protects the softer rock underneath from erosion. Eventually, however, these caps fall off, whereupon the wind and rain start to cut away the cone until it, too, collapses. The unique landforms of the Goreme valley have created its lunar-like landscape, also known as a moonscape.

　　好幾千年以前，一群古代的火山噴發出一層又一層厚厚的火山灰和熔岩，形成了卡帕多細亞地區，格雷梅國家公園就位於這裡。經過幾世紀後，風和雨對這塊土地施了魔法般的作用，雕刻出壯觀的峽谷，並留下驚人而高聳的石柱結構，高達 40 公尺。這些驚人的構造通常被稱爲「精靈煙囪」。它們有驚人的各種形狀和大小，但是大多很高大，像頭頂戴著帽子的杏鮑菇。頂部的石頭是該構造最堅硬的部分，保護著下面較軟的岩石免於侵蝕。不過最後，這些石帽掉落，然後風和雨開始侵蝕圓椎狀的部分，直到它最後也崩解。格雷梅谷地的獨特地形已經創造出如月球上的景色，也稱爲月景。

thousands of 數以千計的　　ancient〔'enʃənt〕*adj.* 古代的
volcano〔vɑl'keno〕*n.* 火山　　spew〔spju〕*v.* 噴出 < *out* >

layer〔'leɚ〕*n.* 一層　***layer upon layer*** 一層接一層；重重

thick〔θɪk〕*adj.* 厚的　　ash〔æʃ〕*n.* 灰　　lava〔'lɑvə〕*n.* 熔岩

form〔fɔrm〕*v.* 形成　　Cappadocia〔,kæpə'doʃə〕*n.* 卡帕多細亞

【位於土耳其的中部靠南，是具有喀斯特和丹霞地貌的高原區，東西寬約
400 km，南北長約 240 km】　　region〔'ridʒən〕*n.* 區域

located〔lo'ketɪd〕*adj.* 位於…的　　century〔'sɛntʃərɪ〕*n.* 一世紀

work〔wɝk〕*v.* 產生；導致

magic〔'mædʒɪk〕*n.* 魔法；神秘的力量　　carve〔kɑrv〕*v.* 雕刻

spectacular〔spɛk'tækjəlɚ〕*adj.* 壯觀的

gorge〔gɔrdʒ〕*n.* 峽谷　　***leave behind*** 留下

dramatic〔drə'mætɪk〕*adj.* 戲劇般的；令人印象深刻的

towering〔'taʊrɪŋ〕*adj.* 高聳的　　pillar〔'pɪlɚ〕*n.* 柱子

reach〔ritʃ〕*v.* 到達　　height〔haɪt〕*n.* 高度

amazing〔ə'mezɪŋ〕*adj.* 驚人的　　structure〔'strʌktʃɚ〕*n.* 結構

fairy〔'fɛrɪ〕*adj.* 仙女似的；美麗的　*n.* 小精靈

chimney〔'tʃɪmnɪ〕*n.* 煙囪　　***come in*** 有

extraordinary〔ɪk'strɔdn̩,ɛrɪ〕*adj.* 非凡的；驚人的

range〔rendʒ〕*n.* 範圍　　***a range of*** 一系列的；各種的

resemble〔rɪ'zɛmbl̩〕*v.* 像　　trumpet〔'trʌmpɪt〕*n.* 小喇叭

mushroom〔'mʌʃrum〕*n.* 蘑菇　　***king trumpet mushroom*** 杏鮑菇

cap〔kæp〕*n.* 帽子　　protect〔prə'tɛkt〕*v.* 保護

soft〔sɔft〕*adj.* 柔軟的　　underneath〔,ʌndə'niθ〕*adv.* 在下方

erosion〔ɪ'roʒən〕*n.* 侵蝕

eventually〔ɪ'vɛntʃʊəlɪ〕*adv.* 最後；結果　　***fall off*** 跌落；掉落

whereupon〔,hwɛrə'pɑn〕*conj.* 於是；然後（= *and then*）

cut away 剪去；切去；侵蝕　　cone〔kon〕*n.* 圓錐體之物

collapse〔kə'læps〕*v.* 倒塌；崩解　　landform〔'lændfɔrm〕*n.* 地形

valley〔'vælɪ〕*n.* 山谷；谷地　　lunar〔'lunɚ〕*adj.* 月亮的

be known as 被稱為

moonscape〔'mun,skep〕*n.* 月球表面的景象；月景

But the Goreme National Park has always been much more than its
dramatic scenery. Humans, too, have left their unique mark on the region.
The Byzantine Christians inhabited the area in the fourth century. They
carved thousands of cave churches, chapels, and monasteries out of rock.
Many of these churches were decorated with beautiful wall paintings
whose colors still retain all their original freshness. The Byzantine

Christians even carved out entire underground villages in an effort to hide from the Romans and later, the Muslims. To this day, many of these villages are still inhabited and many of the rock-cut storerooms are still stuffed with grapes, lemons, potatoes and flat bread waiting for the winter.

　　但是格雷梅國家公園有的始終不只是它驚奇的景觀。人類也在這地方留下了獨特的影響力。拜占庭基督徒在紀元第四世紀居住在這個地區。他們用石頭雕刻出數千個教堂、小教堂，和修道院。很多這些教堂有美麗的壁畫裝飾著，它們的顏色依然保持原初的飽滿。拜占庭基督徒甚至刻出了整個地下村莊，企圖躲避羅馬人，和之後的回教徒。直到今天，很多這些村莊依然有人居住，而且很多石雕的儲藏室依然裝滿著葡萄、檸檬、馬鈴薯和麵餅，供應多天使用。

more than 不只是　　scenery (ˈsinərɪ) *n.* 風景；景色

human (ˈhjumən) *n.* 人類　　unique (juˈnik) *adj.* 獨特的

mark (mɑrk) *n.* 記號；跡象；影響

Byzantine (bɪˈzæntɪn) *adj.* 拜占庭的【拜占庭（Byzantium）為現今　　土耳其伊斯坦堡（君士坦丁堡）的舊名】

Christian (ˈkrɪstʃən) *n.* 基督徒

inhabit (ɪnˈhæbɪt) *v.* 居住於　　area (ˈɛrɪə) *n.* 地方；地區

cave (kev) *n.* 洞穴　　chapel (ˈtʃæpl̩) *n.* 禮拜堂；小教堂

monastery (ˈmɑnəsˌtɛrɪ) *n.* 修道院　　***out of*** 用…（的材料）

decorate (ˈdɛkəˌret) *v.* 裝飾　　***wall painting*** 壁畫

retain (rɪˈten) *v.* 保留

original (əˈrɪdʒənl̩) *adj.* 原始的；最初的

freshness (ˈfrɛʃnɪs) *n.* 新鮮；飽滿　　entire (ɪnˈtaɪr) *adj.* 全部的

village (ˈvɪlɪdʒ) *n.* 村莊　　***in an effort to V.*** 企圖～

hide from 躲避　　Roman (ˈromən) *n.* 羅馬人

Muslim (ˈmʌzlɪm) *n.* 回教徒　　***to this day*** 直到今天

storeroom (ˈstorˌrum) *n.* 儲藏室　　stuff (stʌf) *v.* 裝滿

be stuffed with 裝滿著…　　grape (grep) *n.* 葡萄

lemon (ˈlɛmən) *n.* 檸檬　　potato (pəˈteto) *n.* 馬鈴薯

flat (flæt) *adj.* 平的　　***flat bread*** 麵餅 (= *flatbread*)

wait for （餐點準備好）供應…使用

48. (**A**) 格雷梅國家公園的風景是如何形成的？
　　(A) 它是火山岩受風和水的侵蝕的結果。
　　(B) 它是來自火山累積的灰和熔岩的結果。

(C) 它是來自月亮某種神秘力量的產品。

(D) 它是拜占庭基督徒雕刻石頭的結果。

effect〔ɪˋfɛkt〕n. 效果；結果　　outcome〔ˋaʊt͵kʌm〕n. 結果

cumulative〔ˋkjumjə͵letɪv〕adj. 累積的

creation〔krɪˋeʃən〕n. 創造；產品　　result〔rɪˋzʌlt〕n. 結果

49.(**C**) 以下哪個描述「精靈煙囪」為真？

(A) 它們的大小和形狀幾乎一模一樣。

(B) 它們頂部長蘑菇。

(C) <u>它們由不同硬度的石頭所形成。</u>

(D) 它們有堅固的基部能支撐 40 公尺的高度。

identical〔aɪˋdɛntɪkḷ〕adj. 完全相同的

hardness〔ˋhɑrdnɪs〕n. 硬度

bottom〔ˋbɑtəm〕n. 底部；基部

support〔səˋport〕v. 支持；支撐

50.(**B**) 下列何者不是格雷梅國家公園裡的石雕有的功能？

(A) 庇護所。　　　　　　　(B) <u>畫廊。</u>

(C) 住宅。　　　　　　　　(D) 禮拜地點。

function〔ˋfʌŋkʃən〕n. 功能　　serve〔sɝv〕v. 適合；合於

refuge〔ˋrɛfjudʒ〕n. 保護；護庇所

gallery〔ˋgælərɪ〕n. 畫廊

residence〔ˋrɛzədəns〕n. 居住；住宅

worship〔ˋwɝʃəp〕n. 崇拜；禮拜

51.(**A**) 以下的哪個句子最能陳述本文的主旨？

(A) <u>格雷梅是大自然和人類相遇的奇景。</u>

(B) 格雷梅表現了古代土耳其生活。

(C) 格雷梅是大自然力量的實例。

(D) 格雷梅是新舊混合的勝地。

state〔stet〕v. 陳述　　*main idea* 主旨

wonder〔ˋwʌndɚ〕n. 奇觀；奇景　　nature〔ˋnetʃɚ〕n. 自然

representation〔͵rɛprɪzɛnˋteʃən〕n. 表現

living example 活生生的例子；實例

attraction〔əˋtrækʃən〕n. 吸引人的事物

第貳部分：非選擇題

一、中譯英：

1. 台灣便利商店的密集度是全世界最高的，平均每兩千人就有一家。

Taiwan has the highest density of convenience stores in the world,

with $\begin{cases} \text{one per 2,000 people on average.} \\ \text{an average of one per 2,000 people.} \\ \text{one for every 2,000 people.} \end{cases}$

2. 除了購買生活必需品，顧客也可以在這些商店繳費，甚至領取網路訂購之物品。

$\begin{cases} \text{In addition to} \\ \text{Besides} \\ \text{Aside from} \\ \text{Apart from} \end{cases}$ buying daily necessities, customers can

also pay their bills, and even $\begin{cases} \text{get} \\ \text{pick up} \end{cases}$ $\begin{cases} \text{their} \begin{cases} \text{things} \\ \text{objects} \\ \text{commodities} \end{cases} \\ \text{the} \begin{cases} \text{goods} \\ \text{things} \end{cases} \end{cases}$

$\begin{cases} \text{bought} \\ \text{purchased} \\ \text{ordered} \\ \text{(that) they} \begin{cases} \text{bought} \\ \text{purchased} \\ \text{ordered} \end{cases} \end{cases}$ $\begin{cases} \text{online} \\ \text{on the Internet} \end{cases}$ in the stores.

二、英文作文：

【範例】

Helping Others Learn

Just recently, my grandmother decided to buy a computer so she could get acquainted with the Internet. She's not very familiar with modern technology, so she asked me to help her set up the system and get started surfing the web. *First*, I showed her how to open and use programs on the desktop. *Then* I helped her set up an email account.

Finally, we downloaded a video conferencing program so she could call other family members who live in different parts of the world. *All in all*, I spent the better part of an afternoon helping Grandma get acquainted with the Internet.

The experience was very rewarding for a couple of reasons. *First*, I knew how eager Grandma was to improve her communication skills. *Now* she can stay in touch with all her loved ones. It really meant a lot to her. *Second*, by familiarizing herself with the magical world of the Internet, Grandma can now explore activities that she's always wanted to experience. Having the ability to access the web was very empowering to her, and I haven't seen her that excited about something in a very long time. That alone was worth the experience of helping her learn about computer technology.

get acquainted with 認識　　*be familiar with* 熟悉
modern〔'mɑdən〕*adj.* 現代的　　technology〔tɛk'nɑlədʒɪ〕*n.* 科技
set up 設定　　system〔'sɪstəm〕*n.* 系統
get started 開始使用　　surf〔sɝf〕*v.* 瀏覽
web〔wɛb〕*n.* 網路　　program〔'progræm〕*n.* 程式
desktop〔'dɛsk,tɑp〕*n.*（電腦的）桌面
account〔ə'kaʊnt〕*n.* 帳戶　　download〔,daʊn'lod〕*v.* 下載
video conferencing 視訊會議　　*all in all* 總而言之
rewarding〔rɪ'wɔrdɪŋ〕*adj.* 有意義的；值得的
a couple of 一些；幾個　　eager〔'igɚ〕*adj.* 渴望的
improve〔ɪm'pruv〕*v.* 增進
communication〔kə,mjunə'keʃən〕*n.* 溝通
skill〔skɪl〕*n.* 技術；技能　　*stay in touch with* 和…保持聯絡
mean a lot to sb. 對某人很重要；對某人意義重大
familiarize〔fə'mɪljə,raɪz〕*v.* 使熟悉
familiarize sb. with… 使某人熟悉…
magical〔'mædʒɪkḷ〕*adj.* 神奇的；不可思議的
explore〔ɪk'splor〕*v.* 探索　　activity〔æk'tɪvətɪ〕*n.* 活動
experience〔ɪk'spɪrɪəns〕*v.* 體驗　　ability〔ə'bɪlətɪ〕*n.* 能力
access〔'æksɛs〕*v.* 接觸；取得；利用
empowering〔ɪm'paʊrɪŋ〕*adj.* 給予自主權的
alone〔ə'lon〕*adv.* 單單；只有　　worth〔wɝθ〕*adj.* 值得…的

104年指定科目考試英文科出題來源

題　　號	出　　　　　　　　　處
一、詞彙 第 1～10 題	今年所有的詞彙題，所有選項均出自「新版高中常用 7000 字」。
二、綜合測驗 第 11～20 題	11~15 題改寫自 The Nobel Prize in Literature 1954 "About Ernest Hemingway – Biographical"（1954 年諾貝爾文學獎 關於海明威-傳記）一文，敘述海明威的生平、重要作品及作品特色。 16~20 題改寫自 Wikipedia "Road Running"（維基百科「路跑」）條目，描述路跑運動及其特點。
三、文意選填 第 21～30 題	改寫自 The Influenza Pandemic of 1918（1918 的流感疫情），敘述 20 世紀最具毀滅性的流行性感冒的歷史和現今醫生的建議。
四、篇章結構 第 31～35 題	改寫自 Is Lithium-ion the Ideal Battery?（鋰電池是理想的電池嗎？）一文，敘述鋰電池的特質和其大眾所採用的原因。
五、閱讀測驗 第 36～39 題	改寫自 Fabergé egg（法貝熱彩蛋）一文，敘述法貝熱彩蛋的歷史和其象徵意義。
第 40～43 題	改寫自 Six Sigma: a model of near perfection（六個標準差：接近完美的模式）一文，敘述六個標準差作為統計的概念，來降低瑕疵，成就接近完美的產品，其產生的歷史和應用。
第 44～47 題	改寫自 Dolphins may be calling each other by name（海豚可能用名字稱呼彼此）一文，敘述寬吻海豚會模仿彼此的鳴叫聲，作為溝通的方法。
第 48～51 題	改寫自Cappadocia Guide, Places to see in Cappadocia, Turkey（卡帕多細亞指引，土耳其卡帕多細亞參訪地點），敘述土耳其中部格雷梅國家公園的獨特風景，為大自然後歷史人文交織下的結果。

104 年指定科目考試英文科試題修正意見

題　　號	修　　　正　　　意　　　見
第 2 題	Tom mumbled…, but I couldn't figure out what he *said*. → Tom mumbled ..., but I couldn't figure out what he *had said*. ＊依句意，應用「過去完成式」。
第 38 題	What does *it* mean by "**Peter Fabergé and his**...? → What does *the writer* mean by "**Peter Fabergé and his**...? ＊依句意，主詞應該是 the writer。
第 40～43 題 第 11 行	Engineers *in* Motorola used it… → Engineers *at* Motorola used it… ＊表「在某家公司」，介系詞用 at。
第 14 行	General *Electrics* (GE), decided to implement Six Sigma *in* GE,…… → General *Electric* (GE), decided to implement Six Sigma *at* GE,…. ＊GE（通用電氣）的全名是 General Electric。
第 48～51 題 第 4 行	…and lava *which* formed the Cappadocia region, …. → …and lava*,* *which* formed the Cappadocia region, …. ＊非限定用法，關代 which 前須加逗點。
倒數第 3 行	…from the Romans and *later*, the Muslims. → …from the Romans and*,* *later*, the Muslims. ＊ later 在此為插入語，前後須有逗點。
第 48 題	How *is* the landscape of the Goreme National Park formed? → How *was* the landscape of the Goreme National Park formed? ＊依句意，應用「過去式」。 (A) It is the effect of *erosions* of volcanic rocks by wind and water. → It is the effect of *erosion* of volcanic rocks by wind and water. ＊ erosion（侵蝕）為不可數名詞，不能加 s。

【104 年指考】綜合測驗：11-15 出題來源：

—— http://www.nobelprize.org/nobel_prizes/literature/laureates/
1954/hemingway-bio.html

Ernest Hemingway - Biographical

Ernest Hemingway (1899-1961), born in Oak Park, Illinois, started his career as a writer in a newspaper office in Kansas City at the age of seventeen.　After the United States entered the First World War, he joined a volunteer ambulance unit in the Italian army.　Serving at the front, he was wounded, was decorated by the Italian Government, and spent considerable time in hospitals.　After his return to the United States, he became a reporter for Canadian and American newspapers and was soon sent back to Europe to cover such events as the Greek Revolution.

During the twenties, Hemingway became a member of the group of expatriate Americans in Paris, which he described in his first important work, The Sun Also Rises (1926).　Equally successful was A Farewell to Arms (1929), the study of an American ambulance officer's disillusionment in the war and his role as a deserter.　Hemingway used his experiences as a reporter during the civil war in Spain as the background for his most ambitious novel, For Whom the Bell Tolls(1940). Among his later works, the most outstanding is the short novel, The Old Man and the Sea (1952), the story of an old fisherman's journey, his long and lonely struggle with a fish and the sea, and his victory in defeat.

⋮

【104 年指考】綜合測驗：16-20 出題來源：

—— https://en.wikipedia.org/wiki/Road_running

Wikipedia "Road Running"

Road running is the sport of running on a measured course over an established road (as opposed to track and field andcross country running). These events are usually classified as long-distance according to athletics terminology, with races typically ranging from 5 kilometers to 42.2 kilometers in the marathon. They may involve large numbers of runners or wheelchair entrants. The three most common IAAF recognized distances for "road running" events are 10K runs, half marathons and marathons. Despite this, there are far more 5K road race events, due to their popularity for charity races and similar, less competitive reasons to hold an event.

Road running may offer those involved a range of challenges and interests such as dealing with hills, sharp bends, varied surfaces, inclement weather, and involvement in a large group. Aerobic fitness, or the ability of the body to use oxygen, is the biggest factor contributing to success. [citation needed]

⋮

【104 年指考】文意選填：21-30 出題來源：

—— https://virus.stanford.edu/uda/

The Influenza Pandemic of 1918

The war brought the virus back into the US for the second wave of the epidemic. It first arrived in Boston in September of 1918 through the port busy with war shipments of machinery and supplies. The war also enabled the virus to spread and diffuse. Men across the nation were mobilizing to join the military and the cause. As they came together, they brought the virus with them and to those they contacted. The virus killed almost 200,00 in October of 1918 alone. In November 11 of 1918 the end of the war enabled a resurgence. As people celebrated Armistice Day with parades and large partiess, a complete disaster from the public health standpoint, a rebirth of the epidemic occurred in some cities. The flu that winter was beyond imagination as millions were infected and thousands died. Just as the war had effected the course of influenza, influenza affected the war. Entire fleets were ill with the disease and men on the front were too sick to fight. The flu was devastating to both sides, killing more men than their own weapons could.

⋮

【104 年指考】篇章結構：31-35 出題來源：

——http://batteryuniversity.com/learn/article/is_lithium_
ion_the_ideal_battery

Is Lithium-ion the Ideal Battery?

Lithium-ion is a low maintenance battery, an advantage that most other chemistries cannot claim. There is no memory and no scheduled cycling is required to prolong the battery's life. In addition, the self-discharge is less than half compared to nickel-cadmium, making lithium-ion well suited for modern fuel gauge applications. lithium-ion cells cause little harm when disposed.

Despite its overall advantages, lithium-ion has its drawbacks. It is fragile and requires a protection circuit to maintain safe operation. Built into each pack, the protection circuit limits the peak voltage of each cell during charge and prevents the cell voltage from dropping too low on discharge. In addition, the cell temperature is monitored to prevent temperature extremes. The maximum charge and discharge current on most packs are is limited to between 1C and 2C. With these precautions in place, the possibility of metallic lithium plating occurring due to overcharge is virtually eliminated.

Aging is a concern with most lithium-ion batteries and many manufacturers remain silent about this issue. Some capacity deterioration is noticeable after one year, whether the battery is in use or not. The battery frequently fails after two or three years. It should be noted that other chemistries also have age-related degenerative effects. This is especially true for nickel-metal-hydride if exposed to high ambient temperatures. At the same time, lithium-ion packs are known to have served for five years in some applications.

⋮

【104 年指考】閱讀測驗：36-39 出題來源：

—— https://en.wikipedia.org/wiki/Faberg%C3%A9_egg

Fabergé egg

A Fabergé egg is one of a limited number of jeweled eggs created by Peter Carl Fabergé and his company between 1885 and 1917. The most famous are those made for the Russian Tsars Alexander III and Nicholas II as Easter gifts for their wives and mothers, often called the 'Imperial' Fabergé eggs. The House of Fabergé made about 50 eggs, of which 43 have survived. Two more were planned for Easter 1918, but were not delivered, due to theRussian Revolution.

After the revolution, the Fabergé family left Russia (see House of Fabergé). The Fabergé trademark has since been sold several times and several companies have retailed egg-related merchandise using the Fabergé name. The Victor Mayer jewelry company produced limited edition of heirloom quality Fabergé eggs authorized under Unilever's license from 1998 to 2009. The trademark is now owned by Fabergé Limited, which makes egg-themed jewellery.

The first Fabergé egg was crafted for Tsar Alexander III, who had decided to give his wife, the Empress Maria Fedorovna, anEaster Egg in 1885, possibly to celebrate the 20th anniversary of their betrothal. It is believed[by whom?] that the Tsar's inspiration for the piece was an egg owned by the Empress's aunt, Princess Vilhelmine Marie of Denmark, which had captivated Maria's imagination in her childhood. Known as the Hen Egg, the first Fabergé egg is crafted from gold. Its opaque white enameled "shell" opens to reveal its first surprise, a matte yellow-gold yolk. This in turn opens to reveal a multicolored gold hen that also opens. The hen contained a minute diamond replica of the imperial crown from which a small ruby pendant was suspended, but these last two elements have been lost.

⋮

【104 年指考】閱讀測驗：40-43 出題來源：

　　── http://trailer-bodybuilders.com/archive/six-sigma-model-near-perfection

Six Sigma: a model of near perfection

EVEN now, almost 15 years after it was invented, Six Sigma is not completely understood. It's not a fraternity or some catchy marketing slogan. It is a highly disciplined process that helps companies to focus on developing and delivering near-perfect products and services.

Sigma is a statistical term that measures how far a given process deviates from perfection. The idea behind Six Sigma is that if a company can measure how many "defects" it has in a process, it can systematically figure out how to eliminate them and get as close to "zero defects" as possible.

To achieve Six Sigma quality, a process must produce no more than 3.4 defects per million opportunities. An "opportunity" is defined as a chance for nonconformance, or not meeting the required specifications.

To illustrate the importance of Six Sigma, the NTEA scheduled an appearance by Jim Palin of GE Capital's Fleet Services. Palin set the groundwork for the Six Sigma model by emphasizing the importance of quality.

Our customers' quality expectations as far as upfitting vehicles has gone up, "Palin said." And as our customers implement their own quality programs, they expect the suppliers to do the same. They expect Cadillac quality at Chevrolet prices. Would a lack of quality cost us in reduced profit margins? Absolutely. It also results in lost opportunities in existing customers. Or, worst of all, lost customers. A lack of quality is easy for a prospective customer to spot.

【104 年指考】閱讀測驗：44-47 出題來源：

— http://edition.cnn.com/2013/03/07/us/dolphin-names/

BitcoinDolphins may be calling each other by name

Imagine two dolphins swimming in the Gulf of Mexico. You hear a series of clicks, whistles and whines coming from each, much like a conversation in dolphin language.

It might go something like this:

"Hey Flipper, weren't those sardines last night the best?"

"Not bad, Fluke. But I'm more of a squid eater."

We can't be sure they were discussing dinner, but scientists do think dolphins call each other by name.

It seems one dolphin can call another specifically by mimicking the distinct whistle of that other dolphin.

"These whistles actually turned out to be names. They're abstract names, which is unheard of in the animal kingdom beyond people," said Randall Wells, one of the authors of a new study on dolphin behavior, told CNN affiliate WFLA-TV in Tampa, Florida.

Wells, of the Sarasota Dolphin Research Program, worked with scientists from the University of St. Andrews in Scotland, the Woods Hole Oceanographic Institute in Massachusetts, the Chicago Zoological Society and the Walt Disney World Resort, on the study of what they call "vocal copying" in dolphins. It was published last month in the Proceedings of the Royal Society B.

"Each dolphin produces its own unique signature whistle that describes its individual identity," the researchers said in a University of St. Andrews press release. "The new study suggests that in fact dolphins are mimicking those they are close to and want to see again."

To conduct the study, the researchers listened to recordings of about 250 wild bottlenose dolphins made around Sarasota Bay from 1984 to 2009. Captive dolphins at the Seas aquarium at Disney World were also recorded.

Five volunteers listened to the calls to distinguish the matches.

Researchers found that dolphins that were familiar with each other for a significant amount of time would mimic the whistle of another in that group when they were separated.

Whistle copying was not found in dolphins that happened to cross paths in the wild, the report said.

"The fact that animals are producing whistle copies when they are separated from a close associate supports the idea that dolphins copy another animal's signature whistle when they want to reunite with that specific individual," Stephanie King of St. Andrews said in the press release.

⋮

【104 年指考】閱讀測驗：48-51 出題來源：

—— http://www.goreme.com/cappadocia.php

CAPPADOCIA

Hos geldiniz! Welcome…to Cappadocia, the amazing wonderland right in the middle of Turkey.

In an extraordinary meeting of nature's artistic splendor and humankind's resourcefulness, Cappadocia is one of those rare places that must be experienced at least once in a lifetime. With soaring rock formations, uniquely-rippled landscapes, splendid walking trails, mysterious underground cities and rock-cut churches, Cappadocia is the must-see destination in Turkey.

Located just one hour away from Istanbul or Izmir by plane, adding this wonder of nature & man to your Turkey Itinerary couldn't be easier. Turkish Heritage Travel is your local expert in all things Cappadocia – allow us to tailor-make your entire Turkey experience and be your regional specialists in Cappadocia.

WHERE IS CAPPADOCIA?

Rich in history going back to **Hittite** times (+4000 years) and once a province of the **Roman Empire**, Cappadocia is now the sprawling area of central Turkey which lies between Aksaray in the west, Kayseri in the east and Nigde in the south. Modern Cappadocia is an incredible place, criss-crossed with valleys and dotted with dramatic rock formations. Whatever your expectations or travel style, it's impossible to go home disappointed.

Turkish Heritage Travel, located in **Goreme** – a village in the heart of Cappadocia (and where most travelers prefer to stay) – is your local authority on the Cappadocia region. We offer a variety of **tailor-made tours** and organize travel itineraries for all of Turkey.

Goreme and the Cappadocia region is easily accessible from all parts of Turkey. Once here you can easily comfortably explore all the highlights and the hidden gems that this area is known for. By far the best introduction to Cappadocia is gently floating above the rippled landscape in a hot air balloon. Known world-wide as one of the best places to fly hot air balloons, you will glide just above orchards, between the famous fairy chimney rock formations and up and over the rippled ravines. Alternatively, saddle up and travel like the first European explorers and the Scythian nomads on horseback through the many trails and valleys. The valleys and villages of Cappadocia are also easy to explore on foot. We offer several guided hiking tours as well as daily tours (private and group) to see the highlights of the region.

:

104年指考英文科非選擇題閱卷評分原則說明

閱卷召集人：陳秋蘭〈國立臺灣師範大學英語系教授〉

104 學年度指定科目考試英文考科的非選擇題共有兩大題，第一大題是「中譯英」，題型與過去幾年相同，考生須將兩個中文句子譯成正確、通順而達意的兩個英文句子，兩題合計為8分。第二大題是「英文作文」，以至少120 個單詞（words），說明學習某一件事的經過及感想。閱卷之籌備工作，依循閱卷標準程序，於7月7日先召開評分標準訂定會議，由正、副召集人及協同主持人共14 位，參閱了3000 份來自不同地區的答案卷，經過一整天的討論之後，完成評分標準訂定，選出合適的評分參考樣卷及試閱樣卷，並編製成《閱卷參考手冊》，以供閱卷委員共同參閱。

本年度共計聘請108 位大學教授擔任閱卷委員。7 月9 日上午 9:00 到 11:00 為試閱會議，首先由召集人提示評分標準並舉例說明；接著分組進行試閱，參與評分之教授須根據《閱卷參考手冊》的試閱樣卷分別評分，並討論評分準則，務求評分標準一致，以確保閱卷品質。為求慎重，試閱會議後，正、副召集人及協同主持人將進行評分標準再確定會議，確認評分原則後才口正式閱卷。

評分標準與歷年相同，在「中譯英」部分，每小題總分4 分，原則上是每個錯誤扣0.5 分，相同的錯誤只扣一次。「英文作文」的評分標準是依據內容、組織、文法句構、字彙拼字、體例五個項目給分，字數明顯不足或未依提示分二段的作文則扣總分1 分。閱卷時，每份答案卷皆會經過兩位委員分別評分，最後以二位閱卷委員給分之平均成績為準。如果第一閱與第二閱分數差距超過標準，則由第三位委員（正、副召集人或協同主持人）評閱。

　　今年的中譯英為關於臺灣便利商店的密集度及便利性。評量的重點在於考生是否能運用所學的詞彙與基本句型將中文翻譯成正確、通順且達意的英文句子。由於測驗之詞彙皆為高中常用詞彙，中等程度以上的考生，如果能使用正確句型並注意用字、拼字，應能得到理想的分數。例如：「平均每兩千人就有一家」若譯為 with one store for every 2000 people on average 就正確，或譯成 on average there is one store for every 2000 people 亦為正確，「便利商店」應為 convenience stores 很多考生誤譯為 convenient stores，第二句「生活必需品」應為 daily necessities，很多學生較不熟悉，將之寫成 necessary living things 等，可見有些考生對生活化的英語並不很熟悉，「在這些商店繳費」應譯為 pay bills at these stores 或 pay fees at these stores，也有很多考生誤譯為 pay fines 或 pay money of the store，「網路訂購之商品」應譯為 goods ordered online，但有些考生以 booked 代替 ordered，用法不正確。

　　今年的英文作文要考生描述學會一件事或教別人學會一件事的經驗，第一段說明經驗的緣由內容及過程，第二段說明對這個經驗的感想。很多考生描述教別人或學習不同技能（如游泳、騎單車、學習樂器）或教別人學會一門學科（如數學、英文、中文）的經驗，也有考生描述從別人身上領悟到的經驗及感想，大部分考生都能依題意發揮，內容生動且真實，但也有少數考生未能掌握題意，語言表達不夠自然，無法獲得高分。評分重點為內容是否切題、是否提到這個學習經驗的緣由及所引發的感想、二段文句之間是否有關聯性、是否有足夠事例支持、組織是否連貫合理、句構語法及用字是否適切、以及拼字與標點符號是否正確得當。由評閱抽樣卷可看出，考生對於今年的作文題目大致都能有所發揮，應不難得到理想成績。

104 年指考英文科試題或答案之反映意見回覆

※ 題號：6

【題目】

6. According to the weather report, some light rain or ＿＿＿ is expected today. You may need to take an umbrella with you when you go out.

　　(A) hail　　　(B) breeze　　　(C) tornado　　　(D) drizzle

【意見內容】

1. 曾有新聞報導細雨夾帶冰雹，撐傘可抵擋冰雹，亦符合後半句題意，因此選項 (A) 是否可斟酌給分？

2. 不論下冰雹或小雨，都要拿雨傘出門。

【大考中心意見回覆】

本題題幹之作答線索為空格前… some light rain or ... 旨在評量考生能否掌握 some light rain 或是 drizzle（細雨）語意等同之常用表達方式。空格後 You may need to take an umbrella with you when you go out. 為搭配試題題意，因此選項 (D) drizzle 為最適當的答案。選項 (A) hail（冰雹）並非理想答案，因為除了與題意some light rain 語意不符之外，若是「氣象預測冰雹」降臨，應該會請大家特別留意，而非僅「帶傘」即可。

※ 題號：17

【題目】

第 16 至 20 題為題組

　　Road running is one of the most popular and accessible athletic activities in the world. It refers to the sport of running on paved roads or established paths as opposed to track and field, or cross country running. The three most common ___16___ for road running events are 10K runs, half marathons (21.1K), and marathons (42.2K).

Road running is unique among athletic events because it ___17___ all ages and abilities. In many cases first time amateurs are welcome to participate in the same event as running club members and even current world-class ___18___. Sometimes it may also include wheelchair entrants.

Road running often offers those ___19___ a range of challenges such as dealing with hills, sharp bends, rough weather, and so on. Runners are advised to train prior to participating in a race. Another important factor contributing to success is a suitable pair of running shoes.

Road running is often a community-wide event that highlights or raises money for an issue or project. ___20___, Race for the Cure is held throughout the U.S. to raise breast cancer awareness. This race is also run in Germany, Italy, and Puerto Rico.

17. (A) caters to   (B) depends on
    (C) goes after   (D) identifies with

【意見內容】

根據字典對於 cater to 的定義為「滿足某群人需求」，本題組選文中路跑之所以在眾多運動中獨特因為它可以滿足所有年紀不同能力的人的需求。試問：需求從哪兒來？路跑會獨特是因為它是因「大家」「需求」這樣的運動而建立的嗎？個人覺得用 cater to 並不精準，road running was not specially designed for all ages and abilities. It was created with no purpose and happened to be a perfect exercise for everyone. 再者 all ages and abilities. 並不是「人」，caterto 通常接「人」爲受 詞，因此這題答案有疑慮。

【大考中心意見回覆】

本題評量 cater to（配合）的用法。作答線索爲全段文意及空格後… all ages and abilities（各種年齡層及不同能力）。因此選項 (A) caters to 爲最適當的答案。

※ 題號：44

【題目】

第 44 至 47 題爲題組

  Imagine two bottlenose dolphins swimming in the Gulf of Mexico. You hear a series of clicks, whistles, and whines coming from each, much like a conversation. We can't be sure what they are discussing, but scientists do believe dolphins call each other by "name."

  A recent study suggests the marine mammals not only produce their own unique "signature whistles," but they also recognize and mimic whistles of other dolphins they are close to and want to see again. It seems that dolphins can call those they know by mimicking their distinct whistles. "They're abstract names," said Randall Wells, one of the authors of the study.

  To conduct the study, the researchers listened to recordings of about 250 wild bottlenose dolphins made around Florida's Sarasota

Bay from 1984 to 2009, and four captive dolphins at a nearby aquarium.

Some wild dolphins were briefly captured and held in separate nets by the research team, allowing them to hear but not see each other. Researchers found that dolphins familiar with each other would mimic the whistle of another in that group when they were separated. Most of this took place among mothers and calves, or among males who were close associates, suggesting it was affiliative and not aggressive — somewhat like calling out the name of a missing child or friend. Whistle copying of this sort was not found in dolphins that happened to cross paths in the wild.

This use of vocal copying is similar to its use in human language, where the maintenance of social bonds appears to be more important than the immediate defense of resources. This helps differentiate dolphins' vocal learning from that of birds, which tend to address one another in a more "aggressive context."

If confirmed, this would be a level of communication rarely found in nature. If dolphins can identify themselves and address friends with just a few squeaks, it's easy to imagine what else they're saying. However, as the authors of the study point out, all we can do right now is still imagine.

44. What is the main idea of the passage?

(A) Bottlenose dolphins show strong ties to their family members.

(B) Bottlenose dolphins recognize their friends' voices in the wild.

(C) Bottlenose dolphins produce whistles that distinguish themselves.

(D) Bottlenose dolphins demonstrate a unique type of animal communication.

【意見內容】

選項 (D) 是一個陳述的事實，一種泛論；相較之下，選項(B) 較能直截了當的點出欲印證的現象。整篇說明一項研究成果——這種海豚能模仿親近同伴的叫聲以表達情感連結。故若要將整篇之為文目的概括為一語，選項 (B) 較能明確說明該項研究成果。

【大考中心意見回覆】

本題組選文為關於海洋生物瓶鼻海豚獨特溝通方式之研究報導。本題評量考生是否能掌握文章主旨，作答線索為全文文意，第一、二段關於瓶鼻海豚溝通方式的報導，第三、四、五、六段內容述及研究團隊的研究方法、發現、及瓶鼻海豚溝通方式與人類語言學研究的相關性等說明。選項(B)為瓶鼻海豚能辨識同伴的聲音之現象，非本篇選文的主旨，因此選項(D)為最適當的答案。

104年大學入學指定科目考試試題
數學甲

第壹部分：選擇題（單選題、多選題及選填題共占76分）

一、單選題（占18分）

說明：第1題至第3題，每題有5個選項，其中只有一個是正確或最適當的選項，請畫記在答案卡之「選擇（填）題答案區」。各題答對者，得6分；答錯、未作答或畫記多於一個選項者，該題以零分計算。

1. 滿足不等式 $\dfrac{1}{104} \le \left(\sqrt{10}\right)^x \le 2015$ 的整數 x 共有多少個？

    (1) 9個　　　(2) 10個　　　(3) 11個　　　(4) 12個　　　(5) 13個

2. 考慮坐標平面上的直線 $L: 3x - 2y = 1$。若 a 為實數且二階方陣 $\begin{bmatrix} 1 & 0 \\ a & -8 \end{bmatrix}$ 所代表的線性變換可以將 L 上的點變換到一條斜率為2的直線，則 a 的值為下列哪一個選項？

    (1) 6　　　(2) 8　　　(3) 10　　　(4) 12　　　(5) 14

3. 設複數平面上的相異四點 z_1, z_2, z_3, z_4 依序且依逆時針方向可連成一個正方形。下列哪一個選項為 $\dfrac{z_2 - z_1}{z_3 - z_1}$ 之值？

    (1) $\sqrt{2}\cos(\dfrac{\pi}{4}) + \sqrt{2}i\sin(\dfrac{\pi}{4})$

(2) $\sqrt{2}\cos(-\dfrac{\pi}{4})+\sqrt{2}i\sin(-\dfrac{\pi}{4})$

(3) $\dfrac{1}{\sqrt{2}}\cos(\dfrac{\pi}{4})+\dfrac{1}{\sqrt{2}}i\sin(\dfrac{\pi}{4})$

(4) $\dfrac{1}{\sqrt{2}}\cos(-\dfrac{\pi}{4})+\dfrac{1}{\sqrt{2}}i\sin(-\dfrac{\pi}{4})$

(5) $\cos(\dfrac{\pi}{4})+i\sin(\dfrac{\pi}{4})$

二、多選題（占 40 分）

說明：第 4 題至第 8 題，每題有 5 個選項，其中至少有一個是正確的選項，請將正確選項畫記在答案卡之「選擇（填）題答案區」。各題之選項獨立判定，所有選項均答對者，得 8 分；答錯 1 個選項者，得 4.8 分；答錯 2 個選項者，得 1.6 分；答錯多於 2 個選項或所有選項均未作答者，該題以零分計算。

4. 坐標平面上有 A、B、C 三點，滿足 $\angle ABC$ 為直角，$\overline{AB}=\overline{BC}$，且向量 $\overrightarrow{AB}=(4,2)$。請選出可以為向量 $\overrightarrow{AC}$ 的選項。

(1) $(-2,4)$

(2) $(2,-4)$

(3) $(2,6)$

(4) $(-2,6)$

(5) $(6,-2)$

5. 設實係數多項式 $f(x)$ 滿足 $f(1+i)=5$ 與 $f(i)=10$（其中 $i=\sqrt{-1}$），且 $f(x)$ 除以 $(x^2-2x+2)(x^2+1)$ 的餘式為 $g(x)$。請選出正確的選項。

(1) $g(1+i)=5$

(2) $f(-i)=-10$

(3) $g(x)$ 除以 x^2-2x+2 的餘式是一次多項式

(4) $g(x)$ 除以 x^2-2x+2 的商式是 $2x+1$

(5) $g(x)=2x^3-7x^2+2x+3$

6. 設 $f(x)$ 為實係數二次多項式，$g(x)$ 為實係數三次多項式，已知 $y=f(x)$ 的圖形與 x 軸交於 $x=-4$ 與 $x=0$，而 $y=g(x)$ 的圖形與 x 軸交於 $x=-4$ 與 $x=0$，而 $y=g(x)$ 的圖形與 x 軸交於 $x=-4, x=0$ 及 $x=4$，且 $f(x)$ 與 $g(x)$ 的（相對）極小值皆發生於 $-4 < x < 0$。請選出正確的選項。

(1) $f(x)$ 與 $g(x)$ 的最高次項係數皆為正

(2) $f(x)$ 的（相對）極小值發生於 $x=-2$

(3) $g(x)$ 的（相對）極小值發生於 $x=-2$

(4) $g(-1)=g(-3)$

(5) $g(-1)=-g(1)$

7. 坐標平面上有一以原點 O 為圓心的圓 C，交直線 $x-y+1=0$ 於 Q,R 兩點，已知圓 C 上有一點 P 使得 ΔPQR 為一正三角形。請選出正確的選項。

(1) O 點與 P 點皆在 $\overline{QR}$ 的中垂線上

(2) P 點在第三象限

(3) $\overline{QR}$ 的中點坐標為 $(-\dfrac{1}{3},\dfrac{2}{3})$

(4) 圓 C 的方程式為 $x^2 + y^2 = 2$

(5) 直線 $x - y - 1 = 0$ 為圓 C 在 P 點的切線

8. 被診斷為不孕症的患者，可分為兩類：第一類為可藉人工方式受孕；其餘患者為第二類，無法藉由人工方式受孕。第一類在不孕症的患者中所佔比例為 p（$0 < p < 1$），而每做一次人工受孕成功的機率為 q（$0 < q < 1$），且每次成功與否互相獨立。不孕症的患者除非人工受孕成功，否則無法得知是屬於哪一類的患者。請選出正確的選項。

(1) 不孕症患者，第一次人工受孕失敗的機率為 $(1-p)(1-q)$

(2) 在人工受孕失敗一次的情況下，屬於第二類不孕症患者的條件機率為 $\dfrac{1-p}{1-pq}$

(3) 若醫學進步，讓人工受孕成功的機率 q 提高了，則在人工受孕失敗一次的情況下，屬於第二類不孕症患者的條件機率會降低

(4) 在第一類的患者中，做一次人工受孕就成功的機率大於做兩次才成功的機率

(5) 若醫學進步，讓人工受孕成功的機率 q 提高了，則在第一類的患者中，做一次人工受孕就成功的機率會增加，而做兩次才成功的機率會降低

三、選填題（占 18 分）

說明： 1. 第 A 與 C 題，將答案畫記在答案卡之「選擇（填）題答案區」所標示的列號（9－17）。

　　　 2. 每題完全答對給 6 分，答錯不倒扣，未完全答對不給分。

A. 設 a,b 為實數，$f(x)$ 為 5 次實係數多項式且其最高次項係數為 a。

　若 $f(x)$ 滿足 $\int_b^x f(t)dt = \dfrac{3}{2}\left(x^2 + 4x + 5\right)^3 - \dfrac{3}{2}$，則 $a =$ ___⑨___ ，

　$b =$ ___⑩⑪___ 。

B. 坐標空間中，設 P,Q 為平面 $3x - 2y - 2z = 1$ 上兩點且滿足 $\overline{PQ} = 7$。

　另取空間中兩點 P', Q' 滿足向量 $\overrightarrow{PP'} = \overrightarrow{QQ'} = (-3,4,6)$。當向量

　$\overrightarrow{PQ} = \pm\,($ ___⑫___ ，___⑬___ ，___⑭⑮___) 時，會使得平行四邊形

　$PQQ'P'$ 面積最大。

C. 一盒子裡有 n（$n > 3$）顆大小相同的球，其中有 1 顆紅球、2 顆藍

　球以及 $n - 3$ 顆白球。從盒子裡隨機同時抽取 3 球，所得球的計分方

　式為每顆紅球、藍球及白球分別為 $2n$ 分、n 分及 1 分。若所得分

　數的期望值為 E_n，則 $\lim\limits_{n \to \infty} E_n =$ ___⑯⑰___ 。

- - - - - - - - 以下第貳部分的非選擇題，必須作答於答案卷 - - - - - - - -

第貳部分：非選擇題（占 24 分）

說明： 本部分共有二大題，答案必須寫在「答案卷」上，並於題號欄
　　　 標明大題號（一、二）與子題號（(1)、(2)、……），同時必須
　　　 寫出演算過程或理由，否則將予扣分甚至零分。作答務必使用
　　　 筆尖較粗之黑色墨水的筆書寫，且不得使用鉛筆。每一子題配
　　　 分標於題末。

一、　有一時鐘的時針長度為 5 公分，分針長度為 8 公分。假設時針針
　　　尖每分鐘所移動的弧長都相等。

　　(1) 試求時針針尖每分鐘所移動的弧長。（3 分）

　　(2) 已知時針針尖與分針針尖距離為 7 公分，求時針和分針所夾
　　　　的角度。（4 分）

　　(3) 試問在六點與六點半之間，時針針尖與分針針尖的距離最接
　　　　近 7 公分是在六點幾分（取至最接近的整數分鐘）？（4 分）

二、　設無窮數列 $\langle a_n \rangle$ 符合 $a_0 = 0$ 且當 $n \geq 1$ 時，a_n 滿足

$$a_n - a_{n-1} = \begin{cases} \left(\dfrac{1}{5}\right)^n, & \text{當 } n \text{ 為偶數,} \\[2mm] \left(\dfrac{1}{5}\right)^n - \left(\dfrac{1}{3}\right)^n, & \text{當 } n \text{ 為奇數。} \end{cases}$$

　　(1) 將 a_6 寫成兩個等比級數的差，其中一個有 6 項，另一個有
　　　　3 項。（2 分）

　　(2) 求 $\lim\limits_{n \to \infty} a_{2n}$ 的值。（3 分）

　　(3) 證明：當 $n \geq 0$ 時 $a_{2n+2} - a_{2n} < 0$。並依此說明對於所有正整數
　　　　n，不等式 $-\dfrac{1}{8} \leq a_{2n} < 0$ 恆成立。（8 分）

104年度指定科目考試數學(甲)試題詳解

第壹部分：選擇題

一、單選題

1. 【答案】(3)

【解析】 指數 a^x 在 $a > 0$ 時可用 $x = 0$ 作為分界，考慮

$$1 \leq \left(\sqrt{10}\right)^x \leq 2015，當 x 為大於 0 之整數 \cdots\cdots (1)$$

$$\frac{1}{104} \leq \left(\sqrt{10}\right)^x \leq 1，當 x 為小於 0 之整數 \cdots\cdots (2)$$

先將(1)式整理成

$$1 \leq \left(\sqrt{10}\right)^{\frac{x}{2}} \leq 2015，當 x 為大於 0 之整數 \cdots\cdots (1)'$$

所以 $x = 1 \sim 6$ 時可以發現代入仍舊符合條件；當 $x = 7$，
我們將其代入變成

$$10^{\frac{7}{2}} = 10^{3+\frac{1}{2}} = 10^3 \times 10^{\frac{1}{2}} = 1000 \times \sqrt{10}$$

又 $\sqrt{10} > \sqrt{9} = 3$，所以

$$10^{\frac{7}{2}} = 1000 \times \sqrt{10} > 1000 \times 3 = 3000 > 2015$$

我們可以高聲宣布，只要 $x \geq 7$ 都不是我們要的！

接著(2)式整理成

$$\frac{1}{104} \leq \left(\frac{1}{\sqrt{10}}\right)^{-x} \leq 1，當 x 為小於 0 之整數 \cdots\cdots (2)'$$

或者進一步寫成

$\dfrac{1}{104} \le \left(\dfrac{1}{10}\right)^{-\frac{x}{2}} \le 1$，當 x 爲小於 0 之整數 ‥‥‥‥‥ (2)″

這樣思考起來會比較容易。接下來我們考慮 $-\dfrac{x}{2} = 2$，
$x = -4$ 的情況

$$\dfrac{1}{104} \le \left(\dfrac{1}{10}\right)^2 = \dfrac{1}{100} \le 1$$

故在 $x = -1 \sim -4$ 的情況下皆成立；當 $x = -5$，我們將其
代入，會變成

$$\left(\dfrac{1}{10}\right)^{\frac{5}{2}} = \left(\dfrac{1}{10}\right)^{2+\frac{1}{2}} = \left(\dfrac{1}{10}\right)^2 \times \left(\dfrac{1}{10}\right)^{\frac{1}{2}} = \dfrac{1}{100} \times \dfrac{1}{\sqrt{10}}$$

把 $\dfrac{1}{104}$ 看成 $\dfrac{1}{100} \times \dfrac{1}{1.04}$，又 $\dfrac{1}{\sqrt{10}} < \dfrac{1}{\sqrt{9}} = \dfrac{1}{3} < \dfrac{1}{1.04}$，所以

$$\left(\dfrac{1}{10}\right)^{\frac{5}{2}} = \dfrac{1}{100} \times \dfrac{1}{\sqrt{10}} < \dfrac{1}{100} \times \dfrac{1}{1.04} = \dfrac{1}{104}$$

我們可以再次高聲宣布，只要 $x \le -5$ 都不是我們要的！
最後綜合(1)、(2)兩式，x 可以爲 $-4 \sim 6$ 之間的任何一
個整數，符合的 x 有 11 個。答案選(3)。

2. 【答案】(5)

　　【解析】本題考的是利用矩陣進行線性變換，將一條線上的點
　　　　　　經由矩陣運算出對應至另一條線上的點。考慮直線
　　　　　　$L : 3x - 2y = 1$ 上的點 (x,y)，經由題目給予的二階方陣
　　　　　　$\begin{bmatrix} 1 & 0 \\ a & -8 \end{bmatrix}$ 運算之後會對應到另一條斜率爲 2 的直線，

　　　　　　將其假設爲 $L : y' = 2x' + c$，其上的點 (x', y') 必定符合

$$\begin{bmatrix} 1 & 0 \\ a & -8 \end{bmatrix} \begin{bmatrix} x \\ y \end{bmatrix} = \begin{bmatrix} x' \\ y' \end{bmatrix}$$。寫成映射方程式的話長這樣：

$$R: \begin{cases} x' = 1 \times x + 0 \times y \\ y' = a \times x + (-8) \times y \end{cases}$$（左矩陣橫的乘右矩陣直的，

還記得嗎？），即 $R: \begin{cases} x' = x \\ y' = ax - 8y \end{cases}$ ，這樣就可以建立出

點 (x, y) 與點 (x', y') 的對應關係。即直線 L 上的點

$$A(x, y) \xrightarrow{\quad R: \begin{cases} x' = x \\ y' = ax - 8y \end{cases} \quad} 直線 L' 上的點 A'(x', y')$$

在這邊要注意的是，題目給的矩陣代表的是一種轉換關係，也就是將直線 L 轉成另一條新的直線 L'，所以 L' 上的點不見得會在 L 上，下面運算時需要代入座標值，千萬要搞清楚代入的點是否在線上！

由於 c 我們不知道，若想要由 $L': y' = 2x' + c$ 代入 (x', y') 求出 c 的話，必須讓 y' 的值不出現 a 這個未知數來攪局，又 $y' = ax - 8y$，所以先假設 $x = 0$ 讓 a 不見，直線 L 上 $x = 0$ 的點 y 值為 $-2y = 1$，即 $y = -\dfrac{1}{2}$。將 L 上的

點 $\left(0, -\dfrac{1}{2}\right)$ 代入映射方程式 R 可得知對應到的點為

$(x', y') = (0.4)$，代入 L' 可得知 $c = 4$。知道 L 跟 L' 之後就可以利用 L 上的另一個點來求 a 了，這邊我們用 $(1, 1)$ 來算，很明顯的 $(1, 1)$ 一定在 $L: 3x - 2y = 1$ 上。將

$(1, 1)$ 代入 R 可得 $\begin{cases} x' = 1 \\ y' = a - 8 \end{cases}$，再把這個點代入 L'，可得

$a - 8 = 2 + 4$，$a = 14$。答案是(5)。

3. 【答案】(4)

【解析】這題有一個比較 tricky 的做法跟一個中規中矩但是有點麻煩的做法。公堂之上假設一下並不過份，先在座標平面上畫出一個邊長為 1，靠齊原點的正方形。其他形式的正方形也可以透過旋轉與縮放變成我們假設的正方形。

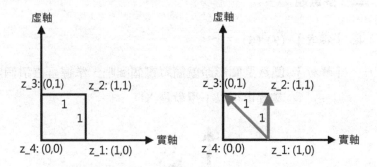

$z_2 - z_1$ 在複數平面上可以看成一條由 z_1 畫向 z_2 的線段，$z_3 - z_1$ 在複數平面上可以看成一條由 z_1 畫向 z_3 的線段，雖然向量不能相除，但複數運算的值相除可以看成所代表線段的長度縮放與角度旋轉。由上右圖我們可以得知由 $z_3 - z_1$ 旋轉至 $z_2 - z_1$ 需要將長度由 $\sqrt{2}$ 縮減至 1（縮放 $\frac{1}{\sqrt{2}}$ 倍），並順時針旋轉 $45°$（即 $-\frac{\pi}{4}$），以長度和輻角表示其值即為 $\frac{1}{\sqrt{2}}\cos\left(-\frac{\pi}{4}\right) + \frac{1}{\sqrt{2}}i\sin\left(-\frac{\pi}{4}\right)$。

中規中矩的做法就是直接列出各點在複數平面上的值並直接計算之：

$$\frac{z_2 - z_1}{z_3 - z_1} = \frac{(1+i)-1}{i-1} = \frac{i}{i-1} = \frac{i(i+1)}{(i-1)(i+1)} = \frac{-1+i}{-2}$$

$$= \frac{\sqrt{2}\left(\frac{1}{\sqrt{2}} - \frac{1}{\sqrt{2}}i\right)}{2} = \frac{1}{\sqrt{2}}\left(\cos\left(-\frac{\pi}{4}\right) + i\sin\left(-\frac{\pi}{4}\right)\right)$$

答案選(4)。

二、多選題

4. 【答案】 (3) (5)

【解析】 既然是圖形題就簡單畫個圖吧，掌握垂直這個關鍵的話其實也可以不用就是 XD

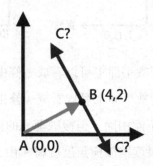

題目表示向量 $\overrightarrow{AB} = (4,2)$，那麼把 A 放在原點來看，然後畫出垂直向量 $\overrightarrow{AB}$ 的線段出來。雖然向量 BC 應該往哪邊我們不見得清楚，但題目告訴我們 $\overrightarrow{AB} = \overrightarrow{BC}$，又向量 $\overrightarrow{BC}$ 跟向量 $\overrightarrow{AB}$ 兩者垂直，內積應該會是零。假設向量 $\overrightarrow{BC} = (x, y)$，則可得以下聯立式：

$$\begin{cases} x^2 + y^2 = 4^2 + 2^2 = 20 \\ 4x + 2y = 0 \end{cases}$$

簡單計算之後可得向量 $\overrightarrow{BC}$ 爲 $(2,-4)$ 或 $(-2,4)$。

但是不要太開心的把答案(1)(2)填進去囉 XD 題目要的可是**向量 $\vec{AC}$** 呢，所以記得把兩個向量相加，就會得到向量 $\vec{AC} = (6,-2)$ 或 $(2,6)$。答案是 (3) 和 (5)。

5. 【答案】(1) (4)

【解析】首先要先用公式解看出來 $x^2 - 2x + 2 = 0$ 的解是 $\pm(1+i)$；$x^2 + 1 = 0$ 的解是 $\pm i$。接著把題目的除式簡單列出來：

假設商式為 $A(x)$，則

$$f(x) = (x^2 - 2x + 2)(x^2 + 1)A(x) + g(x) \cdots\cdots (1)$$

又題目給說 $f(1+i) = 5$ 與 $f(i) = 10$，這下意思昭然若揭了，題目擺了明告訴你，代入 $x = (1+i)$ 跟 $x = i$ 以順利的把 A(x)乘上 0 變不見，所以

$$f(1+i) = g(1+i) = 5 \text{ 而且 } f(i) = g(i) = 10 \cdots\cdots (1.1)$$

因此選項(1)是對的，選項(2)**不一定**是對的（我們只知道 $f(i) = g(i), f(-i) = g(-i)$，此選項對不對要求出正確的 $g(x)$ 我們才會知道）

選項(3)(4)(5)要我們解出 $g(x)$，因為(3)(4)要求我們用 $x^2 - 2x + 2$ 除 $g(x)$，我們不妨這樣思考：

$$f(x) = (x^2 - 2x + 2)(x^2 + 1)A(x) + g(x) \cdots\cdots (1)$$

由於 $f(x)$ 的除式是四次，所以假設 $g(x)$ 的時候應先假設至少是三次方程式，因此這樣列式：

假設 $g(x)$ 除以 $x^2 - 2x + 2$ 的商式為 $(ax+b)$，則

$$g(x) = (x^2 - 2x + 2)(ax+b) + (px+q) \cdots\cdots (2)$$

假設餘式的時候必須比除式少一次，所以在此假設餘式為 $px+q$，但 p 也有可能 $= 0$，要算出來 p 為多少才可以

斷定(3)是對是錯。接著我們想起來我們已經知道

$$f(1+i) = g(1+i) = 5 \text{ 而且 } f(i) = g(i) = 10 \cdots\cdots (1.1)$$

所以就開心的把 $x = (1+i)$ 跟 $x = i$ 代入吧，這樣可以得到

$$\begin{cases} g(1+i) = 0 + p(1+i) + q = (p+q) + pi = 5 \\ g(i) = (i^2 - 2i + 2)(ai+b) + (pi+q) = 10 \end{cases}$$

因為第一行等式的等號右邊沒有出現虛部i，這樣 p 只好乖乖當 0 囉，接著算出 $q = 5$；這樣子第二行稍微代入運算後會變成

$$g(i) = (1-2i)(b+ai) + 5 = 10$$

$$(2a+b) + (a-2b)i = 5$$

$$\begin{cases} a - 2b = 0, a = 2b \\ 2a + b = 5 \end{cases}$$

聯立式可以解出 $b = 1, a = 2$ ，所以 $g(x)$ 的長相應該是

$$g(x) = (x^2 - 2x + 2)(2x+1) + 5 = 2x^3 - 3x^2 + 2x + 7$$

所以(3)是錯的，餘式是常數；(4)是對的；(5)是錯的。

另外(2)選項 $f(-i) = g(-i) = -2i - 3 + 2i + 7 = 4$，也是錯的！

答案選(1)(4)

6. 【答案】 (2) (5)

　　【解析】 我們把題幹分成兩個部分來看吧。

$$\begin{cases} y = f(x)\text{的圖形與}x\text{軸交於}x = -4\text{與}x = 0 \\ y = g(x)\text{的圖形與}x\text{軸交於}x = -4, x = 0\text{及}x = 4 \end{cases} \cdots\cdots (1)$$

這兩句話暗示著 $y = f(x)$ 與 $y = g(x)$ 應該怎麼列式，因為我們知道，圖形與 x 軸相交於一點，即代表該點代入

方程式的值爲 0，也意味我們可以找到方程式的因式。

因此，依照題幹敘述我們可以轉換成下面這樣的列式：

$$\begin{cases} y = f(x) = A(x+4)x \\ y = g(x) = B(x+4)x(x-4) \end{cases} \cdots\cdots (1.1)$$

驗算一下就知道，把圖形與 x 軸相交的值代進去會分別令該方程式等於 0。重新整理一下會變成

$$\begin{cases} f(x) = A(x^2+4x) \\ g(x) = B(x^3-16x) \end{cases} \cdots\cdots (1.2)$$

但是我們不知道係數 A 和 B 的大小與正負，所以要看題幹的第二個敘述：

$f(x)$ 與 $g(x)$ 的 (相對) 極小值皆發生在 $-4 < x < 0$ $\cdots\cdots$ (2)

配合(1)和(2)兩個敘述，我們可以在座標平面上作圖並得到以下結果：

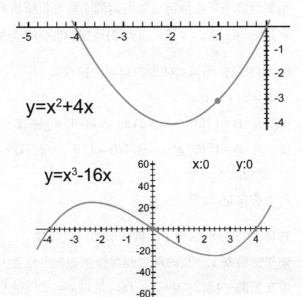

題幹說 $f(x)$ 與 $g(x)$ 的（相對）極小值皆發生在 $-4 < x$ < 0，這意味著在 $-4 < x < 0$ 這個區間，圖形必須向下凹才會符合條件，再用我們剛剛做出來的圖可以發現：

$y = x^2 + 4x$ 在區間內是下凹的，所以係數 A 維持正不會改變其方向；$y = x^3 - 16x$ 在區間內是上凸的，係數 B 必須小於 0 才能符合題目的要求，所以 A 為正，B 為負，(1)是錯的！

接著題目想要我們求出函數的相對最小值發生的位置，這邊就必須用到微積分的其中一個觀念：當連續且可微分的函數出現極值的時候，該處的導數 $y' = f'(x)$ 必為 c。

所以我們將 (1.2) 拿來微分：

$$\begin{cases} f'(x) = A(2x+4) \\ g'(x) = B(3x^2 - 16) \end{cases} \cdots\cdots\cdots (1.3)$$

稍微計算一下之後可以知道兩個函數發生極值的位置分別是 $x = -2$ 跟 $x = \dfrac{4}{\sqrt{3}}$，所以(2)是對的而(3)是錯的！

(4)和(5)就依照算式(1.2)的結果直接代入：

$g(x) = B(x^3 - 16x)$

(4): $g(-1) = 15B$; $g(-3) = 21B$　∴ $g(-1) \neq g(-3)$，是錯的！

(5): $g(-1) = 15B$; $-g(1) = -(15B) = 15B$　∴ $g(-1) = -g(1)$，
　　是對的！

所以答案是(2)(5)

【補充】　其實(4)(5)分別暗示了函數圖形的一些特性：

如果你觀察上一頁的兩張圖與極值的發生位置，你會發現在區間 $-4 < x < 0$，$y = f(x)$ 是以 $x = -2$ 為軸左右對稱，

而 $y = g(x)$ 則否，而這點也可以從 $g(x)$ 的相對最小值發生在 $x = \dfrac{4}{\sqrt{3}}$ 而略知一二。因此(4)選項的意思是問

$g(-1)$ 與 $g(-3)$ 是否因爲在 $x = -2$ 對稱所以值相等？答案很明顯不是。

(5) 選項則是暗示三次函數在反曲點（方程式二次微分之值爲 0 之處）具有點對稱的性質：$g''(x) = B(6x)$，反曲點位置在 $x = 0$，則對於實數 k，$g(-k) = -g(k)$。而如果把原方程式寫成下面這樣：

$g(x) = B(x^2 - 16)x$

你也可以發現，對實數對 $(k, -k)$ 而言，$x = \pm k$ 時，$(\pm k)^2 - 16$ 的值一樣，然後乘上了一個 x 自己，所以 $g(k)$ 跟 $g(-k)$ 只會差一個負號，但數字大小是一樣的。

7. 【答案】(1) (4)

　　【解析】如果把這個題目想成有一個圓內接 ΔPQR，且 Q,R 剛好在直線 $x - y + 1 = 0$ 上的話，應該就會比較好理解。我們就先依照這個敘述作圖吧。另外做出兩條輔助線 $\overline{OR}$ 與 $\overline{OQ}$ 以及 $\overline{QR}$ 中點 M 備用。

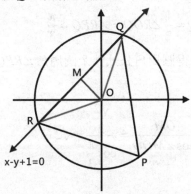

現在我們來看(1)，由圖可知 $\overline{OR}=\overline{OQ}$（因為 Q,R 皆在圓周上）且 $\overline{PR}=\overline{PQ}$（$\Delta PQR$ 是正三角形），所以 O 與 P 皆會落在 $\overline{QR}$ 的中垂線上（中垂線上每個點皆與線段兩邊等距），(1)是對的。

又因為 $\overline{QR}$ 的中垂線實際上也垂直於直線 $x-y+1=0$，這條直線的斜率為 1，所以中垂線的斜率是-1（兩條垂直直線斜率相乘必為-1），假設為 $y=-x+c$，又此中垂線通過原點(0,0)，代入得到中垂線原來是 $y=-x$，所以 P 點只會出現在第二跟第四象限，(2)是錯的；而且(3)所說 $\overline{QR}$ 的中點 M 座標為 $\left(-\dfrac{1}{3},\dfrac{2}{3}\right)$ 也不在中垂線 $y=-x$ 上，所以也是錯的。

解答(4)選項需要求直線 $x-y+1=0$ 與 O 點距離（也就是 $\overline{OM}$ 的長度）。利用公式

$$\overline{OM}=d(O,L)=\frac{0-0+1}{\sqrt{1^2+(-1)^2}}=\frac{1}{\sqrt{2}}=\frac{\sqrt{2}}{2}$$

接著要求 $\overline{OQ}$ 的長度，所以我們看 ΔOMQ 找出 $\overline{OM}$ 與 $\angle MOQ$，又

$$\angle MOQ=\frac{1}{2}\angle ROQ=\angle RPQ=\frac{\pi}{3}$$

（還記得圓周角公式嗎？圓周角 $\angle RPQ$ 大小為 $\angle ROQ$ 的一半）

$$\overline{OQ}=\frac{\overline{OM}}{\cos\angle MOQ}=\frac{\dfrac{\sqrt{2}}{2}}{\cos\dfrac{\pi}{3}}=\sqrt{2}$$

知道 $\overline{OQ}=\sqrt{2}=$ 半徑 r 之後，圓 C 的方程式也就呼之欲

出了：

$c: x^2+y^2=(\sqrt{2})^2=2$

(4)正確。

解答(5)選項我們要先知道 P 點座標，這時請想起前面我

們解(2)(3)選項時發現 P 點在直線 $y=-x$ 上，代入圓的方

程式 $c: x^2+y^2=2$ 可以知道 P 點座標為 $(1,-1)$；又 P 點切

線必垂直 $\overrightarrow{OQ}$（即 $y=-x$），故假設切線方程式 $y=x+d$，

代入 P 點 $(1,-1)$，得知切線方程式為 $y=x-2, x-y-2=0$，

(5)是錯的。

答案選(1)(4)

【補充】 會使用隱微分的同學在(5)選項可以在求出 P 點座標之後

對圓的方程式做隱微分，得到：

$2x+2y\dfrac{dx}{dy}=0$，切線斜率 $m=\dfrac{dx}{dy}=-\dfrac{x}{y}$（要代入切點 P

的數值才有意義）

再令切線方程式為 $y=mx+d$ 並代入 P 點也可以得到一

樣的答案。

8. 【答案】 (2) (4)

【解析】 我們就一個一個選項來看吧！

(1) 不孕症的患者，第一次人工受孕失敗的可能性有：

A.第一類不孕症患者且人工受孕失敗

B.第二類不孕症患者。

A.的機率為 $p\times(1-q)$ 而 B.的機率為 $(1-p)\times 1$，所以

本選項的答案為兩機率加總：

$P_1 = p(1-q) + (1-p) = 1 - pq$

故(1)是錯的。

(2) 由(1)選項所算可知，第二類不孕症患者人工受孕失
敗一次的機率為 $1-p$，而所有不孕症的患者第一次
人工受孕失敗的機率為(1)所算出的 $1-pq$，故在人
工受孕失敗一次的情況下，屬於第二類不孕症患者
的條件機率為 $\dfrac{1-p}{1-pq}$。(2)選項正確。

(3) 由(2)選項可知，在人工受孕失敗一次的情況下，屬
於第二類不孕症患者的條件機率為 $\dfrac{1-p}{1-pq}$，若醫學
進步，讓人工受孕成功的機率 q 提高了，則此數值
應會上升。(3)是錯的。

（從(1)選項來看，不孕症的患者，第一次人工受孕
失敗的機率 $1-pq$，在 q 上升時機率會下降，但第
二類不孕症患者人工受孕失敗一次的機率為 $1-p$，
與 q 無關。故分母下降但分子不變，其值會上升）

(4) 在第一類患者中，做一次人工受孕就成功的機率為
q，而做兩次才成功的情況為：第一次失敗 $(1-q)$ 乘
上第二次成功 q，為 $q(1-q)$，又 $1 > 1-q$，同乘 q 可
得 $q > q(1-q)$

所以做一次人工受孕就成功的機率大於做兩次才成
功的機率。(4)選項正確。

(5) 由(4)選項可知，做一次人工受孕就成功的機率為 q，

而做兩次才成功的機率為 $q(1-q) = q - q^2$，若醫學

進步，讓人工受孕成功的機率 q 提高為 q' 了，則做

一次人工受孕就成功的機率 q' 比 q 大，做兩次才成

功的機率為 $q' - q'^2$，在

A. $0 < q < q' \le 0.5$ 時機率會上升。

B. $0.5 \le q < q' < 1$ 機率則會下降。

C. $0 < q < 0.5 < q' < 1$ 時，與 0.5 的差之絕對值較大

者較低。

所以(5)是錯的。

最後答案選(2)(4)

三、選填題

A. 【答案】　$a = 9$, $b = -2$

【解析】　先從下面這個方程式下手吧：

令 $f(x)$ 之不定積分 $F(x) = \int_b^x f(t)dt = \dfrac{3}{2}(x^2 + 4x + 5)^3 - \dfrac{3}{2}$

若把 $x = b$ 代入，則

$\int_b^x f(t)dt = \dfrac{3}{2}(b^2 + 4b + 5)^3 - \dfrac{3}{2} = 0$

$(b^2 + 4b + 5)^3 = 1, b^2 + 4b + 5 = 1, b = -2$

接著反過來詮釋：

$f(x) = \dfrac{d(F(x))}{dx} = \dfrac{d\int_b^x f(t)dt}{dx} = \dfrac{d}{dx}\left[\dfrac{3}{2}(x^2 + 4x + 5)^3 - \dfrac{3}{2}\right]$

$= \dfrac{3}{2} \cdot \dfrac{d(x^2 + 4x + 5)^3}{d(x^2 + 4x + 5)} \cdot \dfrac{d}{dx}(x^2 + 4x + 5)$

$$= \frac{3}{2} \Big[3(x^2 + 4x + 5)^2 \Big](2x + 4)$$

$$= 9x^5 + \cdots\cdots\cdots\cdots\cdots\cdots （以下省略）$$

所以 $a = 9, b = -2$。

B. 【答案】　向量 $\overrightarrow{PQ} = \pm(2,6,-3)$

　　【解析】　先假設向量 $\overrightarrow{PQ} = (a,b,c)$，令向量 $\overrightarrow{PQ}$ 與向量 $\overrightarrow{PP'}$ 夾角

　　　　　　　為 θ，欲求平行四邊形 PQQ'P' 面積，其值應為

　　　　　　　$2 |\overrightarrow{PP'}| \, |\overrightarrow{PQ}| \sin\theta$，若欲此值為最大，$\theta$ 應為 90°，即

　　　　　　　$\overrightarrow{PQ} \perp \overrightarrow{PP'}$。（這點也可以用作圖來證明，拿兩支筆稍

　　　　　　　微比劃一下應該就會懂囉，在此不贅述）

　　　　　　　又根據題幹所給之條件，可以列出下面三個式子：

$$\begin{cases} a^2 + b^2 + c^2 = 49 \cdots\cdots\cdots(1) \\ 3a - 2b - 2c = 0 \cdots\cdots\cdots(2) \\ -3a + 4b + 6c = 0 \cdots\cdots\cdots(3) \end{cases}$$

　　　　　　　(1)式即 $\overrightarrow{PQ} = 7$；(2)式即向量 $\overrightarrow{PQ}$ 位於平面 $3x - 2y - 2z = 1$

　　　　　　　上故與其平面法向量垂直；(3)式即 $\overrightarrow{PQ} \perp \overrightarrow{PP'}$。

　　　　　　　(2)+(3)可得 $b = -2c$，再代入(2)可得 $a = -\frac{2}{3}c$，再次代入

　　　　　　　(1)可得 $\frac{49}{9}c^2 = 49, c = \pm 3$，故向量 $\overrightarrow{PQ} = \pm(2,6,-3)$

C. 【答案】　$\lim_{n \to \infty} E_n = 15$

　　【解析】　為了方便記述，假設紅球為 R、藍球為 B、白球為 W，

　　　　　　　則從盒子裡同時抽取 3 球，抽出來的可能組合有：

　　　　　　　WWW, RWW, BWW, RBW, BBW。考慮各自的得分的期

望值可知：

$$E(WWW) = 3 \times \frac{C_3^{n-3}}{C_3^n}$$

$$E(RWW) = (2n+2) \times \frac{C_1^1 \times C_2^{n-3}}{C_3^n}$$

$$E(BWW) = (n+2) \times \frac{C_1^2 \times C_2^{n-3}}{C_3^n}$$

$$E(RBW) = (3n+1) \times \frac{C_1^1 \times C_1^2 \times C_2^{n-3}}{C_3^n}$$

$$E(BBW) = (2n+1) \times \frac{C_2^2 \times C_1^{n-3}}{C_3^n}$$

經過計算與全部相加之後可以得到

$$E_n = \frac{3(n-3)(5n^2-14n-2)}{n(n-1)(n-2)} = 3 \cdot \frac{\left(\dfrac{n-3}{n}\right) \cdot \left(\dfrac{5n^2-14n-2}{n^2}\right)}{\left(\dfrac{n}{n}\right) \cdot \left(\dfrac{n-1}{n}\right) \cdot \left(\dfrac{n-2}{n}\right)}$$

$$= 3 \cdot \frac{\left(1-\dfrac{3}{n}\right) \cdot \left(5-\dfrac{14}{n}-\dfrac{2}{n^2}\right)}{1 \cdot \left(1-\dfrac{1}{n}\right) \cdot \left(1-\dfrac{2}{n}\right)}$$

$$\lim_{n\to\infty} E_n = \lim_{n\to\infty} 3 \cdot \frac{\left(1-\dfrac{3}{n}\right) \cdot \left(5-\dfrac{14}{n}-\dfrac{2}{n^2}\right)}{1 \cdot \left(1-\dfrac{1}{n}\right) \cdot \left(1-\dfrac{2}{n}\right)} = \frac{3 \cdot 1 \cdot 5}{1 \cdot 1 \cdot 1} = 15$$

第貳部分：非選擇題

一、【解析】 (1) $\dfrac{\pi}{72}$　(2) $\dfrac{\pi}{3}$　(3) 六點二十二分

(1) 時針針尖一小時移動角度 $30^\circ = \dfrac{\pi}{6}$，又題目假設時

針針尖每分鐘所移動的弧長都相等，故時針針尖

每分鐘移動角度為 $\dfrac{1}{60} \times \dfrac{\pi}{6} = \dfrac{\pi}{360}$，移動弧長為

$5 \times \dfrac{\pi}{360} = \dfrac{\pi}{72}$

(2) 由題幹所述可知時針、分針與兩針尖距離形成邊

長為 5、8、7 之三角形，三角形由邊長求角度可

用 $\cos A = \dfrac{b^2 + c^2 - a^2}{2bc}$，代入可得

$\cos \theta = \dfrac{5^2 + 8^2 - 7^2}{2 \cdot 5 \cdot 8} = \dfrac{1}{2}, \theta = \dfrac{\pi}{3}$

(3) 時針針尖每分鐘移動角度為 $\dfrac{\pi}{360}$，分針針尖每分

鐘移動 $\dfrac{\pi}{30}$，則從六點開始，經 x 分鐘後考慮時針

與分針的角度位置可知：

$\dfrac{\pi}{2} + x \cdot \left(\dfrac{\pi}{360} - \dfrac{\pi}{30} \right) = \dfrac{\pi}{3}, x = \dfrac{240}{11} \approx 21.82$

取 22 分為較靠近之值，故答案為六點二十二分。

二、【解析】 (1) 直接列舉吧！

$a_1 - a_0 = \left(\dfrac{1}{5} \right)^1 - \left(\dfrac{1}{3} \right)^1$

$$a_2 - a_1 = \left(\frac{1}{5}\right)^2$$

$$a_3 - a_2 = \left(\frac{1}{5}\right)^3 - \left(\frac{1}{3}\right)^3$$

$$a_4 - a_3 = \left(\frac{1}{5}\right)^4$$

$$a_5 - a_4 = \left(\frac{1}{5}\right)^5 - \left(\frac{1}{3}\right)^5$$

$$a_6 - a_5 = \left(\frac{1}{5}\right)^6$$

全部加起來就變成

$$a_6 = \left[\left(\frac{1}{5}\right)^1 + \left(\frac{1}{5}\right)^2 + \left(\frac{1}{5}\right)^3 + \left(\frac{1}{5}\right)^4 + \left(\frac{1}{5}\right)^5 + \left(\frac{1}{5}\right)^6\right] -$$

$$\left[\left(\frac{1}{3}\right)^1 + \left(\frac{1}{3}\right)^3 + \left(\frac{1}{3}\right)^5\right]$$

(2) 這邊比較嚴謹的作法是採用數學歸納法來證明 a_{2n} 是我們所設定的值，證明為眞之後再取極限求解。

我們先由(1)的解幫 a_{2n} 做個假設：

$$a_{2n} = \sum_{m=1}^{2n}\left(\frac{1}{5}\right)^m - \sum_{m=1}^{n}\left(\frac{1}{3}\right)^{2m-1}$$

先證明 $n = 1$ 時成立：

$$a_1 - a_0 = \left(\frac{1}{5}\right)^1 - \left(\frac{1}{3}\right)^1$$

$$a_2 - a_1 = \left(\frac{1}{5}\right)^2$$

$$a_2 = \left(\frac{1}{5}\right)^1 + \left(\frac{1}{5}\right)^2 - \left(\frac{1}{3}\right)^1 = \sum_{m=1}^{2}\left(\frac{1}{5}\right)^m - \sum_{m=1}^{1}\left(\frac{1}{3}\right)^{2m-1}$$

再令 $n = k$ 時成立：

$$a_{2k} = \sum_{m=1}^{2k}\left(\frac{1}{5}\right)^m - \sum_{m=1}^{k}\left(\frac{1}{3}\right)^{2m-1}$$

則當 $n = k+1$ 時：

$$a_{2k+1} - a_{2k} = \left(\frac{1}{5}\right)^{2k+1} - \left(\frac{1}{3}\right)^{2k+1}$$

$$a_{2k+2} - a_{2k+1} = \left(\frac{1}{5}\right)^{2k+2}$$

$$a_{2k+2} = \sum_{m=1}^{2k}\left(\frac{1}{5}\right)^m - \sum_{m=1}^{k}\left(\frac{1}{3}\right)^{2m-1} + \left(\frac{1}{5}\right)^{2k+1} + \left(\frac{1}{5}\right)^{2k+2} - \left(\frac{1}{3}\right)^{2k+1}$$

$$= \left[\sum_{m=1}^{2k}\left(\frac{1}{5}\right)^m + \left(\frac{1}{5}\right)^{2k+1} + \left(\frac{1}{5}\right)^{2k+2}\right] -$$

$$\left[\sum_{m=1}^{k}\left(\frac{1}{3}\right)^{2m-1} + \left(\frac{1}{3}\right)^{2k+1}\right]$$

$$= \sum_{m=1}^{2(k+1)}\left(\frac{1}{5}\right)^m - \sum_{m=1}^{k+1}\left(\frac{1}{3}\right)^{2m-1}$$

經由數學歸納法，得證 $a_{2n} = \sum_{m=1}^{2n}\left(\frac{1}{5}\right)^m - \sum_{m=1}^{n}\left(\frac{1}{3}\right)^{2m-1}$，則

$$\lim_{n\to\infty} a_{2n} = \lim_{n\to\infty}\left[\sum_{m=1}^{2n}\left(\frac{1}{5}\right)^m - \sum_{m=1}^{n}\left(\frac{1}{3}\right)^{2m-1}\right]$$

又無窮等比級數的和為 $S = \dfrac{a}{1-r}$，故

$$\lim_{n\to\infty} a_{2n} = \lim_{n\to\infty}\left[\sum_{m=1}^{2n}\left(\frac{1}{5}\right)^m - \sum_{m=1}^{n}\left(\frac{1}{3}\right)^{2m-1}\right] = \frac{\frac{1}{5}}{1-\frac{1}{5}} - \frac{\frac{1}{3}}{1-\left(\frac{1}{3}\right)^2}$$

$$= \frac{1}{4} - \frac{3}{8} = -\frac{1}{8}$$

(3) 由(2)之證明過程我們可以得知對於每個大於 0 的整

數 n：

$$a_{2n+2} - a_{2n} = \left(\frac{1}{5}\right)^{2n+1} + \left(\frac{1}{5}\right)^{2n+2} - \left(\frac{1}{3}\right)^{2n+1}$$

$$= \frac{1+\frac{1}{5}}{5^{2n+1}} - \frac{1}{3^{2n+1}} = \frac{1}{15^{2n+1}}\left(\frac{6}{5}\cdot 3^{2n+1} - 5^{2n+1}\right)$$

$$= \frac{1}{15^{2n+1}}\left(\frac{18}{5}\cdot 9^n - 5\cdot 25^n\right)$$

後面那項看起來很煩，但是只要用比大小代換：

$$\frac{18}{5}\cdot 9^n < \frac{18}{5}\cdot 25^n$$

$$\frac{18}{5}\cdot 9^n - 5\cdot 25^n < \frac{18}{5}\cdot 25^n - 5\cdot 25^n < 0$$

就可以得證：對於每個大於 0 的整數 n，$a_{2n+2} - a_{2n} < 0$

即 $a_{2n+2} < a_{2n}$

所以當 $n=0$ 時，$a_2 < a_0 = 0$；當 $n=1$ 時，$a_4 < a_2$，

換句話說，$\langle a_{2n} \rangle$ 其實是一個遞減數列，每一項都比

前一項更小，但我們在(2)證明了，$\lim_{n \to \infty} a_{2n} = -\dfrac{1}{8}$，

所以我們得知$-\dfrac{1}{8} \leq a_{2n} \leq 0$。

【附錄一】已知無窮數列$\langle a_{2n} \rangle$在大於 0 的整數 n 符合

$$a_{2n+2} - a_{2n} = \frac{1}{15^{2n+1}}\left(\frac{18}{5} \cdot 9^n - 5 \cdot 25^n\right)$$

請證明：$a_{2n+2} - a_{2n} < 0$

當 $n = 0$ 時：$a_2 - a_0 = \dfrac{1}{15}\left(\dfrac{18}{5} - 5\right) < 0$

假設 $n = k$ 時成立：

$$a_{2k+2} - a_{2k} = \frac{1}{15^{2k+1}}\left(\frac{18}{5} \cdot 9^k - 5 \cdot 25^k\right) < 0$$

即$\dfrac{18}{5} \cdot 9^k < 5 \cdot 25^k$，另寫成$9^{k+1} < \dfrac{1}{2} \cdot 25^{k+1}$

則當 $n = k+1$ 時：

$$a_{2k+4} - a_{2k+2} = \frac{1}{15^{2k+3}}\left(\frac{18}{5} \cdot 9^{k+1} - 5 \cdot 25^{k+1}\right)$$

運用上述已知$9^{k+1} < \dfrac{1}{2} \cdot 25^{k+1}$，則$\dfrac{18}{5} \cdot 9^{k+1} < \dfrac{9}{5} \cdot 25^{k+1}$

$\dfrac{18}{5} \cdot 9^{k+1} - 5 \cdot 25^{k+1} < \dfrac{9}{5} \cdot 25^{k+1} - 5 \cdot 25^{k+1} < 0$

代入 $n = k+1$ 時的結果：

$$a_{2k+4} - a_{2k+2} = \frac{1}{15^{2k+3}}\left(\frac{18}{5} \cdot 9^{k+1} - 5 \cdot 25^{k+1}\right) < 0$$

由數學歸納法得證

對大於 0 的整數 n，$a_{2n+2} - a_{2n} < 0$

104 年大學入學指定科目考試試題
數學乙

第壹部分：選擇題（單選題、多選題及選填題共占 76 分）

一、單選題（占 12 分）

說明：第 1 題至第 2 題，每題有 5 個選項，其中只有一個是正確或最適當的選項，請畫記在答案卡之「選擇（填）題答案區」。各題答對者，得 6 分；答錯、未作答或畫記多於一個選項者，該題以零分計算。

1. 將正方形 $ABCD$ 的每一條邊各自標上 1、2、3 中的某一個數，使得任兩條相鄰的邊，都標有恰好差 1 的兩個數。滿足這種條件的標示法總共有多少種？

   (1) 2　　　　(2) 4　　　　(3) 6　　　　(4) 8　　　　(5) 10

2. 坐標平面上，x 坐標與 y 坐標皆為整數的點稱為「格子點」。設 n 為正整數，已知在第一象限且滿足 $x+2y \leq 2n$ 的格子點 (x,y) 的數目為 a_n。則 $\lim\limits_{n \to \infty} \dfrac{a_n}{n^2}$ 的值為下列哪一個選項？

   (1) 0　　　　(2) 1　　　　(3) $\dfrac{4}{3}$　　　　(4) 2　　　　(5) 4

二、多選題（占 40 分）

說明：第 3 題至第 7 題，每題有 5 個選項，其中至少有一個是正確的選項，請將正確選項畫記在答案卡之「選擇（填）題答案區」。各題之選項獨立判定，所有選項均答對者，得 8 分；答錯 1 個選項者，得 4.8 分；答錯 2 個選項者，得 1.6 分；答錯多於 2 個選項或所有選項均未作答者，該題以零分計算。

3. 針對某 50 人的班級調查喝飲料的習慣，發現其中習慣半糖（糖份減半）的有 37 人，而習慣去冰（不加冰塊）的有 28 人。現在若隨機抽問該班一位同學，他喝飲料的習慣是半糖且去冰的機率有可能是下列哪些選項？

(1) 0.28　　　　(2) 0.46　　　　(3) 0.56　　　　(4) 0.66　　　　(5) 0.74

4. 半導體產業的<u>摩爾</u>定律認爲「積體電路板可容納的電晶體數目每兩年增加一倍」。用 $f(t)$ 表示從 $t = 0$ 開始，電晶體數目隨時間 t 變化的函數，並假設 $f(0) = 1000$。下面選項中，請選出可以代表<u>摩爾</u>定律的公式。

(1) 若 t 以年爲單位，則 $f(t) = 1000 + \dfrac{1000}{2} t$

(2) 若 t 以月爲單位，則 $f(t) = 1000 + \dfrac{1000}{24} t$

(3) 若 t 以年爲單位，則 $f(t) = 1000 \cdot (\sqrt{2})^t$

(4) 若 t 以年爲單位，則 $\log f(t) = 3 + \dfrac{\log(\dfrac{3t}{2} + 1)}{2}$

(5) 若 t 以月爲單位，則 $\log f(t) = 3 + \dfrac{\log 2}{24} t$

5. 下表是兩年前三種零食分別在兩間超市的單價：（單元：元/包）

	超市甲	超市乙
蘇打餅	30	28
薯片	55	50
魷魚絲	70	66

上表以單價矩陣 $\begin{bmatrix} 30 & 28 \\ 55 & 50 \\ 70 & 66 \end{bmatrix}$ 表示，如果這兩間超市都以每年 3%

的比例調漲物品的價格，請問下列哪些選項的計算結果可以代

表現在這些零食在這兩間超市的單價矩陣？

(1) $2 \cdot (1.03) \cdot \begin{bmatrix} 30 & 28 \\ 55 & 50 \\ 70 & 66 \end{bmatrix}$　　(2) $(1.03)^2 \cdot \begin{bmatrix} 30 & 28 \\ 55 & 50 \\ 70 & 66 \end{bmatrix}$

(3) $\begin{bmatrix} 2 \cdot (1.03) & 0 & 0 \\ 0 & 2 \cdot (1.03) & 0 \\ 0 & 0 & 2 \cdot (1.03) \end{bmatrix} \begin{bmatrix} 30 & 28 \\ 55 & 50 \\ 70 & 66 \end{bmatrix}$

(4) $\begin{bmatrix} (1.03) & 0 & 0 \\ 0 & (1.03) & 0 \\ 0 & 0 & (1.03) \end{bmatrix} \begin{bmatrix} 30 & 28 \\ 55 & 50 \\ 70 & 66 \end{bmatrix} \begin{bmatrix} 1.03 & 0 \\ 0 & 1.03 \end{bmatrix}$

(5) $\begin{bmatrix} (1.03)^2 & (1.03)^2 & (1.03)^2 \\ (1.03)^2 & (1.03)^2 & (1.03)^2 \\ (1.03)^2 & (1.03)^2 & (1.03)^2 \end{bmatrix} \begin{bmatrix} 30 & 28 \\ 55 & 50 \\ 70 & 66 \end{bmatrix}$

6. 設 $f(x)$ 為一實係數多項式，且 $f(x)$ 除以 $(x-1)(x-2)^2$ 的餘式為 $(x-2)^2 + g(x)$，其中 $g(x)$ 為一次多項式。請選出正確的選項。

(1) 若知道 $f(1)$ 及 $f(2)$，則可求出 $g(x)$

(2) $f(x)$ 除以 $(x-2)$ 的餘式是 $g(2)$

(3) $f(x)$ 除以 $(x-1)$ 的餘式是 $g(1)$

(4) $f(x)$ 除以 $(x-2)^2$ 的餘式是 $g(x)$

(5) $f(x)$ 除以 $(x-1)(x-2)$ 的餘式是 $x-2+g(x)$

7. 下表是某國在 2009 年至 2015 年間，運動選手的人數統計：

年份	男生	女生
2009	3410	1950
2010	3420	2000
2011	3540	2240
2012	3710	2370
2013	3830	2650
2014	3920	2780
2015	3990	2860

關於該國運動選手，請根據這張表選出正確的敘述。

(1) 從 2009 年到 2015 年，男運動選手增加的總人數比女運動選手增加的總人數多

(2) 從 2009 年到 2015 年，平均一年增加了 580 名男運動選手

(3) 從 2009 年到 2015 年，男女運動選手人數差距逐年持續縮小

(4) 如果分別計算男女運動選手人數對年份的迴歸直線（最適直線），則男生的直線斜率小於女生的直線斜率

(5) 在 2009 年到 2015 年共 7 年中，全國平均一年有超過 6000 名運動選手

三、選填題（占 24 分）

說明：1. 第 A 至 C 題，將答案畫記在答案卡之「選擇（填）題答案區」所標示的列號（8–17）。

2. 每題完全答對給 8 分，答錯不倒扣，未完全答對不給分。

A. 若 a 爲整數，且 $y = -7x^2 + ax + \dfrac{1}{3}$ 的圖形與 x 軸的兩個交點都介

　於 $x = -1$ 與 $x = 1$ 之間，則滿足這樣條件的 a 有 ⑧⑨ 個。

B. 如圖，長方形 $ABCD$ 中 $\angle CAB = 30°$，$\overrightarrow{AC} \cdot \overrightarrow{AD} = |\overrightarrow{AC}|$，

　則 $\overrightarrow{AC} \cdot \overrightarrow{AB} =$ ⑩⑪ 。

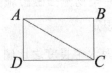

C. 某校數學教師針對高三學生隨機選出 30 名男學生及 20 名女學
　生，做新教材適應性的調查，每一位學生都要填答，且只能填
　答適應或不適應。結果有 35 名學生填答無法適應新教材內容。
　假設學生性別與適應狀況獨立，請完成下列表格，使其最能符
　合上述假設。

適應狀況　　　　性別	適應	不適應（35 人）
男生（30 人）	⑫ 人	⑬⑭ 人
女生（20 人）	⑮ 人	⑯⑰ 人

- - - - - - - - 以下第貳部分的非選擇題，必須作答於答案卷 - - - - - - - -

第貳部分：非選擇題（占 24 分）

說明：本部分共有二大題，答案必須寫在「答案卷」上，並於題號
欄標明大題號（一、二）與子題號（(1)、(2)、……），同
時必須寫出演算過程或理由，否則將予扣分甚至零分。作答
務必使用筆尖較粗之黑色墨水的筆書寫，且不得使用鉛筆。
每一子題配分標於題末。

一、根據內政部營建署《建築物無障礙設施設計規範》，無障礙通
路之設計需符合以下規定：

- 坡道之坡度（高度與水平長度之比值）不得大於 $\dfrac{1}{12}$。

- 坡道之起點及終點，應設置長、寬各 150 公分以上之平台。
此處的長，指的是水平長度，而非斜面的長度。

- 坡道的中間應設置適當數量的平台，使得每段坡道的高差不
超過 75 公分，且平台的水平長度至少 150 公分。

- 各平台之坡度不得大於 $\dfrac{1}{50}$。

圖一與圖二為側面示意圖，圖一摘自此規範書，圖二為圖一的
簡明版，其中 $l \geq 150$，$h_1, h_2 \leq 75$；坡道之坡度相當於坡道斜率
之絕對值。

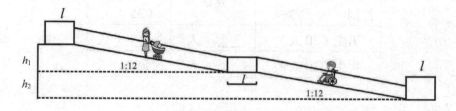

圖一

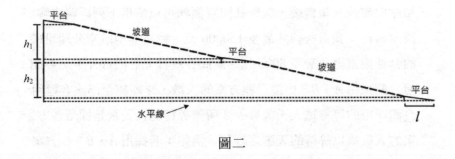

圖二

依上述規定，一條升高 2 公尺的無障礙坡道，在無轉彎的條件下，其最小可能的水平長度（含平台）爲多少公尺？（12 分）

二、某航空公司因機械故障而停飛，致使平安旅行社原來預訂搭此航空公司班機返台的 25 位旅客，被迫滯留在當地、領隊經詢問後得知，另外三家航空公司飛往台灣近期的機位已滿，都必須等待，當時有三種方案可以將旅客送回台灣如下表（表中的數據是以每人爲單位）。例如 A 方案，旅行社必須負擔每人 4500 元的食宿費加上 400 元的轉機價差。

方案	食宿費	轉機價差	返台所需等待時間
A 轉搭甲航空公司的班機	4500元	400元	3天
B 轉搭乙航空公司的班機	5500元	200元	4天
C 轉搭丙航空公司的班機	8000元	0元	6天

註：轉機價差是指「轉搭其他航空公司的班機」所需補的票價差額。

領隊向旅行社報告後，旅行社同意領隊可以使用下列經費來解決此事件：食宿費總共最多 150000 元，轉搭其他航空公司班機的轉機價差總共最多 8000 元。試問在經費允許的條件下，要如何分配採用 A、B、C 這三種方案的人數，才能使全部旅客返回台灣所用的等待總人天數最少？所謂等待總人天數是採用各方案的人數乘以等待的天數之總和，例如：若採用 A、B、C 方案的人數分別為 8、10、7 人，則等待總人天數為 $8 \times 3 + 10 \times 4 + 7 \times 6 = 106$（人天）。如果領隊規劃 x 人轉搭甲航空公司的班機，y 人轉搭乙航空公司的班機，其餘的旅客轉搭丙航空公司的班機，由下列步驟，求出全部旅客返回台灣所用的最少等待總人天數。

(1) 寫出此問題的線性規劃不等式及目標函數。（4 分）

(2) 求可行解區域的所有頂點的坐標。（4 分）

(3) 求全部旅客返回台灣所用的最少等待總人天數？（4 分）

104年度指定科目考試數學(乙)試題詳解

第壹部分：選擇題

一、單選擇

1. 【答案】(4)

   【解析】

   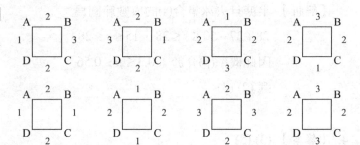

   取 AB＝1，BC＝AD＝2，∴CD＝1，再旋轉，得 2 種

   取 AB＝1，BC＝AD＝2，∴CD＝3，再旋轉，得 4 種

   取 AB＝2，BC＝AD＝3，∴CD＝2，再旋轉，得 2 種

2. 【答案】(2)

   【解析】n＝1 時，$L: x+2y \leq 2$，$a_1 = 0$

   　　　　n＝2 時，$L: x+2y \leq 4$，$a_2 = 2 = a_1 + 2 \times 1$

   　　　　n＝3 時，$L: x+2y \leq 6$，$a_3 = 6 = a_2 + 2 \times 2$

   　　　　n＝4 時，$L: x+2y \leq 8$，$a_4 = 8 = a_3 + 2 \times 3$

   　　　　………

   　　　　n＝n 時，$L: x+2y \leq 2n$，$a_n = a_{n-1} + 2 \times (n-1)$

兩邊相加，$a_n = 2[1 + 2 + 3 + \cdots + (n-1)] = n(n-1)$

$$\therefore \lim_{n \to \infty} \frac{a_n}{a^2} = \lim_{n \to \infty} \frac{n(n-1)}{n^2} = 1$$

二、多選題

3. 【答案】 (2) (3)

　　【解析】 半糖且去冰集合(s)的人數範圍為：

　　　　$28 + 37 - 50 \le s \le 28$，$15 \le s \le 28$

　　　　因此機率(p)介於：$0.3 \le p \le 0.56$

　　　　選 (2) (3)

4. 【答案】 (3) (5)

　　【解析】 當 t 以年為單位時，每年增加根號 2 倍，t 年增加根號

　　　　2 的 t 次方倍

　　　　$\to f(t) = 1000 \times 2^{\frac{t}{2}} = 1000 \times \sqrt{2}^{\,t}$

　　　　取 log $\to \log f(t) = 3 + \frac{t}{2} \log 2$

　　　　當 t 以月為單位時，每月增加 24 根號 2 倍，每月增加

　　　　t/24 根號 2 倍

　　　　$\to f(t) = 1000 \times 2^{\frac{t}{24}}$

　　　　取 log $\to \log f(t) = 3 + \frac{t}{24} \log 2$

5. 【答案】 (2) (4)

【解析】 選項 (2) $(1.03)^2 \begin{bmatrix} 30 & 28 \\ 55 & 50 \\ 70 & 66 \end{bmatrix} - \begin{bmatrix} 30(1.03)^2 & 28(1.03)^2 \\ 55(1.03)^2 & 50(1.03)^2 \\ 70(1.03)^2 & 66(1.03)^2 \end{bmatrix}$

選項 (4) $\begin{bmatrix} 1.03 & 0 & 0 \\ 0 & 1.03 & 0 \\ 0 & 0 & 1.03 \end{bmatrix} \begin{bmatrix} 30 & 28 \\ 55 & 50 \\ 70 & 66 \end{bmatrix} \begin{bmatrix} 1.03 & 0 \\ 0 & 1.03 \end{bmatrix}$

$= \begin{bmatrix} 30(1.03)^2 & 28(1.03)^2 \\ 55(1.03)^2 & 50(1.03)^2 \\ 70(1.03)^2 & 66(1.03)^2 \end{bmatrix}$

其他選項皆不符合此結果，選 (2) (4)

6. 【答案】 (1) (2) (4)

【解析】 列式得：$f(x) = (x-1)(x-2)^2 \ Q(x) + \left[(x-2)^2 + g(x) \right]$，

且已知 $g(x)$ 為一次式，令 $g(x) = ax + b$

(1) 已知 $f(1)$、$f(2)$，兩個方程式可求兩解 a、b

(2) $f(x)$ 除以 $(x-2)$ 的餘式

$= f(2) = (2-1)(2-2)^2 \ Q(2) + \left[(2-2)^2 + g(2) \right] = g(2)$

(3) $f(x)$ 除以 $(x-1)$ 的餘式

$= f(1) = (1-1)(1-2)^2 \ Q(1) + \left[(1-2)^2 + g(1) \right] = 1 + g(1)$

(4) $f(x) = (x-1)(x-2)^2 \ Q(x) + (x-2)^2 + g(x)$

$= (x-2)^2 q(x) + g(x)$

(5) $f(x) = (x-1)(x-2)^2 \ Q(x) + \left[(x-2)^2 + g(x) \right]$

$= (x-1)(x-2) \left[(x-2) \ Q(x) + 1 \right] + \left[(-x+2) + g(x) \right]$

選 (1) (2) (4)

7. 【答案】 (4) (5)

　　【解析】 (1) 2009 到 2015 年間，男選手增加 580 人，女選手增
　　　　　　　　加 910 人，女選手增加總人數較多

　　　　　　(2) 平均一年增加 580/7 人，約 82 到 83 人

　　　　　　(3) 09 年差 1460 人；10 年差 1420 人；11 年差 1300 人；
　　　　　　　　<u>12 年差 1340 人</u>；13 年差 1180 人；14 年差 1140 人；
　　　　　　　　15 年差 1130 人。因此並非逐年「持續」增加

　　　　　　(4) $\dfrac{580}{7} < \dfrac{910}{7}$，男生變化量小於女生，因此可知男生

　　　　　　　　回歸直線斜率小於女生回歸直線斜率

　　　　　　(5) 總人數 42670，因此平均一年有大於 6000 位選手

　　　　　　選 (4) (5)

三、填充題

1. 【答案】 13

　　【解析】 先判斷圖形為凹口向下的拋物線，且必有兩根，兩根
　　　　　　介於 -1 和 1 之間

　　　　　　$\rightarrow f(-1)$、$f(1) < 0$

　　　　　　判別式：$a^2 - 4(-7)\left(\dfrac{1}{3}\right) > 0$ 恆成立

　　　　　　又 $f(1) = -7 + a + \dfrac{1}{3} < 0$，$a < \dfrac{20}{3}$，

　　　　　　且 $f(-1) = -7 + (-a) + \dfrac{1}{3} < 0$，$a > \dfrac{-20}{3}$，

　　　　　　得 $\dfrac{-20}{3} < a < \dfrac{20}{3}$，

$a = –6、–5、–4、–3、–2、–1、0、1、2、3、4、5、$

6，共 13 個。

2. 【答案】12

　　【解析】令 $\overline{AC} = 2x$，$\overline{AD} = x$，$\overline{AB} = \sqrt{3}x$

　　　　　　已知 $\overline{AC} \cdot \overline{AD} = 2x \cdot x \cdot \cos 60^{\circ} = 2x$，得 $x = 2$

　　　　　　則 $\overline{AC} \cdot \overline{AB} = 2x \cdot \sqrt{3}x \cdot \cos 30^{\circ} = 12$

3. 【答案】9；21；6；14

　　【解析】「學生性別與適應狀況獨立」→適應或不適應的男女比

　　　　　　仍為 3：2

　　　　　　假設不適應的男生為 x，則不適應的女生為 35-x、適應

　　　　　　的男生為 30-x、適應的女生為 x-15

　　　　　　因為獨立 $(30 - x) : (x - 15) = x : (35 - x) = 3 : 2$，得 $x = 21$

9	21
6	14

第貳部分：非選擇題

1. 【解析】設平台數 = n，$200 = (75 * n + y) + (150 * \dfrac{1}{50} * (n + 2))$，

　　　　　　$n \in N$，$y < 75$

　　　　　　水平長度 $(75 * n + y) * 12 + (150 * (n + 2))$

　　　　　　$N = 2$，$y = 38$ 時，水平長度有最小值 2856 公分

　　　　　　= 28.56 公尺

2. 【解析】 A 方案 x 人，B 方案 y 人，C 方案 25-x-y 人

則 $\begin{cases} 4500x+5500y+8000(25-x-y) \le 150000 \\ 400x+200y+0(25-x-y) \le 8000 \\ x+y \le 25 \\ x,y \in N \end{cases}$

$\rightarrow \begin{cases} 7x+5y \ge 100 \\ 2x+y \le 40 \\ x+y \le 25 \\ x,y \in N \end{cases}$

範圍頂點座標有五個 $(0,20)(0,25)(15,10)(20,0)(\dfrac{100}{7},0)$

所求 $3x+4y+6(25-x-y)=150-3x-2y$

在 $x=15$， $y=10$ 時，有最小值 $=85$

104 年大學入學指定科目考試試題
歷史考科

第壹部分：選擇題（占 80 分）

一、單選題（占 68 分）

說明：第 1 題至第 34 題，每題有 4 個選項，其中只有一個是正確或
最適當的選項，請畫記在答案卡之「選擇題答案區」。各題
答對者，得 2 分；答錯、未作答或畫記多於一個選項者，該
題以零分計算。

1. 一位美國總統發表就職演說：「即便合眾國不是個名符其實的政
府，而是僅具契約性質的各州聯合；但就算是一個契約，難道它
可不經全體締約者的同意，就被取消嗎？……沒有一個州可僅依
自己的想法就合法脫離聯邦，……從憲法和法律的觀點，聯邦是
不可分裂的。」這應是哪位總統？
   (A) 華盛頓　　　(B) 傑佛遜　　　(C) 林肯　　　(D) 羅斯福

2. 某一市場人潮川流不息，好不熱鬧。市場中貨品分區買賣，應有
盡有，如玉米、馬鈴薯、金銀飾品、羽毛、棉衣、繡花斗蓬、巧
克力，甚至奴隸。市場旁還搭有草棚，供人休息。這個市場最可
能是在：
   (A) 西元六世紀的拜占庭　　　(B) 西元九世紀的巴格達
   (C) 西元十三世紀的麻六甲　　(D) 西元十六世紀的墨西哥

3. 某書記述一位外國人的中國經歷，書中提到該地使用紙幣、繁忙
的運河以及泉州港；提到當時南方人稱北方為「契丹」，北方人
則稱南方人為「蠻子」；也發現該地的主要道路一邊鋪有石頭，

一邊不鋪石頭，因為「大汗的驛卒要騎在馬上跑得迅速，不能走石頭路」。這本書記述的最可能是誰的經歷？

(A) 佛僧鳩摩羅什 　　　　　(B) 商人馬可波羅
(C) 傳教士利瑪竇 　　　　　(D) 使節馬戛爾尼

4. 1942 年世界大戰方酣，某國已經開始在孕化戰後社會遠景，並委託專家研究。專家提出報告，建議政府應改善人民生活，消滅「貧乏、無知、怠惰與病痛」，讓每個人從出生到死亡都能得到妥善的照顧。戰後，這個建議也獲得實現。這個國家及其推行的政策是：

(A) 英國，福利國家制度 　　(B) 法國，自由法國運動
(C) 美國，馬歇爾計畫 　　　(D) 蘇聯，五年經濟計畫

5. 清代官方文書記載：雍正年間，江蘇某地查出隱漏田畝十六萬畝，官方追回六萬畝；廣東一向沒有土地調查資料，「田畝之欺隱頗多，富戶之慳吝更甚」；臺灣一般現象則是「種百畝之地，不過報數畝之田」。官方之所以會有這些記載，最可能的原因是：

(A) 鼓勵農業生產 　　　　　(B) 關心糧食供應
(C) 重視政府稅收 　　　　　(D) 促進邊地開墾

6. 漢文帝因緹縈上書救父，感到殘傷身體的肉刑至為不德，令大臣商議改進，遂改為鞭打身體的笞刑。《漢書·刑法志》記：「是後，外有輕刑之名，內實殺人。」例如：斬左趾者，改笞五百；劓（割鼻）者，改笞三百，「率多死」。史書所記，從肉刑改為笞刑，可以得到怎樣的理解？

(A) 文帝慈愛百姓，理想得以實現
(B) 文帝刻薄寡恩，執法甚為嚴苛
(C) 文帝仁慈愷切，實際不符期待
(D) 文帝個性剛愎，犯法者多冤死

7. 晉武帝司馬炎的父親是司馬昭，《晉書・韋曜傳》的「注」記
　　有：「曜本名昭，史爲晉諱改之。」清代學者錢大昕說：「注家
　　以爲避晉爲諱，予考書中段昭、董昭、胡昭、公孫昭、張昭、周
　　昭輩皆未追改，何獨於曜避之？」以下對錢大昕意見的說明，最
　　合理的是：
　　(A) 同意注家，並舉出證據　　(B) 不同意注家，並舉出反證
　　(C) 同意注家，並詳加解釋　　(D) 不同意注家，並略作解釋

8. 1950、60 年代，歐美社會出現一種新風潮：中、上層階級的年輕
　　人，開始大量模仿、吸收都市低層社會人們的行爲或事物。社會
　　上，青年男女的品味，快速湧現平民風格。以下最能說明當時這
　　種文化變遷現象的是：
　　(A) 追逐明星成風、熱衷選美活動
　　(B) 搖滾樂的興起、牛仔褲的流行
　　(C) 電話取代書信、工作取代休閒
　　(D) 素食主義成風、節育觀念普遍

9. 日本統治時期，臺灣總督府解散臺灣某一結社，依據的理由是：
　　「這種以民族運動爲中心，附帶採行階級鬥爭的政治結社，若當
　　局再予寬容，將違反我臺灣統治的根本方針，並有妨礙內臺融
　　和，甚至嚴重影響到維持本島統治之虞。」從理由內容來看，這
　　最可能是解散下列哪個團體？
　　(A) 臺灣民衆黨　　　　　　(B) 臺灣文化協會
　　(C) 臺灣農民組合　　　　　(D) 臺灣地方自治聯盟

10. 1916 年起，臺灣總督府陸續調查臺灣民間信仰，並編寫《寺廟台
　　帳》、《寺廟調查書》、《臺灣宗教調查報告書》等資料。從時
　　間點和資料內容判斷，總督府進行這項調查的主要動機應當是：

(A) 為防止辛亥革命的思潮影響臺灣

(B) 為防止類似噍吧哖事件再度發生

(C) 為推行內地延長主義政策作準備

(D) 為向臺灣民間推行日本的神道教

11. 交通工具往往也成為身分地位、權力和財富的表徵。南宋以來，官員開始坐轎子，以示其身分的尊貴。從某一時期起，先是有舉人坐轎子，後來連監生乃至秀才也都坐轎子，因為他們都是士大夫或富貴人家的子弟，顯示他們資產豐厚。這種風氣的出現應在何時？當時的社會經濟呈現什麼景象？

(A) 蒙元時期，安定已久，社會經濟發達

(B) 明代初期，動亂之後，社會經濟不發達

(C) 明代中期，安定已久，社會經濟發達

(D) 清代初期，動亂之後，社會經濟不發達

12. 在中世紀歐洲，羅馬教廷與世俗政權的關係歷經變化，有合作也有衝突。當羅馬教宗的聲勢高時，世俗君主常被迫向其屈服；但當世俗君主力量強大時，羅馬教宗甚至淪為君主的階下囚。從十世紀末到十五世紀末，羅馬教宗相對於世俗君主，其權勢變化的趨勢，最符合下列哪個示意圖？

(A)　　　　　(B)　　　　　(C)　　　　　(D)

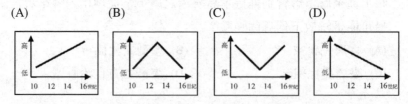

13. 印度在二次大戰後獨立建國，但建國初期內部仍面臨許多挑戰。當時一位加爾各答律師感嘆說：「假設歐洲可以經由某種方式統

一在一個政府之下，只有一個議會和一位總理。現在剝奪她四分之三的財富，但留下全部人口。讓西班牙人講西班牙語，保加利亞人講保加利亞語；讓義大利人不信任德國人，法國人怒沖沖對待英國人。你將得到什麼呢？對了，老兄，一個同現代印度十分相似的東西。」從這位律師的角度，當時印度面臨的最大困境為何？

(A) 財富分配不均　　　　　(B) 國家認同缺乏
(C) 民族信心喪失　　　　　(D) 政府效率不足

14. 矢內原忠雄在《日本帝國主義下之臺灣》提及：臺灣受限於自然條件，使西部沿海各港口在清代均單獨與中國大陸對渡，形成各自獨立之經濟圈，臺灣島內市場被切割成若干區塊。日本領臺後積極推動「資本主義的基礎工事」，強化臺灣對外聯繫能力和統一島內市場。在此，「資本主義的基礎工事」應指：

(A) 統一貨幣　　　　　　　(B) 統一度量衡
(C) 興建縱貫鐵路　　　　　(D) 興建嘉南大圳

15. 清代小說《紅樓夢》不但文學造詣高，同時也留下許多觀察當時社會生活的材料。書中寫道：賈敬熱衷追求神仙，卻因誤服丹砂喪命。死時，獨子賈珍出了遠門，家人只好作主，先請人將遺體移往尼姑庵安置。等賈珍回家後，再按服喪守孝之禮辦理後事。根據這段故事呈現的現象推斷，下列說明何者最恰當？

(A) 追求神仙乃是士人普遍風氣
(B) 社會上儒釋道文化兼容並存
(C) 尼姑社會地位已經高於道士
(D) 儒家禮教地位低於釋道傳統

16. 表 1 為民國 40 年到 70 年間的統計資料，從表內的數字來看，甲、乙兩項分別應為：

表 1

	40年度	50年度	60年度	70年度
甲	81.49%	96.00%	98.02%	99.76%
乙	38.60%	53.79%	80.85%	96.77%

(A) 學齡男、女就學率 (B) 稻米、蔗糖自給率
(C) 電話、電視普及率 (D) 住宅、汽車普及率

17. 十七世紀的歐洲宗教戰爭頻仍，新舊教之間的對立嚴重。當時日耳曼新教牧師托瑪修出版《論旅行利弊四十二點》，宣稱旅行會帶回外國的壞思想，腐化我們的宗教。他尤其勸告年輕人切莫到某些「危險的地區」去。托瑪修所說「危險的地區」應是：
(A) 瑞士、法國 (B) 法國、義大利
(C) 義大利、荷蘭 (D) 荷蘭、瑞士

18. 某一個軍事制度，軍隊由城邦公民組成。遇到外來侵略，城邦公民即放下犁頭，拿出自備武器，穿上盔甲，由推舉出來的領袖率領上戰場。戰事結束後軍隊隨即解散，士兵回到各自工作崗位，耕田的耕田，牧羊的牧羊。公民執干戈以衛城邦，是義務也是權利。這支公民軍隊最初只是為保衛城邦，後來卻成為向外擴張的武力。這是何者的軍事制度？
(A) 共和前期的羅馬 (B) 隋唐時代的中國
(C) 中世紀的法蘭西 (D) 德川時代的日本

19. 《隋書·食貨志》記：「梁初，……交州、廣州之城全以金銀為貨。」又記：「（北）周時，河西諸郡，或用西域金銀之錢，而官不禁。」根據上述兩段文字推斷，下列說明何者最為恰當？

(A) 南北朝時期，中國對外貿易發達

(B) 南北朝時期，中國金銀產量可觀

(C) 五代之時，中國對外貿易甚發達

(D) 五代之時，中國金銀產量很可觀

20. 馬基維利《君王論》論及一則時事：1502 年，公爵鮑吉亞佔領羅
馬納一地，委任親信倭柯以高壓手段統治該地。一年後，羅馬納
果然從混亂狀態變得井然有序。但倭柯的殘酷手段卻激起人民的
憎恨，羅馬納再度陷入混亂，公爵的統治權岌岌可危。鮑吉亞遂
斷然處決倭柯，並棄屍於公共廣場，民怨遂得平息。根據馬基維
利的理念，他會如何論斷此事？

(A) 讚嘆鮑吉亞行事果斷，能以非常之手段維繫政權

(B) 譴責鮑吉亞忘恩負義，竟為討好平民而殺害功臣

(C) 表揚倭柯的愛國情操，願意犧牲小我以完成大我

(D) 惋惜倭柯的盲目愚誠，忠心事主卻惹來殺身之禍

21. 有位人士回憶：「國際局勢逆轉，我們擔憂國家前途，因此我們
辦雜誌、集結黨外力量，壯大聲勢，期望藉由選舉，跟執政者要
求自由、民主、人權，雖然最後我們失敗被逮捕，但經由公開審
判，國際及臺灣社會更了解臺灣的困境，加速日後臺灣的政治民
主化。」這段回憶所指為何？

(A) 二二八事件　　　　　　(B) 保釣運動

(C) 退出聯合國　　　　　　(D) 美麗島事件

22. 十三世紀以後，東南亞島嶼地區的人民，經由阿拉伯人、波斯人
與印度人的媒介，逐漸接受了伊斯蘭信仰。阿拉伯人、波斯人與
印度人等最主要是以何種方式傳播伊斯蘭教？

(A) 透過貿易接觸　　　　　(B) 藉由軍事征服

(C) 倚賴外交壓力　　　　　(D) 利用物質引誘

23. 史家比較兩支清軍——綠營與淮軍，認爲各有利弊。如曰：（甲）
　　「營官皆選補，士皆土著，兵非將有，爲國家之軍隊。」（乙）
　　「上下一體，有如父兄之與子弟，委任專而事權一，形成一利害
　　團體，人人肯出死力。」（丙）「國家的武力變爲私人的武力。」
　　（丁）「官不久任，兵爲世業，訓練不施，心志不固，每遇徵調，
　　臨時抽選，臨時命將，團結不堅，指揮不靈。」請選出正確的配
　　對：
　　(A) 綠營的利爲甲，弊爲丙　　　(B) 綠營的利爲乙，弊爲丁
　　(C) 淮軍的利爲甲，弊爲丁　　　(D) 淮軍的利爲乙，弊爲丙

24. 普魯士國王腓特烈二世常被列爲十八世紀的「開明專制」君主，
　　但他的政策並非都符合啓蒙精神。以下是他的四項政策：（甲）
　　裁示「從今以後，每個人都將依照自己的方式崇拜上帝。」（乙）
　　制訂「猶太人基礎條例」，將猶太人列爲社會最底層。（丙）廢
　　除刑求、放寬嚴刑峻罰。（丁）耗費鉅資、擴充軍隊。這些政策
　　中，哪兩項最能展現「啓蒙運動」的精神？
　　(A) 甲乙　　　(B) 丙丁　　　(C) 甲丙　　　(D) 乙丁

25. 文藝復興時期的人文主義者布魯尼在給學生的一封信中，如此勸
　　誡：「你應當致力於兩個方面，首先是語言……其次，要熟悉人
　　情世故，這是人文學的含意，因爲它使人完美，能贏得讚美。爲
　　此，你的知識要廣，要內容多樣，並且有豐富的切身經驗。凡能
　　有助於你成名的，一樣也不要遺漏。」這段話呈現的人文主義者
　　的人生理想是：
　　(A) 進入學院之中，努力鑽研語言學
　　(B) 退居山林與自然爲伍，不問世事
　　(C) 知所進退，認清現實利害以保身
　　(D) 通情達理，學而能用以追求聲名

26. 「在清朝，『熟番』的定義是『歸附納餉』，餉是丁餉，也就是人頭稅；還要負擔很多公差。『熟番』的收入有限，丁餉、公差往往難以負荷，為了紓解困境，往往就把草埔、鹿場賣給漢人。」這段文字主要在說明：

(A) 清廷對臺灣「熟番」的定義

(B) 清廷對「熟番」的治理政策

(C) 「熟番」差役及稅賦的變遷

(D) 「熟番」土地權流失的原因

27. 中國歷史上「縣」最早出現於何時？請依所列資料加以判定。

資料一、《漢書・地理志》：「（秦）併四海，以為周制微弱，終為諸侯所喪，故不立尺土之封，分天下為郡縣。」

資料二、《左傳》僖公三十三年，晉師破白狄，胥臣有功，「襄公命（令）先茅之縣賞胥臣。」杜預注：「先茅絕後（嗣），故取其縣以賞胥臣。」

(A) 春秋之時　　　　　　　(B) 戰國之時

(C) 秦滅六國之後　　　　　(D) 漢帝國建立時

28. 十六世紀時，歐洲物價長期、普遍的上漲，史家稱之為「物價革命」。時人分析其原因，多認為是商人獨佔物資、政府大量發行劣質錢幣所造成。但法國學者波丁（1530-96）考察經濟情況，反駁上述看法。他主張歐洲物價上漲有一更重要因素，而他的見解也獲得後世很多史家認同。波丁主張的更重要因素應是：

(A) 資本主義景氣循環的自然現象

(B) 歐洲氣候異常導致農產品歉收

(C) 美洲的白銀大量流入歐洲市場

(D) 君王與中產階級以此對抗貴族

29. 某國一位官員紀錄他在中國的見聞時，寫下了許多評語，包括：
「中國士兵對機械工藝一無所知」、「中國民眾聽見船上的炮聲，
嚇得魂飛魄散，令人懷疑火藥是不是中國人發明的」。他後來歷
任該國開普敦總督府秘書長及海軍部次長，也曾派人前往北極，
企圖尋找通往亞洲的新航路。這位官員最可能是：

(A) 十四世紀波斯派往中國的官員

(B) 十六世紀鄂圖曼帝國派遣官員

(C) 十八世紀英國派遣的特使團員

(D) 二十世紀德國在中國軍事顧問

30. 八世紀時，拜占庭帝國內部發生「聖像崇拜」的爭議，支持和
反對崇拜聖像者各持立場，雙方相持不下。以下是兩種觀點：

甲：「我們供奉聖像，讓人民可以透過聖像學習基督教精神，
　　並且激發他們的宗教熱情。」

乙：「許多未受教育者把聖像當成神聖本身，他們混淆了形象
　　與形象所代表事物的差別。」

比較兩則引文內容，可以推斷兩者對聖像崇拜的立場是：

(A) 甲、乙皆支持　　　　　(B) 甲、乙皆反對

(C) 甲支持、乙反對　　　　(D) 甲反對、乙支持

31. 1914 年，歐戰爆發，中國與「某國」發生外交衝突，為解決衝突，
1915 年，「某國」提出若干要求，諸如：山東及其沿海土地與各
島嶼，不得租借割讓與他國；旅順、大連灣，南滿、安奉兩鐵路
租借期限，均展至九十九年；將來漢冶萍公司，作為合辦事業，
屬於該公司各礦附近礦山，未經公司同意，不得准公司以外的人
開採。這裡的「某國」應指：

(A) 德國　　　(B) 俄國　　　(C) 英國　　　(D) 日本

32. 圖 1 顯示的是撒哈拉沙漠以南，古代非洲某一歷史發展的過程。圖中長線條與箭頭表示此一發展的路徑與方向。證諸史實，這一幅地圖應是在說明：

圖 1

(A) 基督教的傳播
(B) 班圖人的遷徙
(C) 農業起源與擴散
(D) 迦納帝國的擴張

33. 1920 年代初，第三國際派曾在爪哇從事共產活動的馬林到中國。馬林在桂林會見孫中山，相談甚歡。適逢香港發生反帝國主義的海員大罷工，孫中山表明支持，馬林認為雙方有合作基礎。他也理解中共當時只有黨員數百人，而國民黨有徒眾數十萬，但組織鬆散，容易操控。不過，孫中山已表明不容許國民黨之外另造革命中心。根據這些觀察，馬林向當時中共總書記陳獨秀，提出怎樣的建議？

(A) 聯合東南亞共產黨，在莫斯科的指揮下，奪取香港
(B) 遊說國民黨，共同加入以蘇聯為首的國際反帝聯盟
(C) 與國民黨合作，以對等的地位，組成抗日統一戰線
(D) 中共黨員以個人身分加入國民黨，認同反帝反軍閥

34. 1945 年 7 月，同盟國領袖在柏林近郊舉行波茨坦會議。在會議期間，一個歷史性的變化出現了，英國參謀部長因此記下：「我們已經不再需要蘇聯參與對日戰爭了……因為我們手裡已握有籌碼，足以替代蘇聯的力量了。」文中所說的「我們」以及「籌碼」分別是指：

(A) 英、美兩國；坦克　　　　　(B) 英、中兩國；原子彈

(C) 英、法兩國；坦克　　　　　(D) 英、美兩國；原子彈

二、多選題（占 12 分）

說明：第 35 題至第 38 題，每題有 5 個選項，其中至少有一個是正確的選項，請將正確選項畫記在答案卡之「選擇題答案區」。各題之選項獨立判定，所有選項均答對者，得 2 分；答錯 1 個選項者，得 1.2 分；答錯 2 個選項者，得 0.4 分；答錯多於 2 個選項或所有選項均未作答者，該題以零分計算。

35. 以下兩段資料是學界對清代臺灣社會發展的辯論：

資料一：清代臺灣移民心態上仍認同中國大陸祖籍，臺灣是中國傳統社會的延伸。但隨著時間推移，移民在地緣意識上逐漸認同臺灣本土，社會群體也產生改變，新的血緣和地緣團體形成。

資料二：清代臺灣社會的發展，在政策上傾向於以學習中國各省的社會形態為目標，期能轉變成與中國本部完全相同的社會，並強調中華民族向邊陲地區擴展融合、趨於一體的過程。

下列哪些說法正確？

(A) 兩者都是在討論臺灣社會變遷的模式

(B) 兩者都認為清代臺灣社會是土著化的過程

(C) 兩者都認為清代臺灣社會是內地化的過程

(D) 資料一是土著化過程，資料二是內地化過程

(E) 資料一是內地化過程，資料二是土著化過程

36. 下列兩段資料論及某一時代的政治運作：

資料一：「藝（太）祖有約，藏於太廟：不誅大臣言官，違者不
　　　　　祥。故七帝相襲未嘗輕易。」

資料二：「太祖不殺大臣及言官之密約所造成之家法，於有＿＿＿
　　　　　一代歷史影響甚鉅。」

請仔細閱讀，選出妥當的選項：

(A) 兩段資料所述是關於有「宋」一代

(B) 兩段資料所述是關於有「明」一代

(C) 兩段資料均爲該時代的史家所寫

(D) 影響之一是家法嚴，士人不敢議政

(E) 影響之一是培養士人批評時政的精神

37. 日本無條件投降後，盟軍佔領日本，佔領策略是「非軍事化」與
「民主化」。1945 年 10 月起，盟軍最高司令部發起一波波改造
運動，目的是粉碎日本原來的權威式統治，將其改造爲民主社會。
下列盟軍最高司令部發布的措施中，哪些與推動日本社會的「民
主化」最爲相關？

(A) 保留日本的「天皇制度」

(B) 釋放監獄中所有的政治犯

(C) 解除日本的軍事武裝力量

(D) 鼓勵工會組織與罷工活動

(E) 開放各種公民權利給女性

38. 甲：「發生在 1871 年的『統一』與其說是德國民族主義發展的
　　　結果或表現，倒不如說是普魯士實行擴張主義、對非普魯
　　　士地區實行殖民化、並與被排斥在外的奧地利競爭的一種
　　　形式。」

乙：「俾斯麥是個徹頭徹尾的普魯士人，他對普魯士的認同高過
　　對德國統一的渴望。只不過他心裡明白，普魯士若要以強權
　　姿態迎向未來，必然就得扮演起德國這個民族國家的領導
　　人。對俾斯麥而言，德國統一其實只是普魯士在歐洲立足的
　　前提。」

以上是兩位史家對於德國統一的看法。下列哪些說法為宜？

(A) 甲認為不應把民族主義當作德國統一的最主要因素

(B) 乙認為俾斯麥的統一德國理想高於普魯士意識

(C) 甲和乙都肯定普魯士自始至終追求德國統一之說法

(D) 就「德國統一與普魯士利益無法分開」這點，兩種看法互相
　　支持

(E) 就「德國統一與普魯士利益無法分開」這點，兩種看法相互
　　衝突

第貳部分：非選擇題（佔 20 分）

說明：本部分共有四大題，每大題包含若干子題。各題應在「答案
　　　卷」所標示大題號（一、二、……）之區域內作答，並標明
　　　子題號（1、2、……），違者將酌予扣分。作答務必使用筆
　　　尖較粗之黑色墨水的筆書寫，且不得使用鉛筆。每一子題配
　　　分標於題末。

一、閱讀下列資料，回答問題：

「每與諸將言及五省沿海人民移徙內地，嘆曰：『吾欲留此數
莖（根）髮，累及桑梓人民！且以數千里膏腴魚鹽之地、百萬
億眾生靈，一旦委而棄之，將以為得計乎？徒殃民而已！吾若
不決志東征，苟徇（順從）諸將意，株守各島，豈不笑吾英雄
為其束縛？今當馳令各處，收沿海之殘民，移我東土，開闢草

萊，以相助耕種，養精蓄銳。俟有釁隙（等其發生內變），整
甲而西，恢復迎駕，未爲晚也。』」

1. 文獻中的「吾」應是指誰？（2分）

2. 文中提及「五省沿海人民移徙內地」，主要是因爲當時政府
   頒布了什麼命令所致？（2分）

3. 「收沿海之殘民，移我東土」，對當時東土的發展有何意義？
   （2分）

二、下文是學者有關明清法律發展的敘述：

清代法律基本上沿襲明律，律文一成不變，亦不再修訂。但兩
朝因時制宜，隨時加上「例」，以應需要：有的是皇帝下旨爲
條例，有的是官員條奏，經議決纂爲條例。明成化元年（1465）
遼東巡撫曾上奏：「大明律乃一代定法，而決斷（判案的）武
臣獨舍律用例，武臣益縱蕩不檢（隨意判決，難以約束），請
一切用律。」但此建議始終未能實行。至清乾隆四十四年
（1779），部議更明確規定：「既有定例，則用例不用律。」
遂成爲定制。

仔細閱讀上文，回答下列問題：

1. 文中這位明代巡撫，對「律」與「例」的主張爲何？
   （2分）

2. 從明到清在法律運作上，「例」的援用是增加或減少？
   （1分）
   如何判斷？（請根據文中資料指出一項具體證據）（1分）

3. 明清時代既有「律」作爲「定法」，何以又出現使用「例」
   的現象？（2分）

三、 以下兩則有關 1832 年英國改革法案的評論，分別出自當時兩份
　　 報紙：

　　 資料一：「人民的勝利得到確保……由於這個法案，一套古
　　　　　　 老、強韌而腐敗的制度受到致命一擊。」

　　 資料二：「惠格黨人知道舊的制度無法再延續，遂希望建立另
　　　　　　 一套盡可能與舊法相似的制度。他們制訂法案，只在
　　　　　　 為貴族和鄉紳階級，贏得另一個強大新興階級的支
　　　　　　 持，作為自己的奧援。」

　　 根據資料內容和歷史知識，回答下列問題：

　　 1. 兩份資料評論的「改革法案」，其主要內容為何？（2分）

　　 2. 資料二「另一個強大新興階級」，所指為何？（2分）

四、 西元 1521 年，神聖羅馬帝國皇帝查理五世在帝國會議中，對
　　 某事件申明他的立場，以防止此一事件繼續延燒，衝擊帝國
　　 內部的安寧。他以堅決的語氣宣示：「很明顯，當一位孤立的
　　 兄弟發表與整個基督教相反的言論時，他的話是謬論，否則千
　　 年、甚至更久以來的基督教就成了謬誤。因此，我決心以我的
　　 王國、領地、朋友，以及我的身體、鮮血和靈魂去鬥爭。」
　　 請問：

　　 1. 文中這位遭到指責的「孤立的兄弟」最可能是誰？（2分）

　　 2. 這位兄弟發表了什麼「謬論」而受到譴責？（2分）

104年度指定科目考試歷史科試題詳解

第壹部分：選擇題

一、單選題

1. **C**

【解析】 (C) 此題關鍵處在「從憲法和法律的觀點，聯邦是不可分裂的」，1861 年林肯就職後，南部各州隨即相繼脫離聯邦，另組「美利堅聯盟國」（Confederated States of America），南軍開始進攻北軍，爆發美國的內戰（The Civil War）；

   (A)(B) 華盛頓、傑佛遜皆為美國立國初期的總統，此時無脫離聯邦情形；

   (D) 羅斯福為 1930 年代的總統，美國處於經濟大恐慌（The Great Depression），各州仰賴聯邦政府，無脫離聯邦情形。

2. **D**

【解析】 (D) 美洲的植物玉米、馬鈴薯、番薯、煙草、花生在十五世紀末「地理大發現」後傳至歐洲和亞洲，增加人們食物的種類，造成世界人口成長，故選 (D) 西元十六世紀的墨西哥；其他答案時間太早。

3. **B**

【解析】 (B) 此題關鍵處在「大汗的驛卒要騎在馬上跑得迅速」反映元朝設驛站的情形，加上「使用紙幣、繁忙的運河以及泉州港」可知為 (B) 元代來華的義大利商人馬可波羅；

(A) 鳩羅摩什為十六國時期來華的高僧；

(C) 利瑪竇於明末清初來華；

(D) 馬戛爾尼於乾隆年間來華。

4. **A**

【解析】 (A) 第二次世界大戰期間，英國經濟學家提出報告，建議政府應改善人民生活，消滅「貧乏、無知、怠惰與病痛」，讓每個人從出生到死亡都能得到妥善的照顧，使成為英國福利國家制度；

(B) 二次世界大戰期間法國投降後，戴高樂發起自由法國運動，號召法國人繼續對抗德國；

(C) 二次世界大戰後，1947 年美國國務卿馬歇爾提出「馬歇爾計畫」，援助西歐各國經濟復興，阻止共產主義在歐洲蔓延；在美國援助下，西歐各國經濟繁榮，政局漸趨穩定；

(D) 1928 年史達林開始實施「五年經濟計畫」，分工業建設與農業改造兩大部門，在推動五年計畫期間，經濟成長率或工業建設的成就都相當可觀；到 1939 年時，蘇聯已超過英國與法國，成為世界上僅次於美國與德國的第三大工業國。

5. **C**

【解析】 (C) 由題幹「江蘇某地查出隱漏田畝十六萬畝，官方追回六萬畝」、「田畝之欺隱頗多，富戶之慳吝更甚」、「種百畝之地，不過報數畝之田」，可知是 (C) 重視政府稅收，其他答案不合題意。

6. **C**

【解析】　(C) 由題幹「是後，外有輕刑之名，內實殺人。」、「率多死」，可知 (C) 文帝仁慈愷切，實際不符期待。

7. **B**

【解析】　(B) 由題目《晉書・韋曜傳》的「注」記有：「曜本名昭，史為晉諱改之。」清代學者錢大昕說：「注家以為避晉為諱，予考書中段昭、董昭、胡昭、公孫昭、張昭、周昭輩皆未追改，何獨於曜避之？」，可知 (B) 不同意注家，並舉出反證。

8. **B**

【解析】　(B) 年輕人對五〇年代以來所形成的社會風氣、苦悶產生不滿；尤其美國自大規模介入越戰以來，國際反美聲浪升高，1950、60 年代是激情和叛逆的一代，英國於 1967 及 1968 年爆發的學生運動，不僅受到哲學家羅素（Bertrand Russell）的鼓勵，伴以披頭四（the Beatles）及滾石（Rolling Stones）等嬉皮搖滾樂挑戰傳統；牛仔褲耐磨、實用的特性成為流行時尚；

(A) 1960 年代女權運動對選美提出批判；

(C) (D) 1950、60 年代尚未形成風尚。

9. **A**

【解析】　(A) 此題關鍵處在「階級鬥爭的政治結社」，臺灣民眾黨「實現政治的經濟的社會的自由」，是 1927 年由臺灣人成立的第一個合法政黨，1931 年日本大整肅，與「台共」、「新文協」皆遭檢舉而結束；

(B) 臺灣文化協會以以讀報社、舉辦文化講習會、夏季
　　學校、創辦《臺灣民報》、〈臺灣新民報〉、〈臺灣青
　　年〉報刊推廣法律、衛生等觀念，也用戲劇、電
　　影、音樂會等傳播新知，啟迪民智，不是「階級鬥
　　爭的政治結社」；

(C) 1926 年簡吉等邀集各地農民運動團體成立「臺灣
　　農民組合」，以爭取農民權益為宗旨，是日治時期
　　最大的農民運動團體，不是「階級鬥爭的政治結
　　社」；

(D) 「臺灣民眾黨」朝勞工運動發展，造成分裂，林獻
　　堂、蔡培火等於 1930 年退出「臺灣民眾黨」，另組
　　「臺灣地方自治聯盟」，要公民普選，落實地方自
　　治，不是「階級鬥爭的政治結社」。

10. **B**

　【解析】(B) 1915 年西來庵（噍吧哖—玉井）事件，是規模最
　　　　　　　大、時間最長、也是最後武裝抗日行動，余清芳、
　　　　　　　羅俊等借齋教反日，建立「大明慈悲國」，為防止
　　　　　　　類似噍吧哖事件再度發生，1916 年起臺灣總督府
　　　　　　　陸續調查臺灣民間信仰，並編寫《寺廟台帳》、
　　　　　　　《寺廟調查書》、《臺灣宗教調查報告書》等資料；

　　　　　　(A) 辛亥革命要「驅逐韃虜，恢復中華」，以民族主義
　　　　　　　為號召，未有宗教意味；

　　　　　　(C) 1919 年日本在台灣推動內地延長主義，主張「日
　　　　　　　台一體」的同化政策，與宗教文化無關；

　　　　　　(D) 日本臺灣總督府大力向臺灣民間推行日本的神道
　　　　　　　教，始於皇民化運動（1937 年）。

11. **C**

【解析】 (C) 此題關鍵處在「他們都是士大夫或富貴人家的子弟，顯示他們資產豐厚」，明清國內商業活動發達，資本主義萌芽；明清商人可以捐官，子弟也可以應科舉，商人地位提高；經商在明代成為治生重要一環，有些士大夫認為經商有成，等同於讀書有得，明清時期「棄儒就賈」、「亦賈亦儒」現象已出現；

(A) 蒙元時期，社會安定未久；

(B) (D) 明清國內商業活動發達。

12. **B**

【解析】 (B) 中古時期羅馬教會介入俗務與世俗統治越來越深，教會內部腐化，九世紀時，義大利貴族掌握教宗的廢立權，教宗聲望一落千丈；十一世紀開始，為遏止教會的腐敗，重建教會的獨立地位，基督教會發動一連串的改革運動，最主要的是確立教宗的選舉法，改由人數固定的樞機主教團選出；並宣示教宗是普世的教宗，只有教宗能任命主教，廢黜皇帝，羅馬教宗權勢高；十四世紀初，法王逼迫教宗由羅馬遷居法國亞威農，長達七十年，顯示國王的力量凌駕教宗之上；十四、五世紀間，基督教會內部發生大分裂，羅馬和亞威農各有一位教宗，互爭正統地位，使教會和教宗的聲望更為降低，綜合上面所述，教宗權勢九世紀時一落千丈，十一世紀後逐漸往上提升，十四世紀初後教宗權勢出現下降趨勢，故選 (B)。

13. **B**

【解析】(B) 由題幹在一個政府之下「讓西班牙人講西班牙語，保加利亞人講保加利亞語；讓義大利人不信任德國人，法國人怒沖沖對待英國人」，可知是 (B) 國家認同缺乏，印度自古以來因土地遼闊、交通不便等因素，又歷經多次外族入侵統治，語言與文化趨多元，目前印度使用的語言多達千餘種，在文化、語言分歧的情形下，印度獨立之初，人民對於國家認同感難建立。

14. **C**

【解析】(C) 此題關鍵處在「強化臺灣對外聯繫能力和統一島內市場」可知是 (C) 1908 年興建縱貫鐵路；其他答案無此功能。

15. **B**

【解析】(B) 由題幹「賈敬熱衷追求神仙，卻因誤服丹砂喪命」可知這是道教的影響；「先請人將遺體移往尼姑庵安置」這是佛教的影響；「按服喪守孝之禮辦理後事」這是儒家的影響，可見 (B) 社會上儒釋道文化兼容並存；其他答案看不出正確性。

16. **無**

【解析】本題數據誤植，因而無答案，所有到考生均給分。

17. **B**

【解析】(B) 由題幹可知，日耳曼新教牧師認為的「危險的地

區」應該是舊教（天主教）國家，天主教除聖經外
還承認傳統的權威，接受教宗及教會制度，遵守各
種聖禮；支持天主教的國家包括法國、西班牙及義
大利諸小邦；日耳曼地區小的諸侯邦國及商業城市
和英、荷、北歐等地區信仰新教（基督教）。

18. **A**

　　【解析】(A) 共和前期的羅馬，軍隊由城邦公民組成，屬於兵農
合一的制度，這支公民軍隊最初只是爲保衛城邦，
後來卻成爲向外擴張的武力；

　　　　　　(B) 唐朝府兵是在全國設置折衝府，並非只是城邦公
民；

　　　　　　(C) (D) 軍隊皆屬封建制度下的士（騎士、武士），非
由城邦公民組成。

19. **A**

　　【解析】(A) 由題幹「交州、廣州之城全以金銀爲貨」、「河西諸
郡，或用西域金銀之錢」可知當時中國對外貿易發
達，各地貿易都用金銀；

　　　　　　(B) 由題幹「或用西域金銀之錢」可知金銀並非中國所
產；

　　　　　　(C) (D) 由題幹出處爲《隋書》，文中有（北）周可知
是南北朝的北周，不可能是唐之後的五代（後周）。

20. **A**

　　【解析】(A) 馬基維利（Machiavelli）是文藝復興時期義大利政
治思想家，著＜君王論＞（The Prince），教導君主

如何使用權術治國，成為近代政治學的經典；強調
君主須有絕對的權力，要比獅子兇猛，比狐狸狡猾，
〈君王論〉的理念是現實主義，統治者為達到目的
可以不擇手段，為了維繫政權，犧牲屬下是必然的
選擇，故 (A) 馬基維利讚嘆鮑吉亞行事果斷，能以
非常之手段維繫政權。

21. **D**

【解析】 (D) 民國 68（1979）年中美斷交，政府停辦中央民代選
舉，以「美麗島」雜誌為主的黨外人士，採群眾集
會方式，向政府施壓，民國 68 年 12 月雜誌社在高
雄遊行，釀成美麗島事件，結果黃信介等黨外菁英
雖被捕，卻是黨外民主運動的轉機，民主力量蓬勃
發展；

(A) 二二八事件導因政府施政有問題引起民怨，非國際
局勢逆轉；

(B) 保釣運動導因日本佔領釣魚台，非國際局勢逆轉；

(C) 退出聯合國未引發民主運動。

22. **A**

【解析】 (A) 隨著商業貿易的進行，伊斯蘭教傳播到蘇門答臘、
爪哇、婆羅洲、民答那峨等島嶼，東南亞島嶼地區
的人民，並陸續接受伊斯蘭信仰。

23. **D**

【解析】 (D) 綠營是清立國之初設立的軍隊，清代中期以前八
旗、綠營一直是清軍的主力；清代中期後，八旗、

綠營逐漸喪失戰鬥能力；太平天國起事，清廷命李
鴻章組「淮軍」;「淮軍」與「綠營」性質不同，前
者是地方私人武力，後者則是國家的軍隊；（甲）
（丁）是綠營的優缺點、（乙）（丙）是淮軍的優缺
點，故選 (D) 淮軍的利為乙，弊為丙。

24. **C**

　　【解析】(C) 十八世紀歐洲君主為表現開明形象，俄國女皇凱薩
　　　　　　琳二世與普魯士腓特烈大帝實行開明專制；當時君
　　　　　　主積極發展工商業，力求增加稅收、並改革法律制
　　　　　　度、興辦教育事業、宗教自由，以提高行政效率及
　　　　　　國民素質；（甲）宗教自由、（丙）改革法律制度，
　　　　　　故選 (C) 甲丙。

25. **D**

　　【解析】(D) 文藝復興時期的人文主義者提倡「通識教育」
　　　　　　（Liberal Education），強調教育的目標是在訓練有
　　　　　　智慧、獨立自主的「自由人」(free man)；他們揚
　　　　　　棄中古時代的職業訓練，鼓吹人文教育，教授的科
　　　　　　目包括修辭、倫理、哲學、歷史、音樂、體育等，
　　　　　　以便通情達理，學而能用以追求聲名。

26. **D**

　　【解析】(D) 由題幹「『熟番』的收入有限，丁餉、公差往往難
　　　　　　以負荷，為了紓解困境，往往就把草埔、鹿場賣給
　　　　　　漢人」可知這段文字主要在說明 (D)「熟番」土地
　　　　　　權流失的原因。

27. **A**

【解析】(A) 中國歷史上「縣」最早出現於何時？由資料二「晉
師破白狄，胥臣有功，「襄公命（令）先茅之縣賞
胥臣。」」可知爲 (A) 春秋之時；資料一「（秦）
併四海，以爲周制微弱，終爲諸侯所喪，故不立尺
土之封，分天下爲郡縣。」時間較資料二晚，故不
選；縣的設置較郡爲早，春秋楚國、晉國等併呑土
地後，不封子孫而置「郡」「縣」，由中央派官員
治理地方；錢穆指東周「內廢公族（廢封建），外
務兼併（行郡縣）」。

28. **C**

【解析】(C) 後世很多史家認同十六世紀時，地理大發現後白銀
輸入歐洲亞洲：西班牙人在墨西哥與秘魯發現豐富
銀礦，這些白銀流入歐洲市場，帶來十六世紀的
「物價革命」；一部分美洲白銀流入亞洲，促成中
國銀貨幣經濟的發達；

(A)「物價革命」加速資本主義的發展，非原因；

(B) 此時美洲的植物玉米、馬鈴薯、番薯、煙草、花生
傳至歐洲和亞洲，增加人們食物的種類；

(D) 中產階級興起，貴族自然沒落。

29. **C**

【解析】(C) 清雍正禁敎鎖國後，中西交流中斷，此時西方發生
啓蒙運動、工業革命、美國獨立革命、法國大革命
等進步神速，而中國停滯不前，到十九世紀中葉，
中西再度接觸，國力強弱差別十分明顯，鴉片戰爭

前，英國使者來華發現中國落伍的許多現象，包括：「中國士兵對機械工藝一無所知」、「中國民眾聽見船上的炮聲，嚇得魂飛魄散，令人懷疑火藥是不是中國人發明的」，故選 (C) 十八世紀英國派遣的特使團員。

30. **C**

【解析】 (C) 八到九世紀間，拜占庭帝國君士坦丁五世（Constantine V, 741-775）受伊斯蘭教影響，認為聖像是罪惡的，大肆破壞各地基督教的圖像，九世紀中葉後，偶像破壞運動終於停息，顏色燦爛的馬賽克神像重新回到聖索菲亞教堂，從甲說「透過聖像學習基督教精神，並且激發他們的宗教熱情」，可知其支持聖像崇拜的立場；乙說「混淆了形象與形象所代表事物的差別」，可知其反對聖像崇拜，故選 (C)。

31. **D**

【解析】 (D) 第一次世界大戰（1914-18 年）爆發，日本派兵登陸山東；結果青島德軍投降，日軍占山東；中國請日撤兵，日本民國 4 年反提出「二十一條要求」

① 第一號關於山東：承認日本繼承德國在山東權利

② 第二號關於南滿、東蒙：旅順、大連租期及南滿、安奉兩路均展至 99 年

③ 第三號關於漢冶萍公司：中日合辦漢冶萍公司

④ 第四號所有中國港灣島嶼：不得租讓與他國

　　⑤ 第五號關於整個中國：最損害中國主權，日人
　　　在中國有佈教權；聘日人為政治、軍事顧問；
　　　中國地方警察，中日合辦。

32. **B**

【解析】(B) 圖 1 歷史發展的起點位在非洲中西部，後向非洲南
　　　　 部及東部發展，班圖人早期定居於西非喀麥隆
　　　　（Cameroon）南部，後南遷到非洲東部與南部，與
　　　　 圖 1 路徑相符；

　　　　(A) 西元 1 世紀，基督教已傳入埃及等非洲地區，並逐
　　　　 漸在北非散播開來，除北非外，東非也受到基督教
　　　　 的影響，與圖 1 路徑不符；

　　　　(C) 非洲農業的起源在北非地區，尼羅河谷為非洲早期
　　　　 的農業興盛區，與圖 1 路徑不符；

　　　　(D) 迦納帝國位在西非，並沒有擴展到非洲東部與南
　　　　 部，與圖 1 中路徑不符。

33. **D**

【解析】(D) 1920 年代初孫文在南北分裂後事業屢受挫折，對來
　　　　 自俄國的援助歡迎，「聯俄容共」政策形成；就俄
　　　　 國言擴大對中國的影響及聯合中國對抗日本，符合
　　　　 其政治利益，後在中國國民黨改組時，允許中共黨
　　　　 員以個人資格加入中國國民黨，企圖以國共合作方
　　　　 式，進行反軍閥、反帝國主義的戰鬥，由題幹「孫
　　　　 中山已表明不容許國民黨之外另造革命中心」，可
　　　　 知答案是 (D) 中共黨員以個人身分加入國民黨，認
　　　　 同反帝反軍閥。

34. **D**

【解析】 (D) 1945年7月，英、美、蘇三個同盟國領袖在柏林近郊舉行波茨坦會議，會中確認雅爾達會議中四國分區占領德國的決議，並發表波茨坦宣言，要求日本無條件投降，日本拒絕，美國總統杜魯門1945年下令在日本廣島、長崎投下原子彈，結束第二次世界大戰；

(B) 中國、(C) 法國沒有參與波茨坦會議，文中所說的「我們」沒有中國和法國；

(A) 坦克爲第一次世界大戰的產物，英國部長說的「籌碼」應爲新式武器，故不選。

二、多選題

35. **AD**

【解析】 (A)(D) 資料一從題幹「移民在地緣意識上逐漸認同臺灣本土，社會群體也產生改變，新的血緣和地緣團體形成」，即「土著化」過程；資料二「清代臺灣社會的發展，在政策上傾向於以學習中國各省的社會形態爲目標」是「內地化」過程；這兩者皆在討論臺灣社會的變遷，(A)(D) 爲正確答案。

36. **AE**

【解析】 (A) 宋初優禮文人，大開科舉之門，加上宋太祖立下不殺大臣及士大夫的祖訓（議員免言責權），文人地位日益提高；

(E) 宋太祖禮遇士人，立不殺大臣、言事官的祖訓，宋
朝太學生有東漢遺風，關心國事抨擊政府，「天子
要虛己以聽之，宰相俯首而信之」；

(C) 資料二是後代史家的評論。

37. **BDE**

【解析】　此題關鍵處在『哪些與推動日本社會的「民主化」最
為相關』，很明顯 (B) 釋放監獄中所有的政治犯；(D)
鼓勵工會組織與罷工活動；(E) 開放各種公民權利給
女性，與推動日本社會的「民主化」有關；

(A) 保留日本的「天皇制度」，是對日本傳統的尊重，
與「民主化」無關；

(C) 解除日本的軍事武裝力量，使日本成為「非軍事
化」國家，與「民主化」無關。

38. **AD**

【解析】　(A) 甲題幹「1871 年的『統一』與其說是德國民族主義
發展的結果或表現，倒不如說是普魯士實行擴張主
義、並與被排斥在外的奧地利競爭的一種形式」，
可知甲認為不應把民族主義當作德國統一的最主要
因素；

(D) 甲的「德國民族主義發展的結果或表現，倒不如說
是普魯士實行擴張主義、並與被排斥在外的奧地利
競爭的一種形式」，可支持乙的「普魯士若要以強
權姿態迎向未來，必然就得扮演起德國這個民族國
家的領導人」，兩種看法互相支持「德國統一與普
魯士利益無法分開」；

(B) 乙說「對普魯士的認同高過對德國統一的渴望」，因此乙不認為俾斯麥統一德國理想高於普魯士意識；

(C) 從甲的「普魯士實行擴張主義」以及乙的「德國統一其實只是普魯士在歐洲立足的前提」可知甲與乙皆未肯定普魯士自始至終追求德國統一之說法。

第貳部分：非選擇題

一、【解答】 1. 鄭成功；

2. 遷界令；

3. 「厚實臺灣開墾的人力」或「有助於台灣的開發」。

二、【解答】 1. 「用律不用例」或「一切用律」或「捨例用律」；

2. 增加，清乾隆規定「既有定例，則用例不用律」；

3. 因時制宜（「律」文一成不變，跟不上社會變化；「例」則因時（地）制宜，可補其不足）。

三、【解答】 1. 「降低選舉人的財產限制」或「取消衰廢市鎮的國會席次」或「分配國會席次給新興工商業市鎮」；

2. 中產階級。

四、【解答】 1. 馬丁路德；

2. 「九十五條論綱」或「唯信得救」或「因信稱義」。

104 年大學入學指定科目考試試題
地理考科

壹、單選題（占 76 分）

說明：第 1 題至第 38 題，每題有 4 個選項，其中只有一個是正確或
最適當的選項，請畫記在答案卡之「選擇題答案區」。各題
答對者，得 2 分；答錯、未作答或畫記多於一個選項者，該
題以零分計算。

1. 臺灣某一都市連同周圍鄉鎮人口數約 47 萬，區域內的便利商店
有 172 家、量販店有 4 家、百貨公司有 3 家。下列哪個概念最適
合用來解釋這些零售業的數量分布情形？
(A) 物流　　　　　　　　　(B) 商閾
(C) 空間分工　　　　　　　(D) 都市等級大小

2. 表 1 是某種可用來提煉生質燃料的原料，其產量在 2013 年的全
球排名概況。該原料最可能為下列何者？
(A) 大豆
(B) 甘蔗
(C) 稻草
(D) 油菜籽

表 1（單位：百萬公噸）

生產國	美國	巴西	阿根廷	中國	印度
產　量	89.5	81.7	49.3	12.0	11.9

3. 某旅行家曾對某國作了以下幾點記錄：甲、國土以高原為主，地
震頻仍；乙、羊毛與棉花是該國重要的農牧特產；丙、居民中穆
斯林人口比例高達 98% 以上；丁、穆斯林每日五次向南方麥加
方向禮拜。此國最可能為下列何者？
(A) 印尼　　　(B) 葉門　　　(C) 土耳其　　　(D) 南蘇丹

4. 1906 年 4 月美國某大城發生芮氏規模 7.8 地震；1989 年 10 月，
   同地發生芮氏規模 6.9 地震；1994 年 1 月，該城南方的另一大都
   市也發生芮氏規模 6.6 地震。上述地震均發生在同一都會帶中，
   此都會帶最可能為下列何者？
   (A) 波士頓－華盛頓都會帶
   (B) 芝加哥－匹茲堡都會帶
   (C) 舊金山－聖地牙哥都會帶
   (D) 亞特蘭大－邁阿密都會帶

5. 圖 1 為四種地理現象在全球各緯度的分布
   數量情況。其中哪條曲線最可能代表人口
   大於 100 萬人的都市分布概況？
   (A) 甲
   (B) 乙
   (C) 丙
   (D) 丁

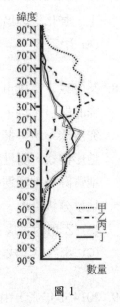

圖 1

6. 2009 年，新加坡的移民勞工（migrant
   workers）政策規定雇主必須每月向政府繳
   交「移民勞工費」，且每個行業都有設定
   聘請海外移民勞工的比例上限，稱為「依賴上限」。這些制度的
   設立，主要是希望能減少因引進海外勞工所造成的下列哪項社會
   衝擊？
   (A) 本國勞工就業機會受到移民勞工排擠
   (B) 不同族群混居造成華人信仰宗教改變
   (C) 本地企業因外資比例過高而移至海外
   (D) 少子化和高齡化使人力資源短缺嚴重

7. 由於地理位置的差異，西歐、北歐各國很早就發展海上貿易，工
   業化程度高，經濟高度發展，形成歐洲聯盟（簡稱歐盟）的核心
   區；東歐、南歐部分國家則以農業耕種爲主，工業化程度較低，
   被視爲歐盟的邊陲區。歐盟爲平衡核心區與邊陲區之間的差異，
   最可能進行了下列哪幾項區域平衡政策？
   甲、歐盟設立教育基金，大量補助邊陲區的孩童進行英語教育。
   乙、建置邊界合作區，推動跨國合作，降低區域間的經濟差距。
   丙、輔導邊陲區中小企業轉型與創新，以創造更多的工作機會。
   丁、強化邊陲區的運輸、通訊與能源基礎設施，改善工業體質。
   (A) 甲乙丙　　　(B) 甲乙丁　　　(C) 甲丙丁　　　(D) 乙丙丁

8. 某生以「高雄市六龜區惡地地形的地景評估與保育」作爲專題研
   究的題目，以下爲他所使用的研究方法，請依序排列出適當的研
   究步驟。甲、擬定地景評估考量原則和方法；乙、實地走訪惡地
   地形觀察、測量和紀錄；丙、蒐集研究區的地形圖、衛星影像圖、
   地質圖等地圖進行比對和分析；丁、整理資料以鑑定惡地地形的
   地景分級；戊、發放問卷蒐集遊客對景觀的認知和喜好程度。
   (A) 乙甲丙丁戊　　　　　　(B) 乙丙戊甲丁
   (C) 丙乙甲丁戊　　　　　　(D) 丙乙甲戊丁

9. 2014 年年底，由於美國頁岩油產量增加，使得原油價格由當年 6
   月的每桶 100 美元下跌至 12 月的每桶 60 美元，這個狀況使得某
   國的股價指數下跌、人均 GDP 下滑、貨幣急速貶值，因而爆發
   金融危機，而該國之前對烏克蘭的軍事干涉，也導致其獲得國際
   援助的機會渺茫。該國經濟收入過度依賴石油是此次發生金融危
   機的重要原因之一，其主要的石油產區包括下列何處？
   (A) 波斯灣沿岸　　　　　　(B) 馬拉開波湖
   (C) 西伯利亞西部　　　　　(D) 尼日河三角洲

10-11 為題組

◎ 圖 2 為 2014 年臺北、臺中、嘉義、花蓮四個測站的年雨量分布
圖（單位：mm）。在這四個測站的附近地區，臺中、嘉義於
2015 年的春季出現嚴重的乾旱問題，並採取了限水措施，臺北、
花蓮則較未受到影響。請問：

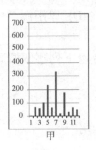甲　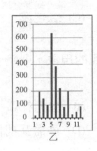乙　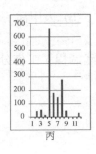丙　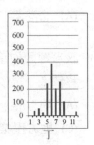丁

圖 2

10. 2015 年全臺春季乾旱嚴重，最主要是因為 2014 年下列哪種類型
的降雨大幅減少導致的結果？
(A) 梅雨　　　　(B) 對流雨
(C) 颱風雨　　　(D) 地形雨

11. 哪個測站所在行政區內，最可能
出現照片 1 的地形景觀？
(A) 甲　　　　(B) 乙
(C) 丙　　　　(D) 丁

照片 1

12-13 為題組

◎ 嘉義縣梅山鄉某村落的居民，長期以來都是引山泉水做為日常用
水，2015 年春，該村水源被外村人從上游攔截，差點無水可用，
該村村民決定組織「簡易自來水管理委員會」，確保村民用水無

虞。此外，該村也決議重修水源頭的蓄水池，此重建工程是由各
用水戶派出男丁，以人力扛負磚塊、水泥等，攀登陡峭山路，徒
步進入水源地重建。請問：

12. 作爲該村落日常用水的水源頭，最可能位於下列哪條河流的流域
    內？
    (A) 北港溪　　　(B) 大甲溪　　　(C) 二仁溪　　　(D) 卑南溪

13. 該水源頭的重建過程、工作分配的現象，最適合以下列哪個概念
    解釋？
    (A) 地方感　　　　　　　　(B) 生態社區
    (C) 地方產業　　　　　　　(D) 供需互補作用

14-15 為題組

◎ 表 2 是四個國家首都與臺北的距離，
　與以臺北爲中心的方位角。請問：

14. 表 2 中哪個國家的居民，其語言
    系統最接近臺灣原住民？

    表 2

國家	距離（km）	方位角
甲	2,100	51°
乙	5,650	128°
丙	9,890	270°
丁	8,710	330°

    (A) 甲　　　　　(B) 乙
    (C) 丙　　　　　(D) 丁

15. 表 2 中哪個國家，最可能看見極光景觀？
    (A) 甲　　　　　(B) 乙　　　　　(C) 丙　　　　　(D) 丁

16-17 為題組

◎ 近年來，臺灣某機車企業在印度進行投資，雖然印度的機車需求
　量很大，但也面臨下列幾項問題的挑戰。請問：

甲、 印度面積廣大，運輸成本高，行銷困難。

乙、 英文雖然普及，但官方語言達 15 種之多，要深入鄉村需要印度廠商的協助。

丙、 推銷成本不低，如行銷與廣告等成本都相當高。

丁、 印度人有賒帳習慣，偏好消費性貸款，因此須與財務公司和銀行配合。

戊、 農業占國民生產毛額的比例高，農產豐收與否會影響買氣。

己、 大部分機車銷售以單一品牌專賣店為主，企業須透過印度品牌才能順利銷售機車。

16. 該企業所面臨的挑戰中，哪幾項最能夠說明「在地化」的經營策略對跨國企業營運的重要性？

(A) 甲丙丁　　　(B) 甲己戊　　　(C) 乙丙戊　　　(D) 乙丁己

17. 該企業採取下列何種投資方式進入到印度市場，最有可能在最短的時間內，獲得企業最大的利潤？

(A) 尋找合作對象，組成策略聯盟形式

(B) 採取獨資方式，設立機車製造的工廠

(C) 進行技術研發，提升產品附加價值

(D) 發行債券募資，廣設自有品牌專賣店

18-19 為題組

◎ 某人從衛星圖上發現臺北市國父紀念館前方水池的形狀酷似手機，如圖 3 所示。請問：

18. 這個水池（圖 3 白色虛線）的長是寬的 2 倍，其面積最接近下列何者？

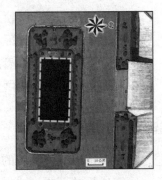

圖 3

(A) 400 平方公尺　　　　　(B) 800 平方公尺

(C) 1,600 平方公尺　　　　(D) 2,400 平方公尺

19. 下列哪座山脈的走向，與水池長軸的走向最爲接近？

甲、烏拉山山脈；乙、高加索山脈

丙、安地斯山脈；丁、阿爾卑斯山脈

(A) 甲丙　　　　(B) 甲丁　　　　(C) 乙丙　　　　(D) 乙丁

20-21 爲題組

◎ 圖 4 是某個島嶼的輪廓圖。請問：

20. 該島嶼東岸與西岸分屬森林與草原的自然
景觀帶，造成此景觀帶不同的因素，最可
能爲下列何者？

(A) 日照長短的不同

(B) 涼流經過的有無

(C) 海岸曲折的差異

(D) 東南信風的強弱

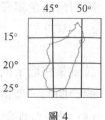

圖 4

21. 從經緯度來判斷，在該島嶼上，最可能見到下列哪項當地居民的
生產活動型態？

(A) 在紅土上進行墾耕以從事傳統稻作農業

(B) 夏季 7 至 9 月居民至茶園裡採茶以供外銷

(C) 配合同時區的美國市場進行咖啡的栽種

(D) 砍伐針葉林以提供他國所需的紙漿來源

22-23 爲題組

◎ 照片 2 是瑞士某品牌的巧克力，其外型係以當地馬特洪峰的山峰
爲靈感設計而成，成爲當今風行的巧克力品牌。請問：

22. 此山峰外型的形成，主要是受到
　　下列哪種地形營力的影響？

　　(A) 河流
　　(B) 火山
　　(C) 風力
　　(D) 冰河

照片 2

23. 該商品的原料作物種植，最可能具有下列哪項特徵？
　　(A) 北美農場主人透過飛機方式噴灑農藥
　　(B) 南美農場利用羊駝載運農業生產資材
　　(C) 西非童工在農場裡受到不公平的對待
　　(D) 西亞農場透過坎井設施取得灌溉水源

<u>24-25 為題組</u>

◎ 2011 年開通的渝新歐鐵路，從中國重慶經烏魯木齊到德國，全長
　11,179 公里，單程直達約 13 日，此鐵路被譽為新絲綢之路，預計
　將對中國的區域經濟產生重大影響。請問：

24. 該鐵路通車後，最可能為中國帶來下列哪些經濟助益？甲、德奧
　　等國企業評估在四川盆地設立經貿辦事處的可能性；乙、在相同
　　旅運距離情況下中國至歐洲鐵路運輸成本將比海運來得低；丙、
　　增加運輸海外天然氣、石油、礦產資源至中國的交通管道；丁、
　　東北平原生產過剩的棉花得以運至中亞國家加工製成產品。
　　(A) 甲乙　　　　(B) 甲丙　　　　(C) 乙丁　　　　(D) 丙丁

25. 該鐵路通車後，中國與西歐的國際貿易運輸，對下列哪些水運通
　　道的依賴程度將可能降低？
　　甲、蘇伊士運河；乙、巴拿馬運河；
　　丙、麻六甲海峽；丁、直布羅陀海峽。
　　(A) 甲乙丙　　　(B) 甲乙丁　　　(C) 甲丙丁　　　(D) 乙丙丁

26-27 為題組

◎ 表 3 是 2013 年中國、美
國、印尼、紐西蘭等六
個國家的農業普查資料。
請問：

表 3

國家	農業產值 占國內總產值 比例（%）	農業人口 占總就業人口 比例（%）
甲	1.1	0.7
澳洲	3.8	3.6
乙	5.0	7.0
丙	10.0	33.6
泰國	12.1	38.2
丁	14.3	38.9

26. 2013 年甲乙丙丁四個國
家的 HDI 指數，由低至
高的排列順序，最可能
為下列何者？
  (A) 甲乙丙丁
  (B) 甲丙乙丁
  (C) 丁乙丙甲
  (D) 丁丙乙甲

27. 2013 年，臺灣與表 3 中某個國家簽署經濟合作協定（Economic
Cooperation Agreement），雙方給予對方產品極低關稅的優惠，
並逐年調降關稅，如目前臺灣給予對方奶製品、羊肉、羊毛、水
果等產品極低關稅的優惠，並預計逐步達到零關稅的目標。請問
該國為何？
  (A) 甲　　　(B) 乙　　　(C) 丙　　　(D) 丁

28-30 為題組

◎ 現今臺灣地名有出現「廍」字的地方，說明該地在 19 世紀曾有傳
統的製糖活動。而某人欲以臺灣各地形區的面資料圖層與地名的
點資料圖層，統計每個地形區中含有「廍」的地名數量。請問：

28. 「廍」的設立地點，最符合下列何種工業區位的考量？
  (A) 動力　　　(B) 交通　　　(C) 市場　　　(D) 原料

29. 下列哪個地點所在的地形區，出現「廍」的地名數量可能最多？

(A) 22°03'N、121°32'E　　　　(B) 22°30'N、120°29'E

(C) 24°43'N、121°45'E　　　　(D) 25°03'N、121°20'E

30. 該人若依照上述方法統計每個地形區中含有「廍」的地名數量，他最適合採取下列哪個分析流程？

(A) 環域分析—屬性查詢—計算

(B) 疊圖分析—地形分析—計算

(C) 疊圖分析—屬性查詢—計算

(D) 環域分析—空間查詢—計算

31-32 為題組

◎ 圖 5 為北緯 36°18'、東經 140°34' 附近，改繪自 google earth 的影像圖。請問：

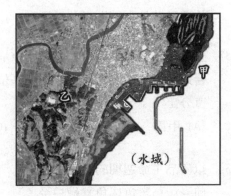

圖 5

31. 圖 5 中的甲處，最可能具有下列何種潛在的環境災害問題？

(A) 坡地開發過度導致易受土石流侵擾

(B) 紅樹林枯死導致陸地易受海水入侵

(C) 漂沙沉積減少導致海岸容易被侵蝕

(D) 地勢相對平坦導致易受龍捲風侵襲

32. 若要每年定期對該區進行植生（如乙處）面積變遷的監控，同時滿足精確且快速的目標，最適合採取下列何種方式進行監測？

(A) 分析高解析度的遙測影像

(B) 進行現地的野外調查分析

(C) 訪談當地居民與外來遊客

(D) 比對 1/25000 的基本地形圖

33-35 為題組

◎ 石斑魚屬於高經濟價值之魚種，主要分布於熱帶、亞熱帶海域。
1980 年，臺灣以人工繁殖石斑魚成功後，發展至今已成為世界
第二大石斑魚生產國，主要分布在嘉義到屏東。至 2000 年，開
始有臺灣養殖戶至越南發展石斑魚成魚養殖，但當地技術尚未能
培育出優良魚苗，所需魚苗仍自臺灣多家魚苗公司進口。近年
來，越南又有些臺灣石斑魚成魚養殖戶選至柬埔寨等地，發展新
的養殖基地。請問：

33. 臺灣石斑魚養殖產業與越南、柬埔寨等地的產業空間鏈結，最適
合以下列哪些概念解釋？甲、區位擴散；乙、區位移轉；丙、垂
直分工；丁、水平分工。

(A) 甲丙 　　　(B) 甲丁 　　　(C) 乙丙 　　　(D) 乙丁

34. 以產品生命週期的角度，目
前臺灣石斑魚成魚養殖戶至
越南、柬埔寨建立新的養殖
基地之現象，說明該石斑魚
成魚養殖產業的發展，最可
能屬於圖 6 的哪個階段？

(A) 甲 　　　　(B) 乙
(C) 丙 　　　　(D) 丁

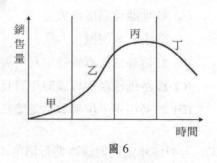

圖 6

35. 目前臺灣石斑魚成魚養殖區域有從嘉義往雲林擴散的趨勢，造成此種現象的原因，下列哪項假說的提出最為合理？
    (A) 地層下陷，造成原養殖區域飼養面積縮減
    (B) 全球暖化，造成溫暖海水分布向高緯擴張
    (C) 颱風肆虐，造成沙泥質海岸水質濁度增加
    (D) 洋流減弱，造成潟湖海域浮游生物量減少

36-38 為題組

◎ 某段文章中提到：「17 世紀，荷蘭人既然鐵了心要做奴隸貿易，就必然要和葡萄牙人一決雌雄。對付氣勢洶洶的西班牙人，荷蘭人只能靠防守反擊；而對付葡萄牙人，荷蘭人就可以全攻全守了。荷蘭軍隊很快打敗葡萄牙人，佔據了幾個西非沿海重要的奴隸貿易港，把奴隸裝上船後，運送到中美洲加勒比地區的法國和英國殖民地出售，總之是不能讓西班牙和葡萄牙的殖民地得到奴隸。」請問：

36. 當年荷蘭人的奴隸貿易，船隻的航行主要是倚賴下列哪個洋流的流動？
    (A) 幾內亞洋流　　　　　　(B) 北赤道洋流
    (C) 加那利洋流　　　　　　(D) 本吉拉洋流

37. 荷蘭人將奴隸出售後，最可能在當地購得哪些商品運回歐洲？
    甲、小麥；乙、玉米；丙、蔗糖；丁、菸草。
    (A) 甲乙　　　(B) 甲丁　　　(C) 乙丙　　　(D) 丙丁

38. 此種奴隸貿易的興盛，對歐、美、非三洲造成了下列哪些影響？
    甲、非洲港埠都市興起；乙、美洲文化趨向多元；丙、美洲原油需求增加；丁、歐洲勞動人力流失。
    (A) 甲乙　　　(B) 甲丁　　　(C) 乙丙　　　(D) 丙丁

貳、非選擇題（占 24 分）

說明：共有三大題，每大題包含若干子題。各題應在「答案卷」所標
　　　示大題號（一、二、……）之區域內作答，並標明子題號（1、
　　　2、……），違者將酌予扣分。作答務必使用筆尖較粗之黑色
　　　墨水的筆書寫，且不得使用鉛筆。每一子題配分標於題末。

一、臺灣在 1992 年通過「就業服務法」後，正式引進國際移工（或
　　稱外籍勞工），臺灣的國際移工可分成產業勞工和社福勞工，
　　前者主要在工廠就業，以菲律賓籍占多數；後者主要為家庭的
　　看護工，以印尼籍為主。圖 7 為外籍社福勞工人數自 1993 年以
　　來的變動情形；表 4 則是 2014 年六都的外籍產業勞工數量。
　　請問：

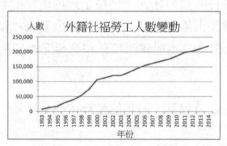

圖 7

表 4

	各都本國人口數	各都本國 人口密度	各都外籍 產業勞工人數
甲	3,966,818	1,933	42,518
乙	2,778,992	943	26,179
丙	2,719,835	1,228	52,463
丁	2,702,315	9,942	2,074
戊	2,058,328	1,686	73,941
己	1,884,284	860	34,681

1. 由圖 7 可推論臺灣近幾年來本國居民的哪種「人口問題」愈形嚴重？（2 分）

2. 表 4 中哪個代號最可能是桃園市？（2 分）並說明判斷的理由？（2 分）

3. 以文中的國際移工為對象，舉出在哪個場所出現了什麼現象（或活動），最足以說明臺灣擁有「跨國社會空間」的事實？【答案以「國際移工」這 4 個字為開頭，說明其出現的場所與現象（或活動），總字數勿超過 20 字】（2 分）

二、 Atacama 地區位於玻利維亞、智利和秘魯的交界處，在殖民統治時期從未明確劃定歸屬。三國獨立後，均認為擁有該地區主權。1866 年，玻、智兩國協定在該地區以 24° 緯線為兩國邊界，23°至 25° 緯線間一切礦產品和輸出產品的關稅，由兩國平分。1874年，玻、智兩國簽訂新約，規定智利政府放棄 24° 緯線以北地區的全部權利，玻國同意 25 年內對智利公司不提高稅率；但1878 年，玻國決定對智利公司增加稅額，智利公司不從，遭到玻國沒收資產。1879 年 2 月，智利遂在英國資本家支持下，出兵攻打玻國，秘魯則因屬玻國的同盟國家，不久也捲入衝突。由於智利擁有一支兩倍於秘玻聯合艦隊的海軍，因而取得海上控制權；陸戰部份也打敗秘玻聯軍。最終，秘魯、玻國分別與智利簽訂割讓領土條約，其中玻國喪失了安地斯山脈至太平洋沿岸間的全部領土。請問：

1. 在殖民統治時期，Atacama 地區屬於哪個國家的殖民地？（2 分）

2. 戰爭結束後的條約簽訂，對玻利維亞的國際貿易路線帶來怎樣的影響？（2 分）

3. 今日的 Atacama 地區若要發展替代能源，較適合開發哪種能源並說明理由為何？【需說明能源及理由，兩個答案皆對才給分】（4 分）

三、 北港溪多半年水量稀少，
但夏半年常出現水患的災
情，如清乾隆年間，北港
溪改道，將笨港街一分為
二，成為笨港北街與笨港
南街；又如嘉慶2年
（1797），笨港地區再遭
洪水侵襲，笨港南街被毀，
部分居民東遷，笨港南街
從此沒落。從清代嘉慶至
日治初期，北港鎮附近的
聚落及河流位置變化不大。
圖8與圖9則是日治初期
與中期測繪的北港鎮附近
地形圖，這二幅圖都經過
幾何校正，圖幅涵蓋範圍
相同，圖內的十字標「＋」
在二幅圖內的相對位置都
一樣。請問：

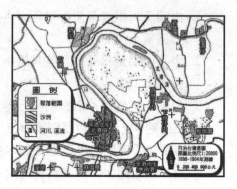

圖8

圖9

1. 嘉慶2年笨港地區遭受洪水侵襲時，為何笨港南街災情較為
   嚴重，甚至聚落被毀？（2分）

2. 北港溪在1898至1928年間曾發生改道，改道後舊河道水域
   （圖9網格部分）因水量減少而逐漸淤積，此片水域稱作什
   麼？（2分）

3. 在1898至1928年間北港溪改道事件中，哪個聚落被迫遷移
   （或遷村）最遠？（2分）

4. 從清代笨港地區曾遭受洪水侵襲，與日治時代發生改道事件，
   可推論這些現象與該地區的哪種降水特徵最相關？（2分）

104年度指定科目考試地理科試題詳解

壹：選擇題

1. **B**

   【解析】商閾指維持一中地機能正常營運所需的臨界範圍。此
   題題幹給了不同等級的中地之數量，即暗示著越高等
   級的中地所需的商閾越大，則該中地的數量就會比較
   少，如百貨公司、量販店；而越低等級的中地，其所
   需的商閾越小，在同一範圍內，該低級中地的數量就
   會比較多，如便利商店。故 (B) 是正確答案。

   (A) 物流指商品從生產地到消費地的移動或處置，與題
   　　 幹之暗示不合。

   (C) 空間分工指不同區域依其比較利益進行分工，但題
   　　 幹所指的中地並無分工現象。

   (D) 此題題幹為「單一都市」，與都市等級大小無關。

2. **A**

   【解析】此題可用刪去法。因 (B) 甘蔗為熱帶作物在美國與阿根
   廷等溫帶國家的產量並不大，且美國主要以大豆為生
   質能源作物，故 (B) 不可選。

   (C) 稻草在美國跟巴西的產量皆不高，不太可能符合題
   　　 幹數據。

   (D) 油菜籽主要為歐洲的生質能源作物，亦不可選。所
   　　 以此題只能選 (A) 大豆，且大豆確為題幹中最符合
   　　 數據的作物，在美國、巴西、中國等國家皆有種植。

3. **C**

【解析】 (C) 土耳其位於安納托利亞高原,為歐亞地震帶所經過,並有著名的安哥拉羊與羊毛商品,同時也是伊斯蘭國家,又位於麥加北部,故選 (C)。

(A) 印尼無高原地形,而且不產羊毛,位於麥加南部,須向西北方朝拜。

(B) 葉門位於麥加之南方,須往北朝拜。

(D) 南蘇丹的地形並非高原,且亦位在麥加之南方,須往北朝拜。

4. **C**

【解析】 題幹所敘述為 1906 舊金山大地震、1989 舊金山大地震與 1994 年洛杉磯大地震。選項中只有 (C) 舊金山－聖地牙哥都會帶位於板塊交界處,為平移型板塊交界,故多有地震。(A) (B) (D) 皆不在地震帶上。

5. **B**

【解析】 因世界上的大都市大都位於北半球溫帶地區,如歐洲、美國、中國和日本。所以應在北緯 50~20 度中會有最多超過 100 萬人的大都市,故選 (B)。

(A) 甲曲線在靠近北極圈與南極圈處顯示有大量超過 100 萬人的大都市,與事實不合。

(C) (D)丙丁曲線皆在接近赤道處有極大值,但在接近赤道處陸地較少,海洋較多,故不可能有大量超過100萬人的大都市。

6. **A**

【解析】　此題題意為新加坡政府限制外勞數量，所以最有可能是為了緩解 (A) 的現象，使本地勞工有足夠的工作機會。

(B)　此題與宗教較無關係，且華人佔新加坡人口比例約75%，很難因少量的外勞而改變其信仰。

(C)　本題並沒有提到外資與新加坡的企業外移現象，故此選項與提議無關。

(D)　少子化和高齡化是引進外勞的原因，並非是引進外勞而導致少子化和高齡化。

7. **D**

【解析】　此題可快速刪除甲，而得答案為 (D)。歐盟尊重多元文化差異，將各國主要語言皆列為歐盟官方語言，故不可能推動「補助邊陲區的孩童進行英語教育」的方案。而乙丙丁皆為歐盟目前正在推行的區域平衡政策。

8. **D**

【解析】　在進行地理研究時，應先決定問題，才實地走訪蒐集資料，最後整理資料得出結論。以此題而言，應先就第二手資料進行比對，找出問題，才實地走訪蒐集資料，再決定惡地的評斷標準與整理資料。但發放問卷蒐集遊客對景觀的認知和喜好程度並非本次研究中的惡地評斷標準，可在最後整理資料前做，可使研究內容更豐富。故答案應為:丙乙甲戊丁，選 (D)。

9. **C**

【解析】 由題幹中「對烏克蘭的軍事干涉」可知題目所敘述的
國家是俄羅斯,且其石油主要產地為西部西伯利亞平
原北部。所以答案應為 (C) 西伯利亞西部。
(A) 波斯灣沿岸位於西亞,與題幹不合。
(B) 馬拉開波湖位在中南美洲,委內瑞拉境內,也不合。
(D) 尼日河三角洲位在西非,也不合。

10-11 為題組

10. **C**

【解析】 2014 年中央氣象局有發出警報的颱風只有 3 個,與台
灣平均一年 6,7 個颱風相比算是少的,所以 2014 年
的颱風雨是偏少的。

11. **B**

【解析】 「噴氣孔高熱」暗示此地有火山地形,而台灣本島只
有北部有火山地形。故要選冬季雨量與總雨量高的
(B) 乙圖。(A) 甲為花蓮 (C) 丙為台中 (D) 丁為嘉義。

12-13 為題組

12. **A**

【解析】 題幹有說明地區為嘉義縣梅山鄉,故只能選位於嘉義
縣附近的河流,所以答案為 (A) 北港溪。
(B) 大甲溪位於台中。
(C) 二仁溪位於高雄。
(D) 卑南溪位於台東。

13. **A**

【解析】 生活環境及成長過程中的經驗累積，所產生的熟悉情
境，使居民從中獲得安全感和歸屬感，稱爲地方感。
此題村落村民是因爲村落的用水受到危害，基於在地
的歸屬感而挺身而出，故答案應選 (A)。

(B) 此題與生態無關，固不可選生態社區。

(C) 地方產業，村民基於自身利益而保護水源，與產
業行爲無關。

(D) 供需互補作用，此題與供需法則亦無關，故不可選。

14-15 爲題組

14. **B**

【解析】 題目所指的應爲南島語族，而台灣恰位於南島語族的
最北方，所以方位角應於 90~270 度間，且只有 (B) 的
距離符合，故選 (B)。

(B) 爲馬紹爾群島首都馬久羅。

15. **D**

【解析】 極光會發生在高緯度地區，而 (D) 的方位角爲 330 度，
爲西北方，再算上距離的話，約在北半球高緯度地區，
符合題目所需 (D) 約爲挪威首都奧斯陸。

(A) 雖然方向角爲東北方，但距離不夠，爲中緯度地區
（A 約爲日本首都東京）。

(C) 的方向角爲 270 度，在台北正西方，故不可能會有
極光 (C) 約爲利比亞首都的黎波里。

16-17 為題組

16. **D**

【解析】 在地化指:在全球化中,每個地區都有其特殊文化,而
跨國企業要進軍在地市場勢必須改變其營運方式,使
其商品為在地市所接受。而題幹中的乙、丁、己恰可
反映印度當地的消費模式,企業若想進軍印度,勢必
要適應印度的消費模式。而甲選項並沒有反映最核心
的消費模式,故不選。丙選項的廣告成本是在其他國
家也會面臨的問題,並非印度所獨有,因此並非在地
化的挑戰。戊選項的農業豐收與否並非跨國企業可以
決定,也不是在地化經營策略所能改善的,故不選。

17. **A**

【解析】 由第 16 題的選項不難發現在地化的經營策略多需熟知
當地文化的在地廠商協助,所以要在最短時間內獲得
企業最大的利潤必須尋找合作對象,組成策略聯盟形
式,故選 (A)。

(B) 選項的獨資興建工廠會面臨無法打入市場的風險,
故不選。

(C) 選項:印度並非機械工業發達之國家,故跨國企業
應該不會在印度設立研發中心,而是會將印度當
成重要市場。

(D) 選項,第 16 題的己選項恰可反駁建立自有品牌之
說。

18-19 為題組

18. **B**

　　【解析】　由下方的比例尺可以推得寬為 20 公尺，而題幹說明常
　　　　　　　為寬的2倍，故長為 40 公尺，面積為 20x40 = 800 平方
　　　　　　　公尺。故選 (B)

19. **D**

　　【解析】　由圖的右上方的比例尺可推得水池的長軸為東西走向，
　　　　　　　而烏拉山和安地斯山脈皆為南北走向，而高加索山和
　　　　　　　阿爾卑斯山脈都是東西走向，故答案為乙丁，選 (D)。

20-21 為題組

20. **D**

　　【解析】　由島嶼形狀與所在經緯度可以推得此島嶼為馬達加斯
　　　　　　　加島，而該島的主要山脈成南北走向，恰好擋住了當
　　　　　　　地盛行的東南信風，使島的東邊為信風迎風面，為熱
　　　　　　　帶雨林氣候，島的西邊為信風背風面，為熱帶莽原氣
　　　　　　　候，故選 (D) 信風的強弱。
　　　　　　　(A) 日照長短在島嶼東西邊並無不同。
　　　　　　　(B) 島嶼的東西皆無涼流流經，而是皆為阿古拉斯暖
　　　　　　　　　流流過。
　　　　　　　(C) 馬達加斯加島海岸曲折的差異並無大到可以改變
　　　　　　　　　東西邊的氣候，故不選。

21. **A**

　　【解析】　此題的 (C)(D) 可先刪掉。因 (C) 馬達加斯加與美國並非

處於同一時區中。

(D) 以馬達加斯加的緯度而言，當地除了高山之外不會有針葉林，而且量也不足以製成紙漿外銷各國。

(B) 當地因位於南半球，夏季應為 11~隔年1月，而非 7~9 月；且茶也不是當地的主要經濟產物。故答案只能選 (A)。

22-23 為題組

22. **D**

【解析】 馬特洪峰為著名的角峰景觀，為冰河源頭處侵蝕剩餘的尖銳山峰，故選 (D) 冰河。

23. **C**

【解析】 巧克力的原料為可可，主要產地為西非，是一種熱帶栽培業。故答案應選 (C)。而 (A) 北美的氣候並不適合種植為熱帶作物的可可。

(B) 選項暗示了該地應為南美洲的山地，也不適合種植為熱帶作物的可可，故不選。

(D) 西亞並不產可可，故不可選。

24-25 為題組

24. **B**

【解析】 此題可用消去法，因乙選項所言恰與現在的事實相反，渝新歐鐵路目前的運輸成本依然較海運為高。丁選項中，東北的剩餘棉花若要出口到中亞地區，那還需要從東北到四川的運費，成本會提高，故不可行。而甲

與丙選項皆爲目前中國與他國洽談的選項，在刪掉乙、丁之後答案只能選 (B)。

25. **C**

【解析】 以中國目前的遠東-歐洲航線而言，是從從中國東部沿海到新加坡、馬來西亞，然後經麻六甲海峽再到紅海、中東、地中海最後到歐洲。由此路線可知，此航線會經過麻六甲海峽後，由蘇伊士運河進入地中海，最後由直布羅陀海峽出地中海，進入西歐，故會影響到甲、丙、丁。答案選 (C)。

26-27 爲題組

26. **D**

【解析】 甲的農業產值與農業人口比例最低，應爲美國。乙爲紐西蘭，因其出口品項多爲農業加工品，算進第二級產業產值，故農業產值較低。丙爲中國，因其農業產值低，但是農業從業人口比例高。丁爲印尼，因印尼熱帶栽培業發達，故其農業產值與農業人口比例皆最高。而 2013 年的 HDI 由高到低爲:美國，紐西蘭，中國，印尼。故答案爲 (D) 丁丙乙甲。

27. **B**

【解析】 我國與紐西蘭於 2013 年 7 月 10 日簽署「臺澎金馬個別關稅領域與紐西蘭經濟合作協定」(ANZTEC)。在雙方政府積極推動下，雙方均已完成國內相關立法程序，進行換函並同意協定將於 2013 年 12 月 1 日生效。故答案應選 (B)。

28-30 為題組

28. **D**

【解析】 因為製糖業的原料脫重率很高，產品的重量遠低於原料，為了節省龐大的原料運輸成本，故會選擇在原料附近設廠，為原料區位，故選 (D)。

29. **B**

【解析】 台灣位在北緯 22~25 度，東經 120~122 度間。
(A) 22°03'N,121°32'E:約在蘭嶼附近的海面上，不選
(B) 22°30'N,120°29'E:約在高雄屏東平原一帶
(C) 24°43'N,121°45'E:約在中央山脈一帶
(D) 25°03'N,121°20'E:約在新竹桃園一帶
故答案應選 (B)。此題亦可用消去法，首先可先消去 (C) (D) 兩選項，因其方位偏北，再用甘蔗產地為台灣西南方，可消去 (A)。

30. **C**

【解析】 因題幹敘述「以臺灣各地形區的面資料圖層與地名的點資料圖層」，以兩個圖層疊加找出需要的資訊，是為疊圖分析。屬性指附屬於位置上的資訊，而地名也是一種屬性資料，故在疊圖後，搜尋有含有「廍」的地名數量，是一種屬性查詢，最後便是計算數量。故答案應選 (C) 疊圖分析—屬性查詢—計算。
環域分析:以某點、線、面為中心，劃出一定的距離範圍，用以分析一個現象的影響範圍。但與題意不合，不選。

<u>31-32 為題組</u>

31　**C**

【解析】 經由判讀經緯度，可推得該地約為日本東邊的海岸
（應為茨城縣大洗港）。因日本東側盛行黑潮，黑潮的
流向為由南向北，故黑潮帶來的漂砂會被甲處南邊的
堤防阻擋，造成漂砂在堤防處就沉積，使得甲處因漂
沙沉積減少，而導致海岸容易被侵蝕。故選 (C)。

(A) 甲處並無河流經過，且亦非沖積扇，故應無土石
流發生的可能。

(B) 由圖中看不出來有植被，故無從判斷起紅樹林是
否枯死，亦無法判斷海水是否入侵。

(D) 看不出甲處地勢是否平坦，且日本並不常發生龍
捲風，故不可選。

32　**A**

【解析】 因題幹要求須每年定時，且要精確快速的監控當地植
生面積變遷，故答案要選 (A)。衛星遙測可定時提供高
解析度的影像，藉由分析影像便可監控當地的植生面
積變遷，實為最符合題幹要求的選項。

(B) 現地的野外調查分析無法快速獲得結果。

(C) 訪談當地居民與外來遊客，無法定時取得相同的
樣本數，且不夠精確。

(D) 比對地形圖無法每年監控。

<u>33-35 為題組</u>

33.　**A**

【解析】 因台灣還保有石斑魚的養殖技術與養殖場，所以是區

位擴散，若爲區位移轉的話，台灣就不再有石斑魚養殖業了。故選甲不選乙。

因東南亞地區尙未能培育出優良魚苗，故須從台灣進口魚苗，顯示台灣擁有培育魚苗的技術，位於產業上游，而東南亞地區有養殖的區位，爲產業的下游，是爲垂直分工。故選丙不選丁。答案爲甲丙，選 (A)。

34. **C**

【解析】因能在國外建立石斑魚養殖基地，顯示石斑魚的養殖技術已經標準化，因此生產區位的選擇逐漸移向工資低廉的東南亞，而這是生命週期中成熟期的特色。

(A) 新創期不會有產業外移的現象。

(B) 成長期的主要生產基地仍在技術原產國，海外發展才剛剛起步。

(D) 衰退期意味著產品將退出市場，但石斑魚還是熱門商品，並非處於衰退期。

35. **B**

【解析】因石斑魚養殖需要溫暖的海水，故近年的全球暖化有可能使較高緯度的雲林縣也有足以養殖石斑的溫暖海水，故選 (B)。

(A) 雲林沿海也是地層下陷嚴重區，無法解釋石斑魚養殖基地的擴展。

(C) 颱風會同時影響台灣中南部（雲林(含)以南），亦無法解釋石斑魚養殖基地的擴展。

(D) 因洋流爲由南往北流，若洋流減弱，雲林沿海的潟湖的浮游生物量會更少，無法解釋石斑魚養殖基地的擴展。

36-38 為題組

36. **B**

【解析】　因荷蘭人的航線是由西非到中美洲加勒比地區，所以
　　　　應該是利用北赤道洋流的動力度過大西洋。

(A) 幾內亞洋流為沿著西非沿岸往東南方流動，方向
　　不合。

(C) 加那利洋流是沿著西歐沿岸往南流至非洲沿岸，
　　方向亦不合。

(D) 本吉拉洋流為由南非沿岸向北流至西非沿岸，方
　　向亦不合。

37. **D**

【解析】　荷蘭人在美洲殖民地將奴隸販賣後，會在殖民地當地
　　　　購買熱帶栽培業產品，將之帶到歐洲販賣。(這也是歐
　　　　洲將美洲作為殖民地的目的之一)，而選項中熱帶栽培
　　　　業為丙丁兩項，故選 (D)。

甲：小麥在歐洲即有種植，無須再進口。

乙：歐洲人並不特別喜歡玉米的口感，反而是在美洲
　　殖民地開始種植小麥，故不會將玉米進口到歐洲。

38. **A**

【解析】　為了要方便奴隸出口，歐洲人在非洲建立了許多港埠
　　　　與通往非洲內陸的鐵路，因而促成非洲港埠型都市的
　　　　興起。而且將奴隸引進美洲，也讓非洲文化進入美洲，
　　　　造成現在中南美洲的文化多元現象。故選 (A) 甲乙。

丙：因當時尚未有原油需求，故丙不合理。

丁：損失勞動力的一方應該是非洲，而非歐洲。

貳、非選擇題

一、 1. 【答案】 人口老化
   【解析】 因人口老化，導致本國勞動人力不足，故引進外籍勞工，且因人口老化現象日益嚴重，外籍勞工的數量隨著時間而逐漸增多。

  2. 【答案】 戊、(1) 外籍產業勞工人數最多 (2) 人口數量六都中排名第五 (3) 人口密度六都中排名第三【三組答案，只要答出其中一組。】
   【解析】 可從外籍產業勞工人數做判斷，因桃園市內有許多工業區，如中壢、觀音工業區，這些工業區引進了許多外籍產業勞工，故外籍產業勞工最多的都市便是桃園市。

  3. 【答案】 國際移工常常會在車站附近聚會，以母語聊大小事，顯示仍保有民族認同，甚至與母國同民族的人仍有聯繫，說明台灣有跨國社會空間的存在。
   【解析】 此題是考「跨國民族社會空間」，人口的全球性流動，移民，難民數量的成長，使一個民族的生存範圍越來越難與某個國家的疆域重疊。然而遷出母國的人，往往保有原有的民族認同， 並與母國、現居國甚至其他國家同民族的人維持政治、經濟、文化上的聯繫，形成了同一民族的跨國生活圈。

二、 1. 【答案】 西班牙
   【解析】 南美洲除了巴西是葡萄牙的殖民地外，其他都是西班牙的殖民地。

2. 【答案】　玻利維亞喪失了海運路線，對於國際貿易路線帶
　　　　　　　來了交通不便的影響，失去了國際貿易的區位。
　　【解析】　略。

3. 【答案】　太陽能；屬熱帶乾燥氣候，雨日少，全年日照強。
　　　　　　　地熱；位於火山帶。
　　　　　　　【二組答案，只要答出其中一組。】
　　【解析】　略。

三、1. 【答案】　因笨港南街位於曲流凹岸；位於基蝕坡
　　　【解析】　曲流凹岸侵蝕作用旺盛，故當洪水來襲時，笨港
　　　　　　　　南街很可能因為侵蝕旺盛而導致聚落地基被沖走，
　　　　　　　　導致整個聚落被毀。

2. 【答案】　牛軛湖
　　【解析】　因曲流截斷(改道)，導致原曲流段不再屬於河流，
　　　　　　　而形成形似牛軛的牛軛湖。

3. 【答案】　頂灣仔內
　　【解析】　從圖內的 "十字" 可進行判斷，其他的聚落皆位
　　　　　　　在十字附近，代表沒甚麼移動，只有頂灣仔內在
　　　　　　　1928 年不在十字附近，故可推論頂灣仔內遷村最
　　　　　　　遠。

4. 【答案】　降雨集中於夏季，故常造成洪患；降水強度大。
　　【解析】　因雲林地處台灣西南部，為東北季風背風坡，冬
　　　　　　　季無雨，但夏季為西南季風迎風面，常有梅雨、
　　　　　　　對流雨與颱風雨，故常降下大量水量，造成洪患。

104 年大學入學指定科目考試試題
公民與社會考科

一、單選題（占 78 分）

說明：第 1 題至第 39 題，每題有 4 個選項，其中只有一個是正確或
最適當的選項，請畫記在答案卡之「選擇題答案區」。各題
答對者，得 2 分；答錯、未作答或畫記多於一個選項者，該
題以零分計算。

1. 根據統計，臺灣新移民的社會屬性如下：大部分為女性、源於婚
   姻關係、主要來自中國大陸和東南亞各國。請問下列敘述何者最
   為正確？
   (A) 新移民的跨國婚姻反映了全球政治經濟架構下的人口流動
   (B) 新移民與原住民族都是少數族群，因此享有相同的法律保障
   (C) 新移民來自各國，我們沒必要對他們的社會文化有太多的瞭
       解
   (D) 新移民為融入本地社會，應該在臺灣文化和母國文化間作一
       個選擇

2. 1970 年，澳洲政府為紀念庫克船長「發現」澳洲 200 周年，發
   行以庫克船長及澳洲地圖為圖案的紀念幣與紀念章，來紀念這
   位被譽為「澳洲之父」的傑出英國航海家，以及白人的移民歷
   史。客觀說來，下列哪個概念最符合這個事件所呈現出的文化
   現象？
   (A) 文化融合　　　　　　　(B) 多元文化
   (C) 文化全球化　　　　　　(D) 我族中心主義

3. 一般人透過自行創業成為老闆，是社會流動的管道之一。圖一
   是我國 1990-2013 年企業創業與歇業的趨勢變化。其中創業率

＝（新設企業數/現有登記企業數）；歇業率＝（歇業企業數/現有登記企業數）。

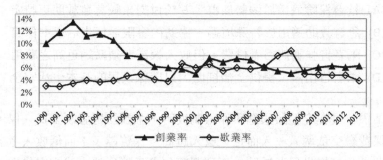

圖一

根據圖一所顯示資訊，下列敘述何者正確？

(A) 2006-2009 年間，臺灣的創業率有短暫回升的趨勢

(B) 創業率的變化，顯示臺灣大企業財團所佔比例逐漸減少

(C) 歇業率的變化，顯示新世代抗壓性差，缺乏成功所需條件

(D) 1992-2001 年間，透過自行創業而向上流動的機會有下降趨勢

4. 下表呈現某國不同教育程度就業者的收入分布情形。根據表格中所顯示的資訊，下列敘述何者正確？

(A) 高中畢業者的平均月收入比大學畢業者來得低

(B) 個人月收入三萬～六萬元的高中畢業者與大學畢業者人數是相同的

(C) 大學畢業者的就業比率會比高中畢業者來得高

個人月收入＼學歷	高中畢業	大學畢業
超過六萬元	20%	30%
三萬～六萬元	50%	50%
低於三萬元	30%	20%
總　計	100%	100%

(D) 就收入分布比例而言，大學畢業者比高中畢業者更有機會取得高薪

5. 急難救助與社會保險為社會安全體系重要支柱，分別提供給人
   民不同資源與協助，下述對於二者之比較何者正確？
   (A) 社會保險適用於弱勢族群，其給付對象較急難救助更特定
   (B) 急難救助適用於特殊境遇，協助內容限最低生活水準保障
   (C) 兩者皆強調使用者付費，但收入較高者須繳納更高之費用
   (D) 兩者皆由國家提供全額補助，以確保人民的基本生活安全

6. 某國首長在介紹該國健康保險制度時，強調該國強制全民入保，
   保費繳交依個人收入而定，收入越高，保費越多；而低收入者，
   則由政府提供保費補貼。下列選項何者最能反映上述文字的內
   涵？
   (A) 全民入保會使健保面臨嚴重虧損危機
   (B) 強制入保會造成風險由少數人承擔
   (C) 政府提供保費補貼彰顯社會互助意義
   (D) 分級付費將導致財富分配不均持續惡化

7. 下表呈現甲乙二國從 1985-2010 年間，兩性勞動參與率的狀況，
   根據表中所顯示的資訊，假定甲乙兩國工業化水平與職業結構
   相近，下列敘述何者最為正確？

國家	性別	1985	1990	1995	2000	2005	2010
甲國	男性	50%	56%	57%	59%	62%	66%
	女性	40%	43%	46%	47%	48%	50%
乙國	男性	59%	62%	64%	67%	68%	70%
	女性	30%	32%	33%	34%	36%	39%

   (A) 甲國兩性的勞動參與率都較乙國高
   (B) 甲國男性的家務參與較乙國男性高
   (C) 乙國兩性的整體勞動參與率較甲國高
   (D) 乙國較具「男主外，女主內」性別分工現象

8. 甲財團擁有一家報社、兩家電視臺,為了擴張事業版圖,再買下另外一家有線電視系統,因此甲財團在平面和電子媒體的市占率,遠高於其他同業。依據上述內容,下列哪一種推論最可能發生?
   (A) 會增加各有線電視網之間的競爭
   (B) 可增加甲財團的政治及社會影響力
   (C) 可聯合各有線電視網善盡媒體自律責任
   (D) 讓更多人享有價格低廉的有線電視服務

9. 小華的父親是公務員,於某單位負責審核貸款及補助中小企業。小華的母親經營一家公司,想向該單位申請貸款,依據何項原則的要求,小華的父親對於此案件應該迴避?
   (A) 平等原則　　　　　　　(B) 比例原則
   (C) 誠信原則　　　　　　　(D) 公正原則

10. 某甲向電視購物臺購得一保溫杯,注入熱茶後發覺保溫功能甚差,故萌生退貨的念頭。若依《消費者保護法》的立法意旨與相關規定來分析某甲之行為,下列敘述何者正確?
    (A) 基於契約自由原則的修正,則某甲可以在法定期限內主張無條件退貨
    (B) 電視購物臺若能夠舉證自身無過失,則買賣契約成立,某甲無法退貨
    (C) 某甲收到訂購的保溫杯後,有權在三十天的審閱期間內決定是否購買
    (D) 電視購物臺若拒絕某甲退貨,則某甲可以向公平交易委員會提出申訴

11. 十七歲小明參加生日舞會,因一時貪念,趁機竊取二十歲小文的智慧型手機。本案件事涉少年與成年人,在現行相關的司法

程序上，下列敘述何者正確？

(A) 《少年事件處理法》的精神是管教與處罰並重，與《刑事訴訟法》係以實現刑罰權為主，有所不同

(B) 被害人小文年滿二十歲，本案應移送檢察官依據《刑事訴訟法》處理

(C) 檢察官調查後認為本案情節嚴重應付審理時，應裁定少年法院對小明開始審理

(D) 為保護小明身心並考慮案件性質，法院可決定以不公開方式審理此案

12. 對許多人而言，家庭是幸福、溫暖的環境，但部分人對家庭卻感到痛苦、畏懼。為防止家庭暴力及保護被害人權益，立法院特制定《家庭暴力防治法》（以下稱「本法」）。關於本法的適用，下列敘述何者正確？

(A) 由於現行民法需異性間才能結婚組成家庭，因此同居的同性伴侶間目前難以適用本法

(B) 本法將暴力區分為身體暴力與精神暴力，前者主要負刑事責任，後者則是負民事責任

(C) 小明與小玉已離婚多年並分開居住，小明因金錢糾紛常毆打小玉父親逼債，屬本法適用範圍

(D) 原則上由法院核發保護令，遇緊急狀況時，得立即由檢察官核發，但需 24 小時內經法院認可

13. 某市市長公開點名市內 200 處違建，要求三個月內拆除，誰來講都沒用。某位遭點名的屋主對此忿忿不平，說市內違建到處都是，要拆就應該一視同仁，況且很多違建歷史比他的還久，應該先拆才對。這位屋主的意見是否有理？

(A) 有理，政府應該拆除所有違建，不可以列出優先拆除名單形成選擇性執法

(B) 有理，基於信賴保護，屋主對存在已久的違建未遭拆除已生信賴，不應任意拆除

(C) 無理，違建屋主不可以主張平等原則，認為優先拆除他的違建就是不平等而違法

(D) 無理，因為法律只保護守法的人，違法的人無任何憲法上的權利可以主張

14. 某庚病逝，除配偶外身後尚有下列法定親屬。依我國民法規定，於法定繼承時，以下何者為某庚的第一順序繼承人，與其配偶共同繼承遺產？
(A) 兄弟
(B) 父母
(C) 養女
(D) 外孫子女

15. 甲政府機關核准乙公司在某海邊興建度假村，為規避大規模開發需通過環境影響評估之程序，甲同意乙將開發案切割成五部分，逐次申請開發。針對此一作法，若有人表示不服，可以採取下列哪項法律救濟途徑？
(A) 環保團體得以甲為被告，提起保護環境的行政訴訟
(B) 附近居民得以甲為被告，提起侵權行為的民事訴訟
(C) 環保團體得以乙為被告，提起停止開發的行政訴訟
(D) 附近居民得以乙為被告，提起損害賠償的國賠訴訟

16. 十七歲高中生小明某日放學回家，聞到鄰居小華的房屋內飄出濃濃的瓦斯味，小明靠近窗邊向內看，驚見小華倒在地板上沒有動靜，按門鈴亦無人回應。小明情急之下，用力破壞房門進入將小華抱出屋外，並打電話向 119 求救，但小華送醫急救後仍不治死亡，小華家的房門也完全損壞。下列關於小明破壞房門行為是否構成犯罪之陳述，何項正確？

(A) 小明行為的目的在於救人，沒有毀損房門的故意，所以不構成犯罪

(B) 小明為了救生命垂危的小華，不得已才破壞房門，刑法原則上不罰

(C) 小明雖為了救人而破壞房門，但並沒有救活小華，仍要負未遂刑責

(D) 小明行為時未滿十八歲，依法可以減輕其刑，所以小明不必負全責

17-18 為題組

17 歲丙男與 15 歲丁女係高中同學，熱戀中之丙丁於兩情相悅下發生性關係，丁女因而懷孕，生女小戊。

17. 關於丙男的法律責任，以下敘述何者正確？
(A) 丙男與丁女於兩情相悅下發生性關係，未侵犯性自主權，尚不構成犯罪

(B) 無論丁女同意與否，丙男與未滿十六歲丁女發生性關係，即已構成犯罪

(C) 丙男倘遭檢察官起訴，若與丁女家長達成民事賠償協議即無須負擔刑責

(D) 丙男雖未成年，因事涉性犯罪，經檢察官起訴，即不得由少年法院處理

18. 關於丙男、丁女與所生小戊間之親子關係，以下敘述何者正確？
(A) 丙男、丁女因與所生小戊皆有血緣關係，當然就成為小戊法律上之父母親

(B) 丙男、丁女二人須在小戊出生後補行婚禮，始得成為小戊法律上之父母親

(C) 非婚生女小戊如經生父丙男撫育，視為認領，因此依法視
為丙男之婚生女

(D) 非婚生女小戊，無須經其生母丁女認領，視為丁女之婚生
女，於丙男亦同

19. 憲政主義的核心概念為「有限政府」，即是透過憲法中的制約，
規範政府的權力範圍，使其不能恣意妄為，以保障人民的自由
權利。下列哪項敘述較能突顯有限政府的精神？
(A) 威廉王子雖為英國皇室法定繼承人，但仍需服兵役
(B) 俄國總統普丁欲修憲延長任期，使其持續領導國家
(C) 泰國國王蒲美蓬以其地位，調解紅、黃衫軍之政爭
(D) 日本首相安倍為了推動改革，故解散國會進行改選

20. 我國歷經七次憲改後，政府體制規範雖有相當多的調整，但運
作上仍有不盡完善之處。請問下列何者合乎憲法運作的現況？
(A) 總統選舉採相對多數制，得票率未過半易產生統治合法性
問題
(B) 當總統與國會多數分屬不同政黨時，行政權容易受制於立
法院
(C) 憲法明文總統具國防、外交與經濟決策權力，卻不受國會
監督
(D) 國會具有的閣揆任命同意權，目前是立法與行政衝突的導
火線

21. 為了因應某重大社會問題，研議改善相關管理制度，行政院長指
派政務委員成立跨部會專案會議，圖二是與會官員座位表。下列
有關官員的權責敘述何者正確？

(A) ①②⑤⑥隨政黨輪替而下台

(B) ②③⑤⑧必須承擔政治責任

(C) ③⑥⑦⑧是考試任用的文官

(D) ④⑤⑥⑧享政務官退職優惠

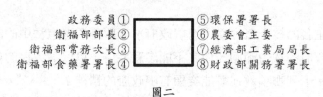

政務委員①　　　　　⑤環保署署長
衛福部部長②　　　　⑥農委會主委
衛福部常務次長③　　⑦經濟部工業局局長
衛福部食藥署署長④　⑧財政部關務署署長

圖二

22. 天龍國為典型西方民主理論發展的代表，下列敘述為該國三個不同時代民主場景的描述。請問此三個場景的先後排序何者較為正確？

甲：民主的政策過程不僅是議員投票的結果，也要兼顧社會的參與，特別是人民對爭論議題的討論與建立共識……。

乙：人民應將權力委託給一些具備知識與地位的社會菁英，由他們領導國家專業決策及有效執行，讓我們國家發展蒸蒸日上……。

丙：現在民主不是少數人說了就算，要讓政策通過，一方面要遊說不同的社會團體爭取認同，同時更要在國會取得多數席次的支持……。

(A) 甲→丙→乙　　　　　　(B) 乙→甲→丙

(C) 乙→丙→甲　　　　　　(D) 丙→乙→甲

23. 我國中央與地方政府的權限劃分，按憲法規定採均權制度，依事務的性質分屬中央或地方政府管轄。下列何者依其性質屬於地方政府管轄的範疇？

(A) 金門國家公園補助學者從事水獺棲地研究

(B) 臺南考區地方公務人員特考的錄取與分發

(C) 臺北市與新北市整合雙方自行車租借系統

(D) 南投茶農製茶所得向政府申請減免所得稅

24. 1980 年代後，中共政治制度與運作出現明顯「制度化」趨勢，
　　例如重大決策從「強人政治」走向「集體領導」、全國人大的
　　集會頻率趨於固定以及黨政領導人的輪替等。下列關於中共政
　　治制度與運作的敘述，何者正確？
　　(A) 中國共產黨的決策核心為「全國人大」
　　(B) 「領導人更替」與憲法任期限制的規範有關
　　(C) 「集體領導」意謂領導人間相互分權、制衡
　　(D) 「制度化」代表中國大陸具有政治民主化跡象

25. 選舉制度影響民主政治的發展，以及政府運作的效能，更是國
　　家永續發展的重要關鍵因素。就我國現行的選舉制度及其運作
　　成效，下列敘述何者正確？
　　(A) 直轄市市長的選舉採單一選區絕對多數決制，有利於貫徹
　　　　施政
　　(B) 縣市長選舉採取單一選區絕對多數決制，對獨立參選人較
　　　　有利
　　(C) 立委選舉採取單一選區兩票制，有利小黨生存也反應基層
　　　　民意
　　(D) 選舉大都採一輪投票相對多數決制，容易形成兩黨制競爭
　　　　架構

26-27 為題組

　　某國政府擬與周邊各國簽署經濟合作協議，預期未來擴大區域
　　間製造業、服務業交流；然而，推動過程卻在該國內部引發反
　　對聲浪。數個民間團體質疑政府並未完善考慮對弱勢產業所受
　　影響，批判其對本地勞工就業機會帶來衝擊，並認為區域經濟

合作利益將由大財團、企業獨享。為達成社會共識，該國政府
計畫將舉辦公聽會並廣邀民間團體表達意見。

26. 根據上文敘述，質疑「經濟合作協議」之民間團體的意見較接
近下列何者意識型態？
(A) 自由主義　　　　　　　(B) 社會主義
(C) 保守主義　　　　　　　(D) 第三條路

27. 上文所敘述該國政府對經濟合作協議的作為，處於公共政策過
程序列的哪個階段？
(A) 政策規劃　　　　　　　(B) 政策合法化
(C) 政策執行　　　　　　　(D) 政策評估

28-29 為題組

甲國境內某區緊鄰強權乙國，近年來該地區在乙國勢力運作、
介入下，逕自舉行公民投票並通過加入乙國。乙國國會旋即接
受該地區加入，並宣稱該地區已成為「不可分割之一部分」。
乙國的作為遭到甲國嚴重抗議，兩國的武裝衝突也一觸即發。
這也引發某些國家和國際組織的強烈譴責，支持甲國的國家準
備將在聯合國會議中提案制裁乙國。

28. 按照上述訊息判斷，若甲乙兩國爆發武裝衝突，最可能與下列
哪項因素有關？
(A) 分離主義導致的族群衝突　(B) 貧富差距引發的國際衝突
(C) 區域政治的權力分配失衡　(D) 武器競賽所致的軍事對抗

29. 若聯合國通過制裁乙國的提案，下列哪項是聯合國最可能採取
的措施？
(A) 進行經濟抵制　　　　　(B) 召回派駐之使節
(C) 開除乙國會籍　　　　　(D) 派維和部隊攻擊

30. 永續發展之定義為：能滿足當代需求，同時不損及後代子孫滿足其本身需求的發展；此項發展應考量公平性、永續性、共同性等三個原則。下列何者與永續發展的關聯性**最低**？
    (A) 管制野生生物的國際貿易
    (B) 強化原住民及其社區之角色
    (C) 崇尚競爭並且尊重市場機能之運作
    (D) 消滅貧窮並且保護及增進人類健康

31. 由於全球氣候暖化使得小麥歉收，消費大眾因此預期小麥價格將持續上揚。請問這對當前小麥市場所產生的效果為何？
    (A) 使供給減少、需求增加，因此價格上升
    (B) 使供給減少、需求增加，因此交易量增加
    (C) 使供給量減少、需求量增加，因此價格下降
    (D) 使供給量增加、需求量減少，因此交易量減少

32. 下列是有關政府管制市場量價的敘述。在有效管制下，以下何者正確？
    (A) 政府干預市場之目的在更有效的應用生產資源，以提高經濟效率
    (B) 數量管制將影響生產者與消費者，並進一步降低該國之經濟福利
    (C) 實施價格上限時，市場交易價格高於均衡價格，造成供過於求的情形
    (D) 在價格管制下，經由市場機能的運作，市場交易價格將與均衡價格一致

33. 若世界只有甲、乙兩國，而且針對汽車進行自由貿易；甲國為出口國，乙國為進口國。下列是與兩國汽車市場貿易相關的敘述，請問何者正確？

(A) 貿易前，甲國國內汽車之價格較乙國高，但貿易後兩國國內價格趨於一致

(B) 貿易前，甲國國內汽車之產量較乙國高，但貿易後兩國國內產量趨於一致

(C) 貿易後，甲國的生產者剩餘較之前提高，乙國的消費者剩餘較之前提高

(D) 貿易後，甲國的消費者剩餘較之前提高，乙國的生產者剩餘較之前提高

34. 已知大發公司是外商在臺灣設立，老闆是外籍人士約翰，他為了節省成本，購買二手電腦供員工使用。雖然該公司之產品深受消費者喜愛，不過在生產過程中亦產生破壞環境的負效果。下列有關約翰的行為與大發公司的營運狀況何者正確？

(A) 約翰購買二手電腦的消費支出計入當年度臺灣之綠色 GDP

(B) 大發公司在臺灣的生產總值計入當年度臺灣之綠色 GDP

(C) 大發公司員工之薪資不計入當年度臺灣之 GDP

(D) 臺灣消費者購買大發公司產品的支出不計入當年度臺灣之 GDP

35. 某條河流上游有一間造紙廠，下游有一個魚類養殖場。造紙廠生產時會排放廢水，污染河流並影響養殖場魚類之存活率，而且污染程度愈高，魚類之存活率愈低。下列的相關敘述，何者正確？

(A) 若政府可出售污染排放權並允許廠商轉售，可降低或解決此種外部效果之問題

(B) 若外部成本之問題未獲解決，則造紙廠產品之價格將會比獲得解決時的價格高

(C) 即使造紙廠與魚類養殖場相互持有對方股權，對於解決此外部效果也沒有幫助

(D) 若增加更多的造紙廠，可增加廠商之間的競爭性並進一步解
　　決該廠之外部效果

36. 某經濟體系的勞動力為 1000 人，非勞動力為 200 人，就業人口
　　為 950 人，失業人口為 50 人。若就業人口中有 100 人因就學而
　　離開工作，請問此對勞動力、非勞動力與失業率的影響為何？
　　(A) 勞動力下降、失業率下降
　　(B) 非勞動力上升、失業率下降
　　(C) 勞動力上升、失業率上升
　　(D) 非勞動力上升、失業率上升

37. 為追求人生的第一個一百萬儲蓄，時薪 300 元的小明每餐固定
　　支出 80 元，某日因看病請小華代班 3 小時，看病診費用為 200
　　元，其中 100元 由保險給付。事後小明請小華吃 250 元商業午
　　餐作為答謝，自己同時也吃了一客。請問小明此次看病的機會
　　成本為多少？
　　(A) 1350 元　　　　　　　(B) 1420 元
　　(C) 1500 元　　　　　　　(D) 1600 元

38-39 為題組

下表為甲、乙、丙三個國家在 2006 年至 2010 年間的消費物價
指數（CPI）：

西元	2006	2007	2008	2009	2010
甲國	100	98	104	107	109
乙國	96	100	105	108	110
丙國	110	112	115	118	120

38. 根據上表以及 CPI 的編制方式，請問下列敘述何者正確？
    (A) CPI 是以所採樣商品的價格為權數，利用加權平均的方式
        進行計算
    (B) 甲、乙兩國 CPI 的基期分別為 2006 年與 2007 年，丙國則
        為 2005 年
    (C) 在 2010 年丙國的 CPI 最高，顯示該年丙國的 GDP 也高於
        甲、乙兩國
    (D) 一般以 CPI 的變化作為顯示生活成本變化以及調整薪資的
        參考

39. 根據表中內容以及通貨膨脹對經濟體系的影響，請問下列敘述
    何者正確？
    (A) 2010 年，甲國的物價上漲率最高、乙國次之，丙國的物價
        上漲率最低
    (B) 自 2007 年起至 2010 年為止，甲、乙、丙三國每年均出現
        物價上漲的現象
    (C) 通貨膨脹會引起所得與財富重分配效果，有利於債權人、
        不利於債務人
    (D) 廠商因通貨膨脹而須重印價目表與郵寄新型錄給客戶的成
        本稱為廣告成本

二、多選題（22 分）

說明：第 40 題至第 50 題，每題有 5 個選項，其中至少有一個是正
      確的選項，請將正確選項畫記在答案卡之「選擇題答案區」。
      各題之選項獨立判定，所有選項均答對者，得 2 分；答錯 1
      個選項者，得 1.2 分；答錯 2 個選項者，得 0.4 分；答錯多於
      2 個選項或所有選項均未作答者，該題以零分計算。

40. 在上個世紀中葉，美國黑人透過一系列的杯葛、靜坐、遊行等公民不服從行動，爭取享有與其他種族一樣的民權。關於「公民不服從」的意涵，下列敘述何者正確？
    (A) 公民不服從的方式往往是採取非暴力抗爭
    (B) 採取公民不服從行動時仍須謹守法律規範
    (C) 公民不服從的理念強調人民有權可以挑戰惡法
    (D) 公民不服從必須以符合社會多數人之利益為目標
    (E) 公民不服從的參與者可能仍會受到法律的制裁

41-42 為題組

民主體制國家在制訂公共政策時，常涉及需要調整公益、特殊利益或者私益之間的界線問題，而此調整過程有時候必須經過很多利害關係人的公開討論與充分協商。

41. 下述事例中，哪些符合公開討論或協商的精神？
    (A) 都市更新計畫在發布實施前，依法召開公聽會，廣納建言
    (B) 環境影響評估公聽會召開時，依法定程序開放各界民眾旁聽發言
    (C) 在立法院會期結束前，各黨團召集人加速協商，決定通過多項法案
    (D) 在討論是否調整法定基本工資時，僅邀請贊成上調工資的代表來進行決議
    (E) 政府擬改變公墓用地用途，規劃將墳墓遷移他處，並於公墓現場豎立限期遷葬公告

42. 制訂公共政策時，如果缺乏公開討論與協商，或此過程受阻，則可能醞釀社會不滿與造成衝突。以下事例中何者屬上述原因造成的衝突？
    (A) 某政府官員在辦理公開招標時試圖索賄，但被未能得標的廠商向廉政機構檢舉貪污

(B) 觀光局開放觀光客上山，造成原住民部落生活困擾，居民選擇阻擋通路並燃火抗議

(C) 政府單方面降低多項農產品進口關稅，眾多農民恐收入受損而包圍農委會要求補救

(D) 某社會團體不滿政府辦理社會福利效率太差，決定自己募集善款成立基金救濟貧戶

(E) 某國營事業違法排放污水，民眾多次與其開會要求改善無效，故封鎖工廠迫其停工

43-44 為題組

小明閱讀某國勞工史時，讀到一段女性的個人生命史：「這 30 年來，社會沒有什麼進步，跟我當年的情況相同，那時我 11 歲還沒畢業，就跟大家一樣，為了讓兄弟讀大學，去工廠做工。最近兩年景氣不好，公司生意差，雖然我年資已將近 30 年，公司還是要我們自動辭職，大家都覺得這樣很不合理，但沒辦法只能辭職。我安慰自己說也好，不上班可以把小孩照顧得較周到。只是大家都說沒賺錢的人，沒資格講話，總覺得自己在家裡比較沒地位啦！」

43. 依據上述個人生命史，下列對於該國勞動狀況敘述的推論哪些正確？
(A) 該國之男性勞動參與率較女性高
(B) 該國失業問題相較他國更為嚴重
(C) 該國勞動參與受其性別角色之影響
(D) 該國存在輕忽家務勞動價值之現象
(E) 該國低教育程度者勞動參與率愈高

44. 依據上述個人生命史，下列對於該國人權發展與現實敘述的推論哪些正確？

(A) 該國未能落實兒童人權之保障

(B) 該國女性仍未享有平等參政權

(C) 該國基本工資低有損勞工權益

(D) 該國勞工缺乏維護權益之集體行動力

(E) 該國政府未能落實保障企業之生存權

45. 憲政主義的理念在於透過憲法保障人民自由,限制國家權力。當憲法所保障之基本權利遭受國家侵害時,違憲審查制度即發揮保障作用。依據現行法律規定,下列有關我國違憲審查制度之敘述哪些是正確的?

(A) 司法院大法官組成的憲法法庭,是唯一有權審查法令是否違憲的機關

(B) 人民對於確定終局判決認為侵犯其憲法權利時,對此判決本身可以聲請釋憲

(C) 機關為解決權限爭議而聲請釋憲,並無需提起具體訴訟,屬抽象審查

(D) 司法院大法官以會議方式合議審理釋憲案,必要時,得行言詞辯論

(E) 違憲審查之對象為法律或命令,但實務上已擴張至憲法增修條文

46. 成年人某甲結識 19 歲某乙,某乙常隨某甲進出某甲租屋處,其後甲乙不和,一日某乙趁某甲外出時潛入其住處,在浴室與床邊偷裝針孔攝影機,隨後將錄得影像在網路上公開,某甲因此身心受創。以下敘述在法律上何者正確?

(A) 甲與乙為朋友,常客某乙雖未經某甲同意,潛入其住處,尚不構成犯罪

(B) 某乙未經某甲同意潛入其住處並偷裝針孔攝影機,業已構成侵權及犯罪

(C) 某乙因尚未成年無須負擔刑事責任，但仍須為其所為負起民
事侵權責任

(D) 某乙因享有著作及出版自由，自得將其所錄得某甲之影像在
網路上公開

(E) 某乙將所錄得某甲之影像公開，侵害某甲隱私權，須負起民
事賠償責任

47. 2003 年立法院通過《公民投票法》，使得繼選舉、罷免權後，
在憲法賦予人民之創制權與複決權，亦取得具體實踐的法律依
據。關於前列權利行使的敘述，哪些正確？

(A) 公民投票屬於直接民主的一種型態，其可以彌補代議制度的
失靈與不足

(B) 選舉、罷免權行使範圍涵蓋中央與地方，公民投票行使僅止
於地方事務

(C) 選舉、罷免權行使對象主要是「人」，而公民投票行使對象
主要是「事」

(D) 公投提出有公民連署、立院提案、總統交付等方式，提出即
可交付公投

(E) 公民投票法通過後，我國僅有澎湖、馬祖離島博奕公投的具
體實施經驗

48. 在某國，「人們可否合法擁有槍枝」是長期以來具高度爭議性
之議題。該國四大報社皆採「隨機抽樣」方式，且用相同的電
話訪問方式進行民意調
查，假設這四次調查的
訪問成功率相似且執行
調查時間相近，結果如
右表所示，試問下列哪
些敘述較正確地反映表
中民意調查的意涵？

	甲報	乙報	丙報	丁報
贊成	47%	42%	48%	42%
反對	35%	32%	33%	43%
未表態	18%	26%	19%	15%
樣本數	1368	1067	1765	585

(A) 四大報社的民意調查結果相近，皆偏向 J 型分布

(B) 乙報未表態的比例較高，可能與其問卷設計有關

(C) 若舉辦公民投票，其結果會由贊成票佔過半多數

(D) 按抽樣方法，這些民調皆具代表性但代表程度不一

(E) 丁報可能因抽樣樣本數較少而與其他報社差異較大

49. 買賣股票為常見的理財方式，不過也會因景氣的變化而讓股票投資者面對較高的風險，請問以下有關股票的敘述哪些正確？

(A) 股價指數上揚時，表示所有個別股票的價格上漲

(B) 股票沒有特定的到期日，顯示公司經營不會倒閉

(C) 股價漲跌的資本利得或損失為持有股票的報酬之一

(D) 股價過度高於其應有價值為股市泡沫化的可能成因

(E) 政府可發行股票並透過此方式融通政府的預算赤字

50. 使用貨幣可以讓交易更為順暢，但貨幣的過度發行也會為經濟帶來不利的影響。請問以下與貨幣相關的敘述哪些正確？

(A) 貨幣由中央銀行發行，但貨幣政策則由財政部制定

(B) 解決交易雙方欲望無法相互配合問題，為貨幣之交易媒介功能

(C) 降低經濟體系商品交換比率的個數，為貨幣之價值儲存之功能

(D) 商品與貨幣的交換比率稱為物價，貨幣間之兌換關係稱為利率

(E) 透過控制貨幣供給數量或調整利率的方式，可以穩定物價水準

104年度指定科目考試公民與社會考科試題詳解

一：單擇題

1. **A**

【解析】 (B) 不完全正確。

原住民為中華民國國民，受中華民國國內一切與國民權利義務有關的法律保障，但新移民配偶需滿足《國籍法》第4條特殊歸化的要件，即需滿足每年合計有183日以上合法拘留並連續滿3年以上，還需要滿足有行為能力、無犯罪記錄、有專業能力足以自立、具備基本語言能力等條件，才能歸化為我國國民，享有與我國國民一樣的基本權利，負擔義務，享有同樣的法律保障。

(C) (D) 無論是原生於臺灣的臺灣人民或來自各國的新移民，都應該該抱持開放、尊重的態度面對他文化，才是多元文化社會的基本價值。

2. **D**

【解析】 (D) 在庫克船長「發現」澳洲以前，澳洲便已有原住民：毛利人。但1970澳洲政府針對此事「紀念」這位被喻為「澳洲之父」的船長，很明顯忽略了原生民族居住於澳洲的事實，反應了白種人自身的種族中心主義，故選 (D)。

3. **D**

【解析】 (A) 按圖，2006-2009年間的歇業率高於創業率。

(B) 大企業財團所佔的比例應會與創業率成反比，換言之，按圖所示，我國創業率自 1992 年起原則上都呈現下滑的趨勢，僅有 2001 年有稍稍回溫，代表我國大財團所佔的比例應屬於上升才是。

(C) 整體經濟環境的變化才是造成一國內歇業率上升或下降的關鍵，應通盤檢討，而不是化約的歸因給年輕人的抗壓性。

(D) 1992-2001 年創業率下滑，代表透過自行創業的企業家數比例下滑，換句話說，自己當老闆的人相對來說不斷變少，透過自行創業向上流動的機會的確存在下降的趨勢。

4. **D**

【解析】 (A) 本表僅提供月收入大致上的區間，難以計算平均月受入，以「超過 6 萬元」一欄為例，月收入 60,001 元與月收入 600,001 元都屬於本欄，是故難以計算平均月收入，僅能說大學畢業取得 6 萬元以上的比例高於高中畢業者。

(B) 本題未提供高中畢業與大學畢業兩者的人口基數，僅從皆為 50％的比例，無法計算兩者分別的人口數。

(C) 「就業比例」應是「就業人口」與「該學歷畢業總人口」的比值，本題皆未提供，無法計算。

5. **B**

【解析】 (A) 急難救助適用於弱勢族群，相對來說，社會保險的適用對象相當廣泛。

    (C) 社會保險強調使用者付費，並依照負擔能力原則分
        擔保險費，急難救助則沒有這樣的概念。

    (D) 社會保險原則上由入保人、雇主等共同承擔保費，
        政府僅補助部分金額。

6. **C**

【解析】 (A) 健保是否會面臨虧損，事實上與健保制度本身的
        設計有關，同時也無法與入保人的就醫習慣脫鉤，
        不可單純認為全民入保就一定使得健保面臨嚴重
        虧損。

    (B) 強制入保使風險由多數人共同承擔。

    (D) 分級付費的概念來自負擔能力原則，負擔能力原則
        乃是為了縮小社會貧富差距等外部成本而設計。

7. **D**

【解析】 (A) 甲國男性的勞動參與率低於乙國男性。

    (B) 本題未提供家務參與資料。

    (C) 乙國女性的勞動參與率低於甲國女性。

8. **B**

【解析】 (A) 市場進入寡佔或獨佔的狀態時，該市場的競爭力將
        下降。

    (C) 本題的甲財團市佔率高於同業，難以要求該財團擁
        有的媒體自律。

    (D) 獨佔、寡佔市場中，由於商品或服務缺少可與之競
        爭的相似產品或服務，而產生商品品質下降，但價
        格卻上升的狀態。

9. **D**

　【解析】 (A) 平等原則指的行政機關為行政行為或處分時，必須「相同事物做相同處理，不同事物做不同處理」。

　　　　　(B) 比例原則又稱「最小侵害」原則，指行政機關為處分行為時應該考量適當性、必要性，並採取對人民造成最輕微的損害的手段來達成處分的目的。

　　　　　(C) 誠實信用原則乃指行政機關為行政行為時，應以誠實、有信用的手段方法進行。誠實信用原則又包含幾個子原則，如「權利濫用禁止」、「禁反言」等。

　　　　　(D) 公正原則乃指公務員代表政府為行政行為，乃是謀求國家社會的整體利益，不應藉此追求私人利益。是故，基於公務員的業務性質，如遇有利益衝突時，應主動申請迴避。

　　　　　故本題應選 (D)。

10. **A**

　【解析】 (B) 特種買賣泛指無實體店面的交易行為，此類買賣沒有無過失責任的適用。換言之，特種買賣業者如電視購物臺，並不能以出售的商品無瑕疵等為由對抗消費者的退貨請求。

　　　　　(C) 我國消費者保護法所規定的特種買賣審閱期應為 7 日。

　　　　　(D) 如電視購物臺拒絕退貨，甲應申訴之機關應為「行政院消費者保護委員會」申訴。

11. **D**

　【解析】 (A) 早年的《少年事件處理法》的確是管教與處罰並

重，但本法歷經八次修訂，以轉變成保護主義色彩濃厚的「以保護替代監禁」、「以教育替代處罰」的邏輯，故本選項不宜選擇。

(B) 本案應以犯罪行爲人（即加害人）之年齡做認定，而非被害人，故不應以小文的年齡作爲認定標準來判斷適用《刑事訴訟法》。

(C) 本案爲少年事件，調查權應屬少年調查官，且檢察官無權「裁定」法院進行審理，應使用「起訴」。

12. **C**

【解析】 (A) 我國早年的《家庭暴力法》僅適用於夫妻，但近年來的修法已不再以是否有夫妻關係視爲必要條件，而擴張至有同居關係即可是用，換言之，男女朋友、同性伴侶者都得因此適用本法。

(B) 無論是哪種形式的暴力案件，都同時兼有民、刑事責任的承擔可能。

(D) 保護令的核發僅能透過法院，檢察官無權過問。

13. **C**

【解析】 違建案件依照各地方政府《都市計畫法施行細則》的認定，按照違建起建時間點，可分爲「既成違建」與「新違建」，無論是哪一種違建皆要拆除，只是基於公務體系的人、物、財力，「新違建」優先拆除，「既成違建」次拆，不存在不拆的狀況，並不違反。

(A) 並不存在「選擇性執法」的狀況。

(B) 「信賴保護原則」適用於合法且適法的狀況，故不適用於非法的違建案件。

(C) 正解。

(D) 「憲法上的權利」指的是人民基本權利，與本題較
　　無關。換言之，若民眾不服拆除處分，依然可以財
　　產權受到侵害等為由向行政機關提起訴願，故憲法
　　所提供之受益權其實並未受到侵害。

14. **C**

【解析】　按我國民法 1077 條規定，養子女與養父母間的關係與
　　　　　「婚生子女」相同，故民法 1138 條關於繼承順序的「直
　　　　　系血親卑親屬」自然包含養子女，養子女當然成為除了
　　　　　配偶外的第一順位的繼承人。故本題 (C) 為正解。

15. **A**

【解析】　本題可採用兩種救濟程序，一是行政救濟，二是民事
　　　　　救濟。
　　　　　行政救濟是公民、法人或相關組織以相對人的身分，
　　　　　對環境行政管理機關提出對具體環境行政行為不服的
　　　　　請求，其法源依據為《環境影響評估法》與《行政訴
　　　　　訟法》。
　　　　　民事救濟則是侵害發生後，受侵害的相對人（本題為居
　　　　　民），向侵害人（本題為乙公司）提出民事賠償之訴，
　　　　　法源依據為《環境影響評估法》與《民事訴訟法》。在
　　　　　條件許可時，亦可向環境管理機關提出國賠訴訟。

(A) 符合以上敘述，為正解。

(B) 侵權行為的被告應為乙公司。

(C) 行政訴訟的被告應為甲政府機關。

(D) 國賠案件的被告應為甲政府機關。

16. **B**

【解析】 本題在考刑法阻卻違法事由，需注意「阻卻違法事由」性質上屬於「負面構成要件」，換言之，當事人的行為滿足刑法的構成要件，如故意、過失等，但因同時滿足「阻卻違法事由」而使得該行為不具有違法性，因而脫離犯罪的概念，不罰。

「阻卻違法事由」共有五種情況：依法令的行為、公務員依上級命令的職務行為、業務上的正當行為、正當防衛、緊急避難。本題屬於緊急避難。

(A) 救人本身就是毀損房門的故意。

(B) 正解。

(C) 「未遂」指犯罪行為未達成預定目標，本題房門已經確實被損壞，應屬「既遂」，而非「未遂」。

(D) 並非因為年齡而得以減刑，而是存在阻卻違法事由。

17-18 為題組

17. **B**

【解析】 本題在測驗「妨害性自主」的觀念。如題，丁女 15 歲，符合刑法第 227 條妨害性自主的年齡要件，需注意妨害性自主罪的成立，兩情相悅等事由並不成立阻卻違法，只要符合該條的年齡條件就違法。

(A) 兩情相悅不是妨害性自主罪的阻卻違法事由，依然要受罰。

(B) 正解。

(C) 民事與刑事責任是獨立的，若民事部分和解，其效力也僅只於民事，刑事部分不受影響。

(D) 丙男尚未年滿 18 歲，屬於少年事件，應由少年調查官進行調查工作。

18. **C**

【解析】小戊出生時，丙男與丁女兩人並不在婚姻關係存續中，故小戊為兩人的非婚生子女。

丁女為小戊的生母，基於分娩的事實，小戊為丁女的「準婚生子女」。

丙男如果不與丁女結婚，或者不存在撫育、認領小戊的事實，丙男僅為戊子的生父，具有血緣關係，但沒有法律上關係。

(A) 僅有血緣無法當然成為婚生子女，兩者概念並不相同。

(B) 本選項並不完全正確，我國目前已屬登記婚，已非儀式婚，是故，本選項僅表示補行婚禮，無法確認丙丁是否已完成結婚登記，故不妥適。

(C) 正解。

(D) 「準婚生子女」視為婚生子女，但只適用於丁女，不適用於丙男。

19. **D**

【解析】題目敘述為「有限政府」，故應選擇與「政府依特定法令為行政行為」有關的選項，其中僅有 (D) 選項為政府（日本首相安倍）依照特定法律的行政行為（解散國會進行改選），故選 (D)。

20. **B**

【解析】(A) 並非「合法性」，宜改為「正當性」。

(B) 正解。

(C) 依我國憲法增修條文,「經濟」宜改為「兩岸關係」。

(D) 國會無閣揆的任命同意權,閣揆的任命同意權專屬於總統。

21. **A**

【解析】 本題需先區分「政務官」與「事務官」。「政務官」大多屬於部會首長,「事務官」則屬於透過國家考試銓敘的主管級公務人員。本題的單位皆隸屬於中央政府的行政院,「政務官」部分包含:1、2、5、6,「事務官」則為 3、4、7、8。

(A) 1、2、5、6 屬於政務官,需隨政黨輪替下台,正解。

(B) 2、5 屬於政務官,需承擔政治責任,3、8 屬於事務官,需承擔行政責任。

(C) 3、7、8 屬於事務官,屬於考試任用的文官,6 屬於政務官,與國家考試無關。

(D) 4、8 屬於事務官,無法享受政務官退職優惠。

22. **C**

【解析】 本題重點在於區分甲、乙、丙分屬哪三種民主理論,如下:

甲、審議式民主理論:多元民主理論的修正/20 世紀的 90 年代

乙、菁英民主理論:古典民主理論的修正/19-20 世紀

丙、多元民主理論:菁英民主理論的修正/20 世紀的 50 年代

排序為乙→丙→甲,選 (C)。

23. **C**

【解析】 本題測驗選項中的各單位，其主管機關屬於中央或地方。

(A) 國家公園的主管機關為行政院內政部，屬於中央。

(B) 地方公務員特考由考試院舉辦，屬於中央。

(C) 自行車租賃系統由台北、新北市管理，屬於地方。

(D) 所得稅為國稅，需向行政院財政部國稅局繳納，屬於中央。

24. **B**

【解析】 (A) 中華人民共和國的核心是中國共產黨，而該黨的決策核心為中央政治局，非全國人民代表大會。

(B) 正解。《中華人民共和國憲法》第 79 條，規定國家主席任期不得連續超過兩屆。

(C) 集體領導與權力分立的概念有程度上的差距，中華人民共和國的集體領導主要還是針對國家事務的分工，而非分權制衡的概念實踐。

(D) 制度化與政治民主化有一定的差距，中國共產黨針對重要政治事務目前沒有讓人民作主的跡象。

25. **D**

【解析】 (A) 「絕對多數」應改為「相對多數」。

(B) 「絕對多數」應該為「相對多數」;「獨立參選人」改為「兩黨參選人」。

(C) 單一選區兩票制的設計利於大型政黨，對不夠具知名度的小黨較不利。

(D) 正解。

26-27 為題組

26. **B**

【解析】 (A) 「自由主義」主張政府不宜過度干預經濟發展，文中反對「經濟合作協議」者剛好持相反立場，主張政府應進行干預，以修正市場失靈所造成的外部成本。

(B) 正解。

(C) 「保守主義」的特色在於傳統價值的維護，與本題較無涉。

(D) 「第三條路」由英國政經學院院長紀登斯（Anthony Giddens）於 1998 年提出，乃試圖超越左派「社會主義」與右派「自由主義」的意識型態論戰的折衷主張，不過受到一定程度的批判，目前此一主張已逐漸式微。

27. **A**

【解析】 題目文中有「擬與周邊…」字樣，故應尚處於規劃階段，選 (A)。

28-29 為題組

28. **C**

【解析】 題目本文的敘述未提及族群衝突，僅敘述政治權力運作下所導致的區域衝突，故不宜選 (A)，宜選區域政治權力失衡的 (C)。

29. **A**

【解析】 (A) 正解。

(B) 聯合國未派駐使節。

(C) 開除會藉需透過聯合國安全理事會的提議，且安理會會員國有否決權，執行的困難度高於 (A)。

(D) 違和部隊的任務爲執行停火協議等，無法執行主動攻擊任務。

30. **C**

【解析】 永續發展共有三個面相：經濟面的永續發展、社會面的永續發展與環境面的永續發展，分別爲 (D)、(B)、(A) 選項所描述的內容。

(C) 選項的敘述偏重市場，無法處理市場機制所產生的外部成本，理應將使永續發展難以實現。

31. **A**

【解析】 按題目所述，消費大眾預期小麥價格會持續上揚時，供給者會減低供給以賺取日後更高的利潤，故選 (A)。

32. **B**

【解析】 (A) 干預市場不外乎是爲了保護特定對象，可能是消費者也可能是生產者，或保護特定產業、解決外部成本等問題，其目的是爲了整體經濟社會更公平，而不是如選項所述僅是爲了資源的有效運用。

(B) 正解。數量管制對於消費者而言，將使得消費者面對市場供不應求的狀況，而付出較原先高的金額；對生產者而言，雖然單價上升，但受到數量管制的影響，總體利潤亦下降。綜合兩者，即是降低該國的經濟福利。

(C) 價格上限將使得價格低於均衡價格，使需求大於供給，與選項敘述相反。

(D) 價格管制將使得價格制定不受市場機制影響，因此市場價格將無法與均衡價格一致。

33. **C**

【解析】 按題目敘述，若分成貿易前與貿易後兩個時間點：

貿易前，甲國出口，乙國進口，代表甲國較具有比較利益，甲國汽車成本與售價可能都低於乙國，才會使甲國出口給乙國。

貿易後，甲乙兩國的售價將趨於一致，換言之，甲國價格將逐漸上升，使得甲國的生產者剩餘逐漸提高，而乙國的價格將逐漸下降，使得乙國的消費者剩餘提高。

符合上述的僅有 (C) 為正解。

34. **B**

【解析】 (A) GDP 與綠色 GDP 都只計算當年度的新產出，二手電腦不屬於當年度產出，故不得計入。

(B) 正解。因「…在台灣設立」，所以應計入台灣的綠色 GDP。

(C) 應包含員工薪資。

(D) 消費者購買產品的支出亦應被包含在 GDP 內。

35. **A**

【解析】 (A) 正解。

(B) 應把「價格高」改為「價格低」，因解決外部成本前廠商並不用增加額外成本來解決污染問題。

(C) 互相持股當然有助於解決污染問題。

(D) 理論上來說，僅增加更多的造紙廠增加彼此的競爭
　　關係，無助於解決外部成本，反而擴大此一外部成
　　本。應提出如何藉由增加競爭關係使外部成本內部
　　化的具體做法，才會是正解。

36. **D**

【解析】 「勞動力」是「就業人口」與「失業人口」的加總，而
「就學人口」既不屬於「就業人口」也不屬於「失業人
口」，所以不得計入「勞動力」，應計入「非勞動力」。

※ 100 人就學離開工作前：

勞動力 = 950 + 50 = 1000 人

失業率 = 50/1000 × 100% = 5.00%

非勞動力 = 200 人

※ 100 人就學離開工作後：

勞動力 = (950 − 100) + 50 = 900 人

失業率 = 50/900 × 100% = 5.56%

非勞動力 = 200 + 100 = 300 人

故勞動力下降，非勞動力上升，失業率上升，選 (D)。

37. **B**

【解析】 機會成本是外顯成本（或稱會計成本）與隱含成本的
加總，本題外顯成本與隱含成本如下：

外顯成本 = (200 − 100) + (250 + 250) − 80 = 520 元

隱含成本 = 300 × 3 = 900 元

故機會成本為 520 + 900 = 1420（元），選 (B)。

<u>38-39 為題組</u>

38. **D**

【解析】 (A) 不是以採樣商品的「價格」為權數,而是以採樣商品的「數量」為權數。

(B) 基期的 CPI 必定為 100,丙國未提供 2005 年的資料,無法得知是否為基期。

(C) CPI 是相對於本國基期的物價變動狀況,與 GDP 無關,也無法與他國比較。

(D) 正解。物價變動的幅度是計算消費者生活成本與薪資調整的參考。

39. **A**

【解析】 (A) 正解。

第 n 年物價上漲率 = 第 n 年 CPI – 第 (n – 1) 年 CPI /第 (n – 1) 年 CPI × 100%

按此公式計算 2010 年各國物價上漲率,如下:

甲國:(109 – 107)/107 × 100% = 1.87%

乙國:(110 – 108)/108 × 100% = 1.85%

丙國:(120 – 118)/120 × 100% = 1.67%

故按照物價上漲率的高低排列依序為:甲國>乙國>丙國。

(B) 甲國 2007 年物價下跌。

(C) 通貨膨脹表示物價上漲,意即同樣面額的貨幣可換得的貨品數量變少,故不利於債權人,但有利於債務人。

(D) 廣告成本應改為菜單成本。

二、多選題

40. **ACE**

【解析】 (B) 公民不服從是以公開的行動對抗法律，而非守法。

(D) 並非一定是「多數人」的利益，但一定是「公共利益」。

<u>41-42 爲題組</u>

41. **AB**

【解析】 (C) 各黨團召集人的協商未開放給公眾或專家等參與，不符合公開討論或協商的精神。

(D) 僅邀特定立場者參與協商，不符合公開討論或協商的精神。

(E) 直接擬定計畫並公告，沒經過公開討論或協商的程序。

42. **BC**

【解析】 (A) 公開招標案本就不需經過公開討論或協商，賄絡更是違法行爲，因此權益受損的廠商檢舉，乃是希望政府能負起法律責任，而非爲了公開討論或公開協商。

(D) 該社會團體是爲了解決政府部門的處理速度，而不是爲了與政府部門討論或協商政府政策的方向。

(E) 本選項是有經過公開討論協商，但無成效，只好尋求另一種解決事情的方式。

43-44 為題組

43. **CD**

【解析】 (A) (B) (E) 三選項皆無法由上文敘述中得知。

(C) 由「公司辭退女性員工」得知。

(D) 由「只是大家都說沒賺錢的人，沒資格講話，總覺得自己在家裡比較沒地位啦！」得知。

44. **AD**

【解析】 (A) 由「11 歲還沒畢業就到工廠做工」得知。

(B) (C) (E) 無法從上文敘述中得知。

(D) 由「大家都覺得這樣不合裡，但沒辦法指能辭職」得知。

45. **CDE**

【解析】 (A) 應改為「大法官會議」，而非「憲法法庭」。

(B) 違憲審查是抽象的法規審查，具體案件無法申請違憲審查。

46. **BE**

【解析】 (A) 只要未得甲同意，進入甲的租屋處即構成違法。

(C) 乙已滿 18 歲，屬於完全責任能力人，應負起完全的責任能力。

(D) 著作與出版自由必須具有「原創性」，偷拍因不具有「原創性」無法受到著作與出版自由的保障。

47. **AC**

【解析】 (B) 公民投票亦包含全國性事務。

(D) 並非提出即可交付公投，而是需經過公投審議委員會審查通過後成案，成案後尚需經過連署，連署人數達提案時最近一次總統、副總統選舉選舉人總數百分之五以上，方可以進行正式投票。

(E) 2004、2008 年曾舉辦舉辦過全國性公投，2008 年高雄也曾舉辦過地方性公投。

48. BDE

【解析】 (A) 贊成與反對都未超過 50%，未取得絕對多數。

(C) 但看民意調查，贊成者無法過半，但須注意民調與實際投票結果存在一定程度的落差。

49. CD

【解析】 (A) 股價指數是總體股市的平均，無法從總體確定個別股是否皆上漲。

(B) 無特定到期日的意思是股東所認之股份，並沒有規定公司可在一定期間後取回，與公司自行營運狀況的倒閉與否無關。

(E) 政府發行的應為債券。

50. BE

【解析】 (A) 貨幣政策亦由中央銀行制定。

(C) 應為貨幣之「計價單位功能」，非貨幣之「價值儲存功能」。

(D) 「物價」應該為「商品價格」；「利率」應改為「匯率」。

104 年大學入學指定科目考試試題
物理考科

第壹部分：選擇題（占 80 分）

一、單選題（占 60 分）

說明：第 1 題至第 20 題，每題有 5 個選項，其中只有一個是正確或
最適當的選項，請畫記在答案卡之「選擇題答案區」。各題答
對者，得 3 分；答錯、未作答或畫記多於一個選項者，該題
以零分計算。

1. 某生以直立、盛水的共鳴管進行空氣中聲波速率測量之實驗。當
共鳴管中水面接近管口時，在管口外敲擊音叉，並逐漸降低水面。
當水面降至與管口距離為 H_1、H_2、H_3 的時候，分別聽到第一、第
二、第三次的共鳴聲響，則下列何者最接近當時聲波的波長？
   (A) H_1 (B) $2H_1$ (C) $H_2 - H_1$
   (D) $H_3 - H_1$ (E) $\dfrac{H_3 - H_1}{2}$

2. 在測量物質比熱的實驗中，使甲、乙、丙、丁、戊五個不同的材
料分別吸收相同的熱量，已知所有材料均未出現相變，且它們的
質量和溫度上升值如表一，則這五個材料中，何者的比熱最大？
   (A) 甲
   (B) 乙
   (C) 丙
   (D) 丁
   (E) 戊

表一

材料	質量（g）	溫度上升值（K）
甲	3.0	10.0
乙	4.0	4.0
丙	6.0	15.0
丁	8.0	6.0
戊	10.0	10.0

3. 如圖 1 所示，一個水平放置的絕熱容器，
以一片可自由移動的絕熱隔板分隔爲兩室，
兩室中裝有同一種的單原子理想氣體。當
隔板達靜力平衡時，右室之絕對溫度爲 T，
且左室與右室氣體之原子個數比爲 3:1，

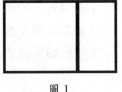

圖 1

體積比爲 2:1。若在不對氣體作功的情況下，將隔板打開使兩室
相通，則容器中的氣體最後達到熱平衡時之絕對溫度爲何？
(A) T　　　(B) $3T/4$　　　(C) $2T/3$　　　(D) $T/2$　　　(E) $T/3$

4. 有一束單色光由空氣以 45° 入射一個上下兩面均爲水平、厚度爲
d 的透明長方磚，其折射部分之光徑如圖 2 所示，入射區的入射
點與出射區的出射點之水平距離爲 s。假設所有的光線只在兩水
平界面發生折射與反射，則下列有關此長方磚的折射率及其與空
氣界面的敘述，何者正確？

(A) 長方磚的折射率爲 $\dfrac{d}{s}$

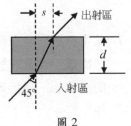

(B) 長方磚的折射率爲 $\dfrac{\sqrt{d^2+s^2}}{s}$

(C) 經兩界面反射而回原空氣入射區的光
線會相互平行

圖 2

(D) 若增大入射角時，則會在入射區的界面發生全反射

(E) 若同材質長方磚的厚度 d 增大時，則其折射率亦將增大

5. 某生在空氣中進行雙狹縫干涉實驗，測得中央亮紋寬度爲 ΔY_1，
若將完全相同的整套裝置移至水中進行實驗，測得中央亮紋寬度
爲 ΔY_2，則下列敘述或關係式，何者正確？
(A) 水中光波頻率增大　　　(B) 水中光波波長增長
(C) 水中光速增大　　　　　(D) $\Delta Y_2 < \Delta Y_1$
(E) $\Delta Y_2 > \Delta Y_1$

6. 光纖導管一般由中心的纖芯與包層所組成，並在其外塗上一層塗覆層來保護光纖，如圖3所示。光纖利用光的全反射傳播訊號，下列有關光纖的敘述何者正確？

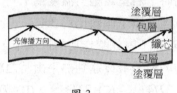

圖 3

(A) 沿著光傳播的方向，光纖的折射率需逐漸減少

(B) 沿著光傳播的方向，光纖的折射率需逐漸增加

(C) 光纖傳播訊號無法沿著彎曲形的導管前進

(D) 光纖的纖芯以真空取代後，光訊號可增強

(E) 光纖包層的折射率小於纖芯的折射率

7. 某生打籃球時在罰球線上立定向斜上方拋投，投入一個空心球。球從離手到進入籃框為止的過程中，其動能 K 隨距地面之高度 h 的變化圖，最接近下列何者？圖中虛線的箭頭方向表示過程的先後順序。

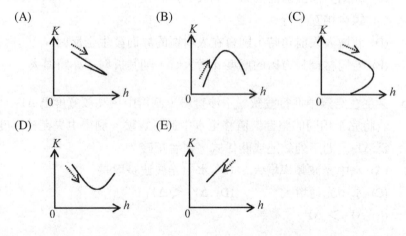

8. 在水平筆直的道路上，摩托車因太慢剎車而撞上正前方靜止等候紅燈的汽車，若摩托車開始剎車前的車速為 20 m/s，且警察在地面上量到碰撞前摩托車的直線剎車痕為 16 m。假設摩托車在剎車過程中輪胎鎖死而不轉動，且輪胎與路面的動摩擦係數為 0.8，忽略其他阻力，取重力加速度為 10 m/s²，則與汽車接觸前瞬間摩托車的車速為多少 m/s？

(A) 0　　(B) 6　　(C) 12　　(D) 24　　(E) 36

9. 一質量為 m 的人造衛星，在距離地心為 R 的高度，沿圓形軌道繞行地球，週期為 180 分鐘。設地球質量為 M，重力常數為 G，若欲將此衛星移至同步衛星的圓形軌道上繞行地球，則所需之最小能量為下列何者？

(A) $\dfrac{3GMm}{8R}$　　(B) $\dfrac{GMm}{4R}$　　(C) $\dfrac{GMm}{2R}$

(D) $\dfrac{5GMm}{8R}$　　(E) $\dfrac{3GMm}{4R}$

10. 若在慣性參考坐標系中觀察一物體的運動狀況，則下列敘述何者正確？
(A) 當物體作等加速直線運動時，其所受合力必為 0
(B) 當物體作等速圓周運動時，其所受合力必為 0
(C) 當物體靜力平衡時，其所受合力與合力矩均為 0
(D) 當物體所受合力與合力矩均為 0 時，物體必為靜止
(E) 當物體作等速圓周運動時，不論是否以圓心為力矩的參考點，其所受合力矩恆為 0

11. 在光滑水平面上，有甲、乙、丙三個金屬塊，質量分別為 m、$2m$ 及 $2m$，其質心成一直線，其中丙連接一理想彈簧，如圖 4 所示。

初始時，乙、丙為靜止，而甲以速度 v 向右與乙進行正面彈性碰撞，若所有金屬塊間的碰撞可視為質量集中於質心的質點間彈性碰撞，且彈簧質量可以忽略，則碰撞後，丙的最大速率為何？

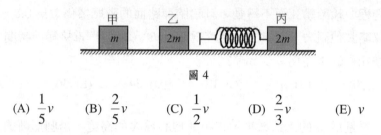

圖 4

(A) $\frac{1}{5}v$ (B) $\frac{2}{5}v$ (C) $\frac{1}{2}v$ (D) $\frac{2}{3}v$ (E) v

12. 下列有關物體或粒子與電磁場間的關係之敘述，何者正確？
    (A) 一個等速度前進的電子，能在其四周產生電場但無磁場產生
    (B) 一個等速度前進的質子，能在其四周產生磁場但無電場產生
    (C) 一個等速度移動的磁鐵，能在其四周產生電場但無磁場產生
    (D) 一個靜止的電子，能在其四周產生磁場但無電場產生
    (E) 一束等速度前進的光子，其四周伴有電場與磁場

13. 如圖 5 所示，在重力可忽略的環境中，某一粒子水平射向一條通有穩定電流的鉛垂長直導線，該粒子會因導線電流所產生的磁場而偏折，其路徑如虛線箭頭所示。下列推論何者正確？
    (A) 若該粒子為 α 粒子，則導線中的電流方向
        為由上往下
    (B) 若該粒子為 β 粒子，則導線中的電流方向
        為由上往下
    (C) 若該粒子為 γ 粒子，則導線中的電流方向
        為由上往下
    (D) 若該粒子為電子，則導線中的電流方向為由下往上
    (E) 若該粒子為光子，則導線中的電流方向為由下往上

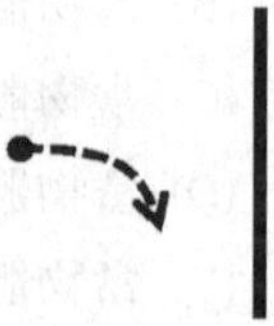

圖 5

14. 有兩片大小皆爲 0.50 m × 0.50 m 的帶電平行金屬薄板，其間距固
定爲 1.0 mm，電位差爲 100 V。若將一電量爲 $1.6 × 10^{-19}$ C 的電
子置於兩平行板的正中央，則此電子約受到多少牛頓的靜電力
作用？

(A) 0　　　　　　　(B) $1.6 × 10^{-17}$　　　　(C) $4.0 × 10^{-16}$

(D) $3.2 × 10^{-15}$　　　(E) $1.6 × 10^{-14}$

15. 某生拿一個具有 2.0 V 電動勢、內電阻爲 2.5 Ω 的充電器，對一
個可充電的電池進行充電，假設接線電阻可以忽略，則當電池電
壓爲 1.5 V 時，此充電電路的電流爲多少安培？

(A) 3.0　　　　　　(B) 2.0　　　　　　(C) 1.4

(D) 0.20　　　　　(E) 0

16. 圖 6 爲某一類型質譜儀的結構示意
圖，在兩平行電極板間有一均勻電
場 E，在電極板的右端有一阻隔板，
板上有一小孔只能讓沒有偏向的粒
子穿過，板後面有可偵測粒子的裝
置，整個儀器置於一射出紙面的均
勻磁場 B 內。帶電量 q 的粒子由電
極板的左端，對準小孔、平行於電

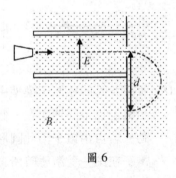

圖 6

極板射入，但粒子的初速未知，若重力可忽略，且在離小孔 d 的
位置測得粒子，則此粒子的質量 m 爲下列何者？

(A) $\dfrac{qdB^2}{2E}$　　　　(B) $\dfrac{qEd}{2B}$　　　　(C) $\dfrac{2qB^2}{Ed}$

(D) qEd　　　　　(E) qBd

17. 一列週期性繩波以 5.0 m/s 之速度，
沿 –x 方向傳播時，以致質輕細繩沿
著 y 方向振動。若以 y 代表細繩偏
離平衡位置的位移，則在 t = 0.20 s
時，繩上各點的位移，如圖 7 所示，

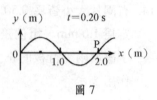

圖 7

則在 x = 2.0 m 處之 P 點的位移 y 隨時間 t 的變化關係，以下列何
圖所示較為正確？

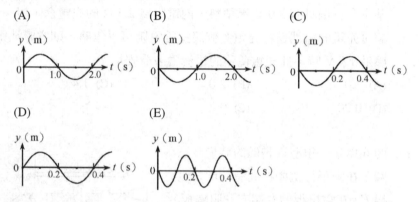

(A)   (B)   (C)

(D)   (E)

18. 假設波耳的氫原子模型中電子角動量量子化的描述，也適用於自
由電子以不同速率在一個半徑固定之微小圓形金屬線圈中的運
動。若自由電子沿此圓形金屬線圈運動的最低動能為 ε，則自由
電子在第一受激態時所具有的動能為下列何者？

(A) 2ε   (B) 4ε   (C) 6ε   (D) 9ε   (E) 12ε

19. 若有一個 α 粒子與某一個中子的動能均為 E，此動能也與某一個
光子的能量相等。考慮此 α 粒子與此中子的物質波及此光子的光
波，設 α 粒子與中子的質量分別為 4m 與 m，c 為光速，則此三
者的波長之比 $\lambda_{\alpha粒子} : \lambda_{中子} : \lambda_{光子}$ 為下列何者？

(A) $\dfrac{1}{\sqrt{8m}} : \dfrac{1}{\sqrt{2m}} : \dfrac{1}{\sqrt{E/c^2}}$ (B) $\dfrac{1}{\sqrt{4m}} : \dfrac{1}{\sqrt{m}} : \dfrac{1}{\sqrt{E/c^2}}$

(C) $\dfrac{1}{\sqrt{4m}} : \dfrac{1}{\sqrt{m}} : \dfrac{1}{\sqrt{E/c}}$ (D) $\dfrac{1}{\sqrt{16m}} : \dfrac{1}{\sqrt{4m}} : \dfrac{1}{\sqrt{E/c^2}}$

(E) $\dfrac{1}{\sqrt{16m}} : \dfrac{1}{\sqrt{4m}} : \dfrac{1}{\sqrt{E/c}}$

20. 已知某些遮蔽物對一般放射源所射出的粒子會造成如下的效果：

　　（1）若僅射出 α 粒子，則不能穿過一張紙

　　（2）若僅射出 β 粒子，則需用 5 mm 厚的鋁板才能完全擋住

　　（3）僅射出 γ 射線（可視為粒子），則即使擋以 25 mm 厚的鉛
　　　　板，也只能將粒子數約減少一半

　　今將一個待測放射源放在一個偵測器的感應口前，此偵測器可量
　　測 α、β 及 γ 的總粒子數，然後分別用一張紙、5 mm 厚的鋁板及
　　25 mm 厚的鉛板，擋在放射源和感應口的中間，各次測得的總粒
　　子數如表二。則下列何者最有可能為此放射源所放出的粒子？

表二

遮蔽物	每分鐘測得的總粒子數
無	402
紙（1 張）	362
鋁板（5 mm）	362
鉛板（25 mm）	178

(A) α 粒子　　　　　　　　(B) β 粒子

(C) α 及 β 粒子　　　　　(D) β 及 γ 粒子

(E) α 及 γ 粒子

二、多選題（占 20 分）

說明：第 21 題至第 24 題，每題有 5 個選項，其中至少有一個是正確
的選項，請將正確選項畫記在答案卡之「選擇題答案區」。各
題之選項獨立判定，所有選項均答對者，得 5 分；答錯 1 個選
項者，得 3 分；答錯 2 個選項者，得 1 分；答錯多於 2 個選項
或所有選項均未作答者，該題以零分計算。

21. 比較單擺小角度的週期性擺動與物體連結於理想彈簧所作的簡諧
運動，在忽略空氣阻力與摩擦力下，下列敘述哪些正確？
   (A) 若僅將單擺細繩的長度變長，則單擺的週期會變長
   (B) 若僅將單擺擺錘的質量變大，則單擺的週期會變長
   (C) 若僅將彈簧的振幅變大，則簡諧運動的週期會變長
   (D) 若僅將彈簧的力常數變大，則簡諧運動的週期會變長
   (E) 若僅將連結彈簧的物體質量變大，則簡諧運動的週期會變長

22. 當聲速為 340 m/s 時，對一長度固定之空氣柱發出的聲音，進行
頻率對強度的量測實驗，其結果如圖 8 所示，則下列敘述哪些正
確？
   (A) 此空氣柱所發聲音的音色，完
全由頻率 1 kHz 的聲音決定
   (B) 此空氣柱發出基頻聲音的波長
為 34 cm
   (C) 此空氣柱為一端開口一端閉口
   (D) 此空氣柱的長度為 17 cm
   (E) 若空氣溫度降低，則空氣柱發聲的頻率亦會降低

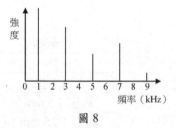

圖 8

23. 如圖 9 所示，有一主線圈與副線圈匝數比為 2：1 的理想變壓器，
主線圈外接一組電阻為零的軌道，而金屬棒 PQ 可在軌道上滑行
形成迴路，迴路所在區域有 0.50 T 垂直進入紙面之均勻磁場，金

屬棒 PQ 的長度為 20 cm、
電阻為 0.40 Ω，副線圈外
接 10 Ω 的電阻，其餘的電
阻均可忽略。若金屬棒因
受外力而在軌道上以速率
$v = 2.0$ m/s 等速度滑行時，
則下列敘述哪些正確？

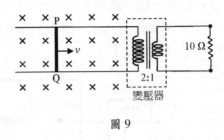

圖 9

(A) 主線圈迴路的應電流方向為逆時鐘

(B) 主線圈中的應電流 $I = 0.50$ A

(C) 副線圈中的應電動勢為 1.0 V

(D) 副線圈中的應電流 $I = 0.10$ A

(E) 副線圈消耗的電功率 $P = 0$

24. 若一靜止的原子核 ^{212}Bi 發生一次 α 衰變，則下列有關此次衰變
的敘述，哪些正確？

(A) 衰變前後，系統總動量守恆

(B) 衰變前後，系統總力學能守恆

(C) 衰變後所射出之 α 粒子與衰變後原子核的速率比值約為 1

(D) 衰變後所射出之 α 粒子與衰變後原子核的速率比值約為 52

(E) 衰變後所射出之 α 粒子與衰變後原子核的速率比值約為 105

第貳部分：非選擇題（佔 20 分）

說明：本部分共有二大題，答案必須寫在「答案卷」上，並於題號
　　　欄標明大題號（一、二）與子題號（1、2、……）。作答時
　　　不必抄題，但必須寫出計算過程或理由，否則將酌予扣分。
　　　作答務必使用筆尖較粗之黑色墨水的筆書寫，且不得使用鉛
　　　筆。每一子題配分標於題末。

一、 在利用探針測量兩電極間等電位線與電場分布時，所需的所有
　　 器材如圖 10 所示，其中的測試盤具有導電性。試回答或完成
　　 下列各問題：

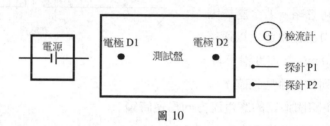

圖 10

1. 在測量等電位線時，須將上列各器材以導線連接。畫出一種
　 連接器材的方式，並標示出探針位置的示意圖。（3 分）

2. 在線路連接完成後，進行測量等電位線的實驗，其步驟如下
　 所示，試完成步驟 (A) 空格內的內容。（3 分）
　 (A) 將探針 P1 置於測試盤中固定位置，記錄其位置，＿＿＿＿＿
　 　　＿＿＿＿＿＿＿＿＿＿＿＿＿＿，此線即為等電位線。
　 (B) 移動 P1 至新位置，重覆步驟 (A)，畫出另一條等電位線。
　 (C) 重覆步驟 (B)，盡可能畫出多條等電位線。

3. 若器材連結後如圖 11 所示，兩電極分別為一正一負，請在答
　 案卷作圖區先複製出正、負電極與甲、乙、丙、丁四點的位
　 置，然後分別畫出通過甲、乙、丙、丁四點的等電位線（一
　 小段即可）及電力線（須標示方向）。（4 分）

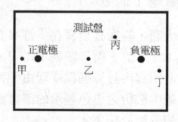

圖 11

二、 在一斜角為 37° 的斜面固定於水平面上，有一質量為 5.5 kg 的
　　均勻金屬塊於斜面上受一固定方向及量值的水平力 F 作用，恰
　　可使金屬塊沿著斜面等速度向下滑動，如圖 12 所示。已知金屬
　　塊與斜面間的動摩擦係數為 0.50，取重力加速度為 10 m/s^2，
　　sin37° = 0.60。回答下列各問題：

1. 若將金屬塊視為一個質點，畫出金屬塊在斜面上所受各外力
　 的力圖，並標示各外力的名稱。（4 分）

2. 水平作用力 F 的量值為多少？（3 分）

3. 當金屬塊沿斜面等速度下滑 2.0 m 時，水平力 F 對金屬塊所
　 作的功為多少？（3 分）

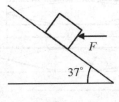

圖 12

104年度指定科目考試物理科試題詳解

第壹部分：選擇題

一、單選題

1. **D**

【解析】 空氣共鳴柱實驗，一端開口一端閉口的駐波形式

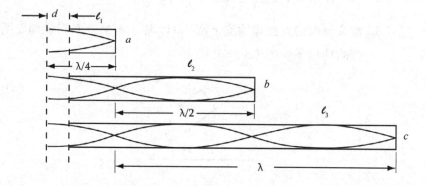

但由水面開始下降的第一個共鳴點，因接觸管口會有
誤差，所以不於考慮。如上圖所示，兩個共鳴點之間
的距離為半波長，故波長應為 H3-H1，選 (D)。

2. **B**

【解析】 $H = ms\Delta T$，故吸收相同熱量時，$s \propto 1/m \wedge T$，故比熱
最大應為乙 $(m\Delta T = 16)$，選 (B)。

3. **B**

【解析】 左右達靜力平衡，故壓力相等，利用 $PV = nRT$，

算出左邊溫度爲 $\frac{2}{3}T$。又絕熱容器，能量不變，

$$\frac{3}{2}nRT + \frac{3}{2}3nR\frac{2}{3}T = \frac{3}{2}4nRT' \text{，故 } T' = \frac{3}{4}T \text{，選 (B)。}$$

4. **C**

【解析】

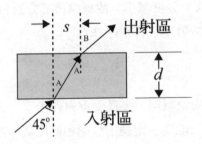

如圖所示，第一次入射角 45 度，折射角 A，第二次入射角 A，折射角 B，根據司乃耳折射定律，$n_1 \sin\theta_1 = n_2 \sin\theta_2$，$B = 45°$，選 (C)。

(A)(B) 角 A 的正弦值可由圖算出爲 $\dfrac{s}{\sqrt{s^2 + d^2}}$，再帶入

司乃耳定律可得玻璃折射率爲 $\dfrac{\sqrt{2(s^2 + d^2)}}{2s}$；(D) 全反射只會發生在速度慢到速度快的折射當中，本題設不會發生；(E) 相同介質，折射率相同。

5. **D**

【解析】　$\Delta y = r\dfrac{\lambda}{d} = r\dfrac{\frac{\lambda}{n}}{d}$，光水中波長會變短，$\Delta y$ 變短，

故 $\Delta y1 > \Delta y2$，選 (D)。

6. **E**

【解析】 全反射式利用光線從速度慢的介質進入速度快的介質時，折射角會較入射角大，調整入射角即有機會發生全反射，故光纖原理即是使纖芯的速度慢於包覆層的速率，產生全反射。而光在介質中的速率為 $v = \dfrac{c}{n}$，n 越大，速度越小，故應讓纖芯介質折射率＞包覆層介質折射率，答案選 (E)。

7. **A**

【解析】 不考慮空氣阻力，僅受重力作用下，力學能守恆→動能＋位能為一定值，位能和高度成一次正比，故高度越大，位能越大，動能就越小(線性關係)，選 (A)。

8. **C**

【解析】 令初速 20m/s，撞到前速率 v，動摩擦力提供加速度 $a = g\mu_k = 8 \, m\!\!\diagup_{s^2}$，滑行距離 16m 帶入公式：

$V_0^{\,2} = V^2 + 2as$，可得到 $V = 12 m/s$，選 (C)。

9. **A**

【解析】 根據克普勒第三定律 $\left(\dfrac{24hr}{3hr}\right)^2 = \left(\dfrac{R_{同}}{R}\right)^3$，同步衛星半徑為 4R，$E = -\dfrac{GMm}{2r}$，$E_{同步} = -\dfrac{GMm}{8R}$，$E_m = -\dfrac{GMm}{2R}$，

$\Delta E = \dfrac{3GMm}{8R}$，選 (A)。

10. **C**

【解析】 合力為 0，物體靜止或等速度直線運動→(A) (B) (D) 錯誤；等速率圓周運動，合力指向圓心，故只有選擇圓心當作參考點，總力矩才是 0，(E) 錯誤；靜力平衡包含力平衡即力矩平衡，答案選 (C)。

11. **D**

【解析】 $V1' = \left(\dfrac{m_1 - m_2}{m_1 + m_2}\right)V_1$ ； $V2' = \left(\dfrac{2m_1}{m_1 + m_2}\right)V_1$，故乙撞後速度為 $\dfrac{2}{3}V$，又乙、丙同重量，撞後速度互換，故丙最大速度為 $\dfrac{2}{3}V$，選 (D)。

12. **E**

【解析】 <u>**帶電**</u>的<u>**加速**</u>粒子會輻射出電磁波，光有電磁波的性質，其周圍必有相對應的電場和磁場，選 (E)。

13. **B**

【解析】 帶電粒子在磁場作用下會受到磁力作用，γ 射線、光子不帶電，又 β 射線及電子均帶負電，答案必為 (B) (D) 二擇一。負電粒子往右跑，電流向左；往下偏移，故受力向下，利用右手開漲漲定則，可知磁場應為 "入紙面"，故導線電流應 "由上向下"，選 (B)。

14. **E**

　【解析】 $V = Ed$，$E = V/d$，$E = 100/0.001 = 10^5$，$F = qE$

　　　　　$= 1.6 \times 10^{-19} \times 10^5 = 1.6 \times 10^{-14}$，選 (E)。

15. **D**

　【解析】 充電電池與充電器電壓需相抵消，故 $V = 2.0 - 1.5$

　　　　　$= 0.5V$，$V = IR$，$I = 0.5/2.5 = 0.2$，選 (D)。

16. **A**

　【解析】 帶電粒子受到磁力及電力作用，兩力抵銷才能通過電

　　　　　極板右方的孔洞，$qvB = qE$，$v = E/B$，出電極板後，

　　　　　僅受磁力作用作圓周運動，繞轉半徑 $R = \dfrac{mv}{qB}$，

　　　　　$m = \dfrac{qBd}{2v} = \dfrac{qBd}{2\dfrac{E}{R}} = \dfrac{qdB^2}{2E}$，選 (A)。

17. **C**

　【解析】 向負 x 軸方向傳遞的波型，可發現在 2.0 位置的質點

　　　　　是向上移動的，搭配選項中，只有 (A) (C) 再 0.2 秒時，

　　　　　位置 2.0 之後是向上移動，又週期為 $T = \dfrac{\lambda}{V} = 0.4m$，

　　　　　故答案為 (C)。

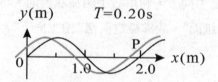

18. **B**

【解析】 波耳的氫雲子模型中，|電子能量|與主量子數成平方反比，故第一受激態 $(n = 2)$，與基態 $(n = 1)$，能量差 4 倍，選 (B)。

19. **A**

【解析】 $\lambda = \dfrac{h}{p}$，$\lambda_{物質} = \dfrac{h}{\sqrt{2mE}}$，$\lambda_{光子} = \dfrac{h}{E/c}$

$\lambda_{\alpha粒子} = \dfrac{h}{\sqrt{8mE}}$，$\lambda_{中子} = \dfrac{h}{\sqrt{2mE}}$，$\lambda_{光子} = \dfrac{h}{E/c}$，故答案選 (A)。

20. **E**

【解析】 觀察表格，可發現僅用一張紙可擋住部分粒子→α 粒子；加厚成 5mm 鉛板，沒變化→無 β 粒子；再加厚成 25mm 鉛板，減少部分粒子→γ 粒子，故答案選 (E)。

二、多選題

21. **AE**

【解析】 (A)(B)：單擺週期 $T = 2\pi\sqrt{\dfrac{L}{g}}$，擺長增加，週期變大；與擺錘重量無關。

(C)(D)(E)：彈簧週期 $T = 2\pi\sqrt{\dfrac{m}{k}}$，力常數變大，週期變小；質量變大，週期變長；與振幅無關。

22. **BCE**

【解析】 (C) 發出的聲音頻率為基頻的奇數倍，應為一端開口一端閉口的共鳴柱。

(A) 基頻為 1000Hz，強度最大，但音色是由所有聲音共同決定（波行疊加後決定）。

(B) $v = f\lambda$，f_0 對應的 λ 值應為 $0.34m$。

(D) $f_0 = \dfrac{v}{4L} = \dfrac{340}{4L} = 1000$，$L = 0.85m$，

(E) 溫度降低，速度變慢，頻率變低。

23. **BE**

【解析】 (A)(B) 金屬棒 PQ 切割磁力線，向下磁力線變少，產生**順時針**的電流補強，始得主線圈產生動生電動勢：

$\varepsilon = LvB = 0.2 \times 2 \times 0.5 = 0.2V$ ；$V = IR$，$I = \dfrac{0.2}{0.4}$

$= 0.5A$ ；

(C)(D) 副線圈經由變壓器得到電壓為 $0.1V (V \propto N)$，

$1 = \dfrac{0.1}{10} = 0.01A$ ；

(E) 理想變壓器能量守恆。

24. **AD**

【解析】 (A) 衰變為原子核內作用，屬於內力，故動量守恆。

(B) 衰變必伴隨γ衰變，輻射電磁波，故力學能不守衡。

(C) (D) (E) 衰變後物質（令為元素 X）與 α 粒子，兩著動量大小相等，方向相反，故速度與質量成反比。

$\dfrac{V_x}{V_\alpha} = \dfrac{4}{208} = \dfrac{1}{52}$ 。

第貳部分：非選擇題

一、

1.

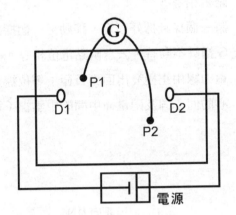

2.

A. 將 P2 移至盤中某點，使得檢流計 G 指針為 0，此點及為 P1 等位點，重複多次，得到多個點後，講點連接成一條線，此線即為等位線。

3. （紅色為等位線；藍色為電力線）

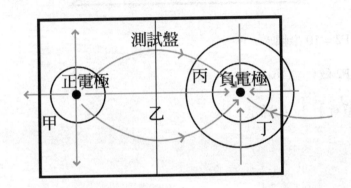

【解析】 1. 電源需連接電極，使周圍產生一個穩定電場（電力線分布）；用檢流計串接兩個探針，判斷兩點電位是否相等。

2. 將一個探針插好固定，移動另一個探針，當檢流計 G 指針不動時，表示兩點電位相等。

3. 電力線由正極發出回到負極；等位線是以電極為圓心的同心圓及兩電極中間的中垂線（電位為 0）。

二、

1.

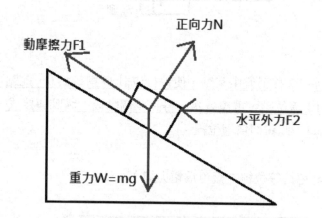

2. F2 = 10 牛頓。

3. F2 做負功 16J。

【解析】 1. 如圖示。

2.

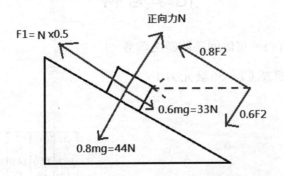

將重力及水平推力分成平行斜面及垂直斜面的力；
因物體是等速度運動，故合力為零。

$F_{平行} : 0.5N + 0.8F_2 = 33$ ； $F_{垂直} : N = 44 + 0.6F_2$ ；

$N = 50$ 牛頓，F2 = 10 牛頓。

3. 物體向下移動 2 公尺，水平移動僅 1.6 公尺
   ($\cos37° = 0.8$)，故 F2 作功為 -16 焦耳。

104 年大學入學指定科目考試試題
化學考科

說明：下列資料，可供回答問題之參考

一、 元素週期表（1～36 號元素）

1 H 1.0																	2 He 4.0
3 Li 6.9	4 Be 9.0											5 B 10.8	6 C 12.0	7 N 14.0	8 O 16.0	9 F 19.0	10 Ne 20.2
11 Na 23.0	12 Mg 24.3											13 Al 27.0	14 Si 28.1	15 P 31.0	16 S 32.1	17 Cl 35.5	18 Ar 40.0
19 K 39.1	20 Ca 40.1	21 Sc 45.0	22 Ti 47.9	23 V 50.9	24 Cr 52.0	25 Mn 54.9	26 Fe 55.8	27 Co 58.9	28 Ni 58.7	29 Cu 63.5	30 Zn 65.4	31 Ga 69.7	32 Ge 72.6	33 As 74.9	34 Se 79.0	35 Br 79.9	36 Kr 83.8

二、 理想氣體常數 $R = 0.08205$ L atm $K^{-1}mol^{-1} = 8.31$ J $K^{-1}mol^{-1}$

三、 酚酞變色範圍：pH 8.2～10.0，酸型為無色，鹼型為粉紅色

四、 log 2 = 0.30

第壹部分：選擇題（占 84 分）

一、單選題（占 48 分）

說明：第 1 題至第 16 題，每題有 5 個選項，其中只有一個是正確或最適當的選項，請畫記在答案卡之「選擇題答案區」。各題答對者，得 3 分；答錯、未作答或畫記多於一個選項者，該題以零分計算。

1. 推廣低鈉鹽飲食的營養師建議：每人每天的飲食中，鈉的含量應低於 2400 毫克。若將 2400 毫克的鈉換算成實際攝取的食鹽（公克），則最接近下列哪一數值？
   (A) 0.5　　　　　　　　(B) 1　　　　　　　　(C) 3
   (D) 6　　　　　　　　(E) 10

2. 平溪放天燈已是國際知名的節慶活動。在天燈下方點火後，即可冉冉上昇。下列有關天燈上昇的主要原因，哪一敘述正確？
   (A) 因燃燒時耗去氧氣，氣體量減少
   (B) 因燃燒升溫，氣體膨脹噴出燈口的反作用力
   (C) 因燃燒升溫，氣體變成理想氣體
   (D) 因燃燒升溫，氣體膨脹，密度變低
   (E) 因燃燒升溫，氣體碰撞燈壁頻率增加

3. 若 2.0 升的 X_2 氣體與 1.0 升的 Y_2 氣體完全反應，兩者均無剩餘，產生 2.0 升的 R 氣體，則下列哪一選項是 R 的化學式？（假設氣體均為理想氣體，且反應前後均在同溫同壓的條件。）
   (A) XY　　　　　　　　(B) XY_2　　　　　　　　(C) XY_3
   (D) X_2Y　　　　　　　　(E) X_3Y

4. 王同學在實驗室配製濃度爲 0.100 M 的氫氧化鈉水溶液，用來滴定一未知濃度的鹽酸溶液。在此實驗過程中，**最不可能**使用下列哪一玻璃器材？

(A)　　　　　　　　(B)　　　　　　　　(C)

(D)　　　　　　(E)

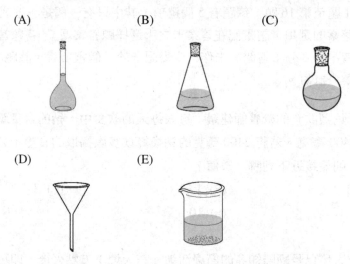

5. 下列有關化學反應速率的敘述，哪一項正確？

(A) 放熱反應的反應速率比吸熱反應的反應速率快

(B) 催化劑會改變反應途徑，也可能造成反應級數的改變

(C) 對氣體反應物而言，降低反應物的分壓，則可增加反應速率

(D) 反應速率的快慢與活化能有關，而活化能會隨溫度升高而降低

(E) 定溫下，對一級反應而言，其反應速率常數會隨反應時間增加而減小

6. 王同學在以氣閥連接的兩個密閉容器內，分別裝入 2.0 大氣壓的 $NH_{3(g)}$ 與 1.6 大氣壓的 $HCl_{(g)}$，如圖 1。之後打開氣閥讓兩氣體充

分反應，發現容器內生成白色固體。若反應後氣體的溫度由 27℃
升高至87℃，則容器內的壓力，最接近下列哪一數值（大氣壓）？
（連接氣閥的管子體積可忽略不計）

圖 1

(A) 0.20　　(B) 0.24　　(C) 0.40　　(D) 0.48　　(E) 1.8

7. 某一化學反應經過下列三步驟才完成：

　步驟 1：$H_3O^+(aq) + HOOH(aq) \longrightarrow HOOH_2^+(aq) + H_2O(aq)$
　步驟 2：$HOOH_2^+(aq) + Br^-(aq) \longrightarrow HOBr(aq) + H_2O(aq)$
　步驟 3：$HOBr(aq) + HOOH(aq) \longrightarrow Br^-(aq) + H_3O^+(aq) + O_2(g)$

　在此化學反應中，下列對各步驟中的物質所扮演的角色，哪一敘
　述正確？
　(A) $H_3O^+(aq)$ 是中間物
　(B) $HOBr(aq)$ 是生成物
　(C) $Br^-(aq)$ 是催化劑
　(D) $HOOH_2^+(aq)$ 是反應物
　(E) $H_2O(aq)$ 是中間物

8. 下列關於 S^{2-}、Cl^-、Ar、K^+ 和 Ca^{2+} 等五種原子或離子，哪一敘
　述錯誤？
　(A) 電子數相等

(B) S^{2-} 的總電子數爲 16

(C) 最外層電子所在的軌域相同

(D) 半徑大小爲 $S^{2-} > Cl^- > Ar > K^+ > Ca^{2+}$

(E) $Cl^-(g) \rightarrow Cl(g^+)^-$ 所需要的能量爲電子親和力，其數值在所有元素中最大

9. 由 H、N、O 三種元素可以組成多種化合物。下列敘述何者正確？

　（甲）由 $2H_2O_2 \rightarrow 2H_2O + O_2$，可知 H_2O_2 具有自身氧化還原能力。

　（乙）N_2H_4 具有兩對孤電子對，且沒有雙鍵。

　（丙）NO、N_2O 以及 NO_2 三者是同分異構物。

　（丁）NH_3 與 H_2O 具有分子間氫鍵，但兩者均不具極性。

(A) 只有甲　　　　(B) 只有乙　　　　(C) 甲與乙

(D) 乙與丙　　　　(E) 丙與丁

10. 若用葡萄糖（甲）、溴化鎂（乙）、氯化鈉（丙）、醋酸（丁）等四種化合物，在 25℃ 製備相同滲透壓且等體積的溶液時，所需質量由大至小排序，則下列哪一選項的排序正確？

(A) 甲 > 乙 > 丙 > 丁　　　　(B) 乙 > 甲 > 丁 > 丙

(C) 甲 > 丁 > 丙 > 乙　　　　(D) 乙 > 甲 > 丙 > 丁

(E) 甲 > 乙 > 丁 > 丙

11-12 題爲題組

濃度均爲 0.1M 的五種水溶液：$AgNO_3$、NaBr、HCl、Na_2S、Na_2CO_3，有如圖 2 所示的相互反應關係，亦即將圖中每條連線兩端的溶液等量混合，都會有明顯可辨認的化學反應。試推演每一

種溶液在圖中的位置後，回答題 11～12。

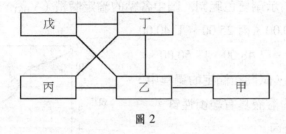

圖 2

11. 下列哪一化學式是溶液丁的溶質？
    (A) AgNO₃　　　　　　(B) NaBr　　　　　　(C) HCl
    (D) Na₂S　　　　　　　(E) Na₂CO₃

12. 下列哪一化學式是溶液乙的溶質？
    (A) AgNO₃　　　　　　(B) NaBr　　　　　　(C) HCl
    (D) Na₂S　　　　　　　(E) Na₂CO₃

13. 異戊二烯學名為 2-甲基-1,3-丁二烯，可經由加成聚合產生聚異戊二烯。下列聚合物中，哪一選項**不是**由異戊二烯聚合而得？

    (A)　　　　　　　　　(B)　　　　　　　　　(C)

    (D)　　　　　　　　　(E)

14. 圖 3 是碳酸鈉溶液用 0.1000M 鹽酸滴定的滴定曲線。圖中灰色區
塊代表指示劑變色範圍。圖中各點的滴定體積（V_{HCl}，mL）為甲
0、乙 10.00、丙 25.00、丁 40.00、
戊 48.00、己 48.00、庚 50.00、
辛 55.00。試問在滴定的過程中，
於何處的溶液具有緩衝性質？

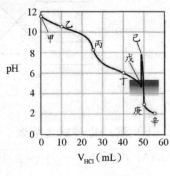

圖 3

(A) 只有丙

(B) 只有戊

(C) 乙與丙

(D) 乙與丁

(E) 乙與庚

15. 在密閉容器中，某氣體 X 可分解成氣體 Y 和氣體 Z。此一可逆反
應如下：

$$mX(g) \rightleftharpoons nY(g) + pZ(g) \qquad \Delta H = q \text{ kJ/mol}$$

反應式中的 m、n、p 為係數。假設 X、Y、Z 均為理想氣體，反
應的濃度平衡常數為 K_c，而以分壓表示的平衡常數為 K_p。若 K_c
等於 K_p，且溫度上升時平衡常數也會增大，則下列敘述，哪一項
正確？

(A) $q < 0$

(B) $m < n + p$

(C) 反應達平衡後，定溫下若容器體積加倍，則平衡會向左移動

(D) 反應達平衡後，定溫定容下加入 Ar(g)，則平衡會向右移動

(E) 反應達平衡後，定溫定容下若加入 Y 氣體，則當系統達到新
的平衡時，Z 氣體的分壓會降低

16. 黑巧克力中有豐富的兒茶素。兒茶素有降血壓、改善血液循環、防止心血管疾病等功效。另外，兒茶素也是茶葉具苦澀味的原因之一。某一兒茶素之結構如圖 4。

下列關於此兒茶素的敘述，哪一項<u>不正確</u>？

(A) 可溶於水

(B) 可形成分子間氫鍵

(C) 含有二級醇的結構

(D) 結構中含有羥基與醚基

(E) 與斐林試劑作用，會產生紅色沉澱

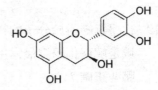

圖 4

二、多選題（占 36 分）

說明：　第 17 題至第 25 題，每題有 5 個選項，其中至少有一個是正確的選項，請將正確選項畫記在答案卡之「選擇題答案區」。各題之選項獨立判定，所有選項均答對者，得 4 分；答錯 1 個選項者，得 2.4 分；答錯 2 個選項者，得 0.8 分；答錯多於 2 個選項或所有選項均未作答者，該題以零分計算。

17. 下列有關二硫化碳、新戊烷、對苯二甲酸、乙酸乙酯、反丁烯二酸、異丙醇等六個物質的敘述，哪些正確？

(A) 有三個物質具有 π 鍵

(B) 對苯二甲酸在六個物質中，沸點最高

(C) 在液態時，有四個物質具分子間氫鍵

(D) 有四個物質的路易斯結構具有孤電子對

(E) 在液態時，有兩個物質分子間作用力主要為分散力

18. 胃酸的 pH 值約為 1.5。下列與此胃酸有關的敘述，哪些正確？

(A) 其 pOH 約為 12.5

(B) 氫離子的濃度約為 1.5M

(C) 氫離子的濃度約為 1.5ppm

(D) 氫離子的濃度約為 0.03M

(E) 氫氧離子的濃度約為 0.003M

19. 化學鍵結對於分子的物理或化學性質有決定性的影響，而混成軌域是解釋化學鍵最常用的理論之一。下列關於混成軌域的敘述，哪些正確？

(A) 乙炔的參鍵包含 2 個 σ 鍵與 1 個 π 鍵

(B) 乙烯中的 π 鍵是由 2 個碳原子的 sp^2 混成軌域重疊而形成

(C) 乙炔中的碳原子有 2 個 sp 混成軌域，其分子形狀為直線

(D) 水分子的形狀為彎曲形，其氧原子的 4 個 sp^3 混成軌域中，有 2 個具有孤電子對

(E) 三氯化硼中，硼原子有 3 個能量相同的 sp^2 混成軌域，分別與 3 個氯的 3p 軌域鍵結，形成 3 個 σ 鍵

20. 下列關於 2-甲基丙烯、順 2-丁烯、反 2-丁烯和 1-丁烯的敘述，哪些正確？

(A) 皆可與過錳酸鉀溶液反應

(B) 只有順 2-丁烯和反 2-丁烯互為幾何異構物

(C) 只有順 2-丁烯、反 2-丁烯和 1-丁烯互為結構異構物

(D) 進行氫化反應時，只有順 2-丁烯和反 2-丁烯會得到相同的產物

(E) 用溴水檢驗時，只有順 2-丁烯和反 2-丁烯會褪色

21. 鋅銀電池可用下列方式表示：Zn(s)│Zn^{2+}(aq)‖Ag^+(aq)│Ag(s)，其中「‖」代表鹽橋。下列關於鋅銀電池的敘述，哪些正確？

(A) 此電池的全反應為 $Zn(s) + 2Ag^+(aq) \rightarrow Zn^{2+}(aq) + 2Ag(s)$

(B) 電池放電時，電子由鋅極經外電路流向銀極

(C) 此一電池的表示式中，左側為陰極

(D) Ag^+ 得到電子產生 Ag，所以銀半電池表示為 $Ag^+(aq) | Ag(s)$

(E) 此一電池的電壓可以直接用兩倍銀的還原電位減去鋅的還原電位而得

22. 某些有機化合物可吸收紫外線被用於防曬乳，例如 PABA 及 DMAB，這兩個分子的構造如圖 5 所示。下列有關這兩個有機化合物的敘述，哪些正確？

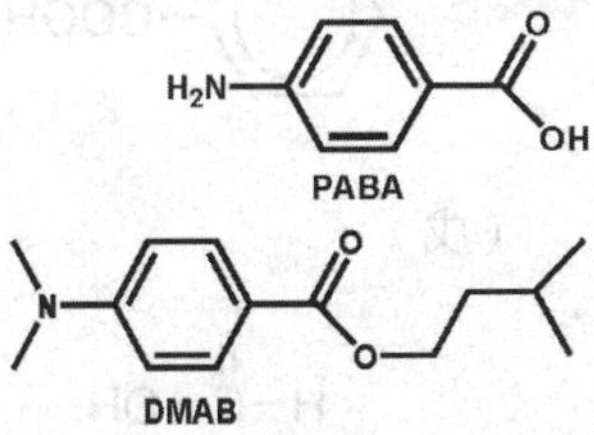

(A) PABA 屬於 α – 胺基酸

(B) DMAB 屬於三級胺

(C) PABA 構造中有胺基與羧基

(D) DMAB 構造中有醚基、胺基及酯基

(E) PABA 上的孤電子對比 DMAB 多

圖 5

23. 欲配製銀鏡反應實驗中的多侖試劑，其步驟是先在 10mL 乾淨玻璃試管中，加入 0.60M 硝酸銀溶液 3.0mL，然後滴入 2.5M 的 NaOH 溶液 0.15mL，再加入約 2.0mL 的 2.0M 氨水。在此多侖試劑中，加入 10% 的葡萄糖溶液 6 滴（0.30mL），並於溫水中加熱，則可在玻璃壁上產生銀鏡。下列有關此實驗的敘述，哪些正確？

(A) 此反應中葡萄糖是限量試劑

(B) 此實驗的結果可說明葡萄糖是還原醣

(C) 銀鏡為固體物質，其化學式為 Ag_2O

(D) 若以蔗糖取代葡萄糖，則同樣會有銀鏡產生

(E) 再加入氨水的目的是爲了產生銀氨錯離子 $[Ag(NH_3)_2]^+$

24. 有機化合物（甲）～（戊）的結構式如下：

（甲）

$$H_3C-\underset{\underset{CH_3}{|}}{\overset{\overset{OH}{|}}{C}}-CH_3$$

（乙）

$$H_3C-CH_2-\underset{}{\overset{\overset{OH}{|}}{C}H}-CH_3$$

（丙）

⬡—COOH

（丁）

$$H_2N-\underset{\underset{CH_3}{|}}{C}H-\overset{\overset{O}{||}}{C}-OH$$

（戊）

$$H-\overset{\overset{O}{||}}{C}-OH$$

下列有關這些有機物的敘述，哪些正確？

(A) 甲的沸點比乙高

(B) 在常溫下，甲會被酸性的二鉻酸鉀溶液氧化

(C) 戊具有還原性，可與多侖試劑產生銀鏡反應

(D) 丁在水中主要以 $NH_3^+CH(CH_3)COO^-$ 的形式存在

(E) 丙可與鈉金屬反應，所產生的鹽類可作爲食物防腐劑

25. 王同學在 25℃ 及 1 大氣壓下，量測反應 $X \rightarrow 2Y + Z$ 的反應速率。圖 6 與 7 是反應進行中所量測到的反應物 X 的濃度與時間的關係。下列有關該反應的敘述，哪些正確？

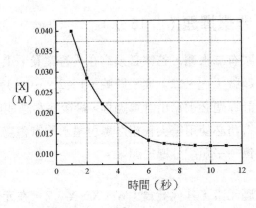

圖 6

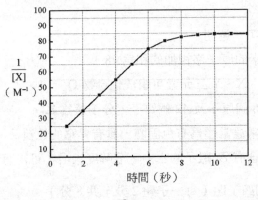

圖 7

(A) 此反應為結合反應

(B) 此反應為零級反應

(C) 反應物 X 的初始濃度為 0.067M

(D) 在反應過程中，反應物 X 分子之間必須互相碰撞，反應才會發生

(E) 在反應後期，反應物 X 的濃度不再變化，是因為 X 停止反應所造成

第貳部分：非選擇題（占 16 分）

說明：本部分共有二大題，答案必須寫在「答案卷」上，並於題號欄
　　　標明大題號（一、二）與子題號（1、2、……），作答時不必
　　　抄題。計算題必須寫出計算過程，最後答案應連同單位劃線標
　　　出。作答務必使用筆尖較粗之黑色墨水的筆書寫，且不得使用
　　　鉛筆。每一子題配分標於題末。

一、 四種非金屬元素，其代號為：W、X、Y、Z，在元素週期表上
　　 均屬不同週期，僅 X 與 Y 在同族，而族數與原子序均以 Z 為
　　 最大。已知：

　　 (1) W 在第一週期。
　　 (2) 四元素的原子序相加的和為 78。
　　 (3) 由 W、X、Y 三元素可組成化合物 Q。
　　 (4) Q 有 6 個原子及 42 個質子，分子量為 82。
　　 (5) Z_2 在常溫常壓為有色固體，具有昇華的性質。
　　 (6) Z_2 在含有 Z^- 離子的水中，溶解度大增，可得有色離子 Z_3^-。

　　 回答下列四子題（每一子題 2 分，共 8 分）：
　　 1. 寫出 W 及 Z 的元素符號。
　　 2. 寫出由 X 與 Y 兩種元素組成的兩種穩定化合物的化學式。
　　 3. 寫出 Q 的化學式。
　　 4. 在 0.1M 的 Z_3^- 水溶液中加 0.1M 的 Q 水溶液，則溶液立即
　　　　褪為無色。寫出該氧化還原的化學反應式。（不需要標出
　　　　物質的狀態）

二、 氯化鉛的溶度積常數，可以利用離子交換法測定。

　　實驗步驟如下：

　　步驟 1. 將 25.00 毫升的飽和氯化鉛水溶液倒入一個填有以酸處
　　　　　 理過的陽離子交換樹脂的管柱。讓溶液往下流動，進行
　　　　　 陽離子交換，並用一個 250 毫升的燒杯（甲）承接自管
　　　　　 柱流出的溶液。

　　步驟 2. 再從管柱上方加入 50 毫升純水，可將經離子交換過後
　　　　　 的所有離子全部以同一個甲燒杯收集。

　　步驟 3. 將收集的溶液稀釋成 100.00 毫升水溶液（乙溶液）。

　　步驟 4. 自乙溶液中取出 25.00 毫升並加入幾滴酚酞指示劑，以
　　　　　 0.0100M 的氫氧化鈉溶液滴定。當滴入 20.00 毫升時達
　　　　　 滴定終點。

　　根據上述實驗，回答下列各題（每一子題 2 分，共 8 分）：

　　1. 寫出步驟 1 和 2 中所收集到的陽離子和陰離子的化學式。

　　2. 寫出在步驟 3，要將收集到的溶液稀釋至 100.00 毫升水溶液
　　　 時，必須要使用的容器名稱；及寫出滴定到達滴定終點時，
　　　 溶液呈現的顏色。

　　3. 計算乙溶液中氫離子濃度為何？

　　4. 以滴定所得數據，計算氯化鉛的溶度積常數。

104年度指定科目考試化學科試題詳解

第壹部分：選擇題

一、單選題

1. D

【解析】 $W_{Na^+} = 2400mg = 2.4g$

$W_{NaCl} \cdot \dfrac{23}{58.5} = 2.4 \rightarrow W_{NaCl} \approx 6g$ ，選 (D)。

2. D

【解析】 相同分子量（相同空氣組成）、壓力不變（非密閉空間，即大氣壓力），由理想氣體方程式 $PM = DRT$ 可知，密度 (D) 和溫度 (T) 成反比，選 (D)。

3. D

【解析】 $2X_2 + Y_2 \rightarrow 2R$ ，依據原子數守恆，R 應為 X_2Y ，選 (D)。

4. C

【解析】 A 為容量瓶，配置溶液時必要；

B 是錐形瓶。低定時放置帶測溶液；

C 為圓形燒瓶，配置溶液及滴定實驗皆無須使用；

D、E 為漏斗及廣口瓶，過濾溶液時可用；故選 (C)。

5. **B**

【解析】 A 錯誤：反應速率與吸熱放熱無關；

B 正確：催化劑改變反映途徑進而改變反應速率

C 錯誤：根據勒沙特利原理，反應物增加會加快反應速率

D 錯誤：溫度改變氣體動能，使氣體動能高於活化能的比例增加，並非改變活化能增加反應速率

E 錯誤：一級反應表示反應速率跟濃度成正比，也就是反應速率會隨著時間遞減，而非速率常數遞減。

故選 (B)。

6. **B**

【解析】 $N_{前} = 2 * \dfrac{1}{300R} + 1.6 * \dfrac{1}{300R} = \dfrac{3.6}{300R}$ ；

$N_{後} = \dfrac{2 * P}{360R}$

$$NH_3 + HCl \rightarrow NH_4Cl_{(s)}$$

	2	1.6		共 3.6
-)	1.6	1.6	+1.6	
	0.4	0	1.6	共 0.4

由 $\dfrac{N_{後}}{N_{前}}$ 可知 P 為 0.24atm，選 (B)。

7. **C**

【解析】 定義：

催化劑:能改變反應途徑，<u>先消失後生成</u>，反應前後質

不變；中間物：非一步反應的反應過程中產生，<u>先產</u><u>生後消失</u>淨反應式爲 $2HOOH \rightarrow 2H_2O + O_2$，故 $HOOH$ 爲反應物，H_2O、O_2 爲生成物；

根據定義，H_3O^+、Br^- 爲催化劑：$HOOH_2^+$、$HOBr$ 爲中間物，故選 (C)。

8. **B**

【解析】 S^{2-} 電子數：$16 + 2 = 18$，選 (B)。

9. **C**

【解析】 (甲) 自身氧化還原定義:爲同一化合物內的同一元素部分氧化部分還原，H_2O_2 的 O 氧化數爲 -1，H_2O 的 O 氧化數爲 -2；O_2 氧化數爲 0，屬自身氧化還原

(乙)

$$H\!-\!\overset{\displaystyle\cdot\cdot}{N}\!-\!\overset{\displaystyle\cdot\cdot}{N}\!-\!H$$
$$\mid \qquad \mid$$
$$H \qquad H$$

，兩對孤電子，無雙鍵

(丙) 同分異構物：相同分子式，結構不同，故錯誤

(丁) 氫鍵：H-F、H-N、H-O+孤對電子，兩者皆有；若有孤電子，分子必有極性，故兩者皆有氫鍵及極性，故選 (C)。

10. **E**

【解析】 $\pi = C_M RTi = \dfrac{n}{V} RTi = \dfrac{W}{MV} RTi$，$\pi$、V、R、T 相同，故 $W \propto \dfrac{M}{i}$：$C_6H_{12}O_6 = 180$，$i = 1$，$\dfrac{M}{i} = 180$；

$MgBr_2 = 184.1$，$i = 3$，$\dfrac{M}{i} \approx 61$；

$$NaCl = 58.5 \, , \, i = 2 \, , \, \frac{M}{i} = 29.6 \, ;$$

$$CH_2COOH = 60 \, , \, i = 1. \sim \, , \, \frac{M}{i} > 30$$

故選 (E)：甲＞乙＞丙＞丁。

11. C   12. A

【解析】 可能發生的化學反應

$AgNO_3 + NaBr \rightarrow AgBr\downarrow$ ；$AgNO_3 + HCl \rightarrow AgCl\downarrow$

$AgNO_3 + Na_2CO_3 \rightarrow Ag_2CO_3 \downarrow$ ；

$AgNO_3 + Na_2S \rightarrow Ag_2S\downarrow$

$HCl + Na_2CO_3 \rightarrow CO_2 \downarrow$ ；$HCl + Na_2S \rightarrow H_2S$（惡臭）

HCl 有三種變化，故丁為 HCl，11 題選 (C)。

$AgNO_3$ 有四種變化，故乙為 $AgNO_3$，12 題選 (A)。

13. C

【解析】 (丙) 單體為 $C = C - C = C - C$，1,3-戊二烯，選 (C)。

14. D

【解析】 緩衝溶液定義：溶液當中有可接受/提供氫質子的物質，當加入酸（曲線平緩）時，溶液可平衡外界酸鹼能力越高，故選 (D) 乙、丁。

15. E

【解析】 (A) 溫度升高，平衡常數變大，表吸熱反應，q＞0。

(B) $K_c = [Y]^n [Z]^p \diagup [X]^m$ ；$K_p = P_Y{}^n P_Z{}^p \diagup P_x{}^m$ ；

$$K_p = K_c \uparrow \cdot (RT)^{n+p-m} \text{，若 } K_p = K_c \text{，}$$

則 $n + p - m = 0$，$n + p = m$。

(C) 容器體積加倍，總壓力下降，但 $n + p = m$，故平衡不動。

(D) 定溫定容加入其他氣體並不影響原本的氣體分壓（僅總壓上升），故平衡不變。

(E) 平衡後加入 Y 氣體，根據勒沙特列原理，平衡將往左移動，故新的平衡達成後，Z 氣體分壓下降，選 (E)。

16. **E**

【解析】(A) 化合物中有許多羥基(-OH)，可溶於水

(B) 羥基與孤對電子之間可形成分子間氫鍵

(C) 二級醇：

(D) 羥基(-OH)、醚基(-O-)均可於化合物中找到

(E) 醛基 $-\overset{\overset{\text{O}}{\|}}{\text{C}}-\text{H}$ 可與斐林試劑產生反應，此化合物僅有醚基、羥基，故無法與斐琳試劑反應，選(E)。

二、多選題

17. **BE**

【解析】

二氧化硫：

$$\ddot{S}::C::\ddot{S}$$
$$S=C=S$$

新戊烷：

$$H_3C-\overset{\overset{\displaystyle CH_3}{|}}{\underset{\underset{\displaystyle CH_3}{|}}{C}}-CH_3$$

對苯二甲酸：

乙酸乙酯：

反丁烯二酸：

$$H-C-COOH$$
$$\|$$
$$HOOC-C-H$$

異丙醇：

(A) 二氧化硫、對苯二甲酸、乙酸乙酯、丁烯二酸
4 種有雙鍵。

(B) 對苯二甲酸分散力大（分子量 166），且有氫鍵，
故溶沸點高。

(C) 氫鍵：-OH、-NH、-FH+孤對電子，僅三種物質
（對苯二甲酸、反丁烯二酸、異丙醇）具分子間
氫鍵。

(D) 除了二硫化碳外，皆有孤電子對，共五種。

(E) 新戊烷及二硫化碳無氫鍵及極性，故主要依靠分
散力。

18. **AD**

【解析】(A) 題目未標明溫度，但常溫(攝氏 25 度)下，

Poh = 14–1.5 = 12.5。

(D) $pH = -\log[H^+] = 1.5$，$[H^+] = 10^{-1.5} M$

$\approx 3. \sim \times 10^{-2} M \approx 0.03 \sim M$。

(E) 氫氧根離子濃度爲 $K... / [H^+] = 10^{-14} / 10^{-15} = 10^{-12.5}$

19. **CDE**

【解析】(A) σ 鍵只有一個，π 鍵可多個，故乙炔應是一個
σ 鍵，兩個 π 鍵

(B) 混成軌域皆形成頭對頭的 σ 鍵

20. **AB**

【解析】(C) 四者皆爲結構異構物。

(D) 順反-2-丁烯及 1-丁烯氫化後產物皆爲丁烷。

(E) 溴水遇到烯類皆會褪色，故四種皆有反應。

21. **ABD**

【解析】(B) 鋅電極（陽極）丟電子，經外電路跑到銀電極
（陰極），正確。

(C) 左側為鋅電極，為陽極。

(E) 電位不必加權係數，直接將氧化、還原電位相加即為電池電位差。

22. **BC**

【解析】 (A) α 胺基酸：NH_2 應接在 α 碳上，故 PABA 並非 α 胺基酸。

(B) N 三個鍵結皆是連接 C，故為三級胺，正確。

(D) 有胺基及酯基，無醚基。

(E) 兩種化合物的氧原子皆有兩對孤電子，N 皆有一對孤電子，故孤電子數相同。

23. **ABE**

【解析】 1. $2Ag^+ + 2OH^- \rightarrow Ag_2O\downarrow + H_2O$

2. $Ag_2O + 4NH_3 + H_2O \rightarrow 2[Ag(NH_3)_2]^+ + 2OH^-$

3. $RCHO + 2[Ag(NH_3)_2]^+ + 2OH^- \rightarrow RCOONH_4 + Ag\downarrow + 3NH_3 + H_2O$

(C) 銀鏡中的固體為金屬銀(Ag)

(D) 蔗糖:葡萄糖及果糖脫水形成，無醛基，無法行銀鏡反應

24. **CDE**

【解析】 (A) 沸點比接觸面積，故甲<乙。

(B) 二鉻酸鉀可氧化一級和二級醇，無法氧化三級醇。

(C) 戊有羧基(-COOH)及醛基(CHO)，醛基可被氧化，故有還原性，正確。

25. **CD**

【解析】 (A) 此為分解反應。

(B) 零級反應的反應速率不隨反應物濃度改變，故若是零級反應，圖 6 應為斜直線。

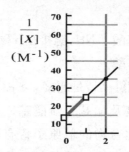

(C) 將圖 7 內插，得到初始濃度的倒數為 15，故初始濃度應為 0.067M。

(D) 分子碰撞理論：分子在適當相位發生碰撞才能產生反應

(E) 非停止反應，而是正逆反應達平衡。

第貳部分：非選擇題

一、 (1) W = H；Z = I

(2) SO_2、SO_3

(3) H_2SO_3

(4) $I_3^- + HSO_3^- + H_2O \rightarrow 3I^- + SO_4^{2-} + 4H^+$

【解析】 (1) W 在第一週期，且能和 W、X、Y 可形成化合物，故 W 為 H。

Z_2 常溫常壓下為有色固體，應為 I_2，故 Z 為 I。

(2) X、Y 同族，族數比 Z 小，且能和氫形成 6 個原子的分子，應為 O、S。

(3) Q 由 H、O、S 構成，分子量 82、質子數 42，應
　　爲 H_2SO_3。

(4) 亞硫酸氫根可將碘還原：$I_2(aq) + HSO_3^-(aq) +$
　　$H_2O(I) \to 2I^-(aq) + HSO_4^-(aq) + 2H^+(aq)$

二、(1) H^+ 及 Cl^-

(2) 容量瓶、淡紅色

(3) 0.008M

(4) $Ksp = 1.64 \times 10^{-5} M$

【解析】(1) 陽離子交換樹脂可將陽離子換成氫離子，故收集
　　　　到的離子爲 H^+ 及 Cl^-。

(2) 因爲體積不能加乘，故稀釋溶液時，先計算好所
　　需要的溶質量，再加水至選定體積的容量瓶刻度
　　線；以鹼滴定，酚酞爲指示劑，滴定終點由酸變
　　鹼，溶液變淡紅色。

(3) 滴定平衡：$N_{OH^-} = N_{H^+} \to 20 \times 0.01 \times 1 = 25 \times C_M \times 1$

$[H^+] = 0.008M$，$[Pb^{2+}] = 0.008 \times 4 \div 2 = 0.016M$，

$[Cl^-] = 2 \times [Pb^{2+}] = 0.032M$

（因 25 毫升的飽和氯化鉛溶液交換離子後被稀釋
至 100 毫升，故鉛離子濃度爲氫離子的四倍，而
一個 Pb^{2+} 要用兩個 H^+ 換掉，故再除以 2）

$PbCl_2 \to Pb^{2+} + 2Cl^-$，$K_{sp} = [Pb^{2+}][Cl^-]^2 \cong$
$1.64 \times 10^{-5} M$。

104 年大學入學指定科目考試試題
生物考科

第壹部分：選擇題（占 74 分）

一、單選題（占 20 分）

說明：第 1 題至第 20 題，每題有 4 個選項，其中只有一個是正確或最適當的選項，請畫記在答案卡之「選擇題答案區」。各題答對者，得 1 分；答錯、未作答或畫記多於一個選項者，該題以零分計算。

1. 下列有關「生命特性」的描述，何者正確？
   (A) 活的生物體發展到成熟階段後，就不發生同化作用
   (B) 生物體的活細胞需有細胞核，以維持正常運作，表現生命特性
   (C) 活的生物體處於休眠狀態，就不需要感應環境變化
   (D) 活的生物體通常會在其發展的成熟期，表現最完整的生命現象

2. 下列何者最可能做為現生生物由共同祖先演化而來的證據？
   (A) 始祖鳥和啄木鳥的腳具有角質鱗片
   (B) 古生代貝殼形態與現生牡蠣一樣
   (C) 硬骨魚、鳥及哺乳動物具有鰓裂
   (D) 木麻黃和松具有針狀葉

3. 有關花粉萌發實驗之敘述，何者正確？
   (A) 不同種類植物，花粉管萌發的時間非常類似
   (B) 不同種類植物，花粉管萌發所需的最適合蔗糖濃度不同
   (C) 所使用的蔗糖濃度越高，花粉管越快萌發
   (D) 所使用的蔗糖濃度越低，花粉管越快萌發

4. 人類兩性生殖系統構造中，下列何組功能**最不對等**？
   (A) 睪丸與卵巢
   (B) 輸精管與輸卵管
   (C) 細精管旁的間質細胞與卵巢的濾泡細胞
   (D) 攝護腺與子宮

5. 下列何種處理方式會提高萵苣種子的萌芽率？
   (A) 黑暗 　　　　　　　　(B) 照紅光
   (C) 照遠紅光 　　　　　　(D) 照紅光再照遠紅光

6. 下列有關血小板的敘述，何者**不正確**？
   (A) 起源於骨髓的幹細胞 　　(B) 是血液中最多的血球
   (C) 沒有細胞核 　　　　　　(D) 於血管受傷時啟動凝血反應

7. 下列何者分泌多種激素以調控腦垂腺激素的分泌？
   (A) 大腦皮層 　　　　　　(B) 視丘
   (C) 下視丘 　　　　　　　(D) 腦幹

8. 下列有關動物排泄的敘述，何者正確？
   (A) 草履蟲的伸縮泡主要用來排出氨
   (B) 渦蟲的原腎主要用來排出尿素
   (C) 蚯蚓的腎管已具有再吸收能力以形成尿液
   (D) 人的腎元遠曲小管負責再吸收大部分葡萄糖及胺基酸

9. 下列有關抗體的功能之描述，何者正確？
   (A) 協助巨噬細胞分泌穿孔蛋白
   (B) 結合抗原活化補體系統
   (C) 與入侵細胞內的抗原結合
   (D) 在細菌表面穿孔造成溶菌

10. 下列有關眞核生物的轉錄與 RNA 修飾作用，何者正確？
    (A) 轉錄發生在核醣體
    (B) 成熟的 mRNA 含有外顯子與內含子
    (C) 端帽會加在 mRNA 的 5' 端
    (D) RNA 聚合酶需要引子以合成 RNA

11. 下列有關 DNA 萃取的敘述，何者正確？
    (A) 從洋蔥與大腸桿菌中萃取出的 DNA 由不同種類的核苷酸組成
    (B) 清潔劑的作用爲使細胞破裂，但洋蔥細胞具細胞壁因此清潔
       劑沒用
    (C) 萃取洋蔥的 DNA 時，使用木瓜酵素去除細胞壁
    (D) 從洋蔥葉片與莖中可萃取出具相同序列的 DNA

12. 在被子植物的生活史中，下列何者是雙倍體？
    (A) 大孢子   (B) 胚乳母細胞（胚乳核）
    (C) 小孢子母細胞   (D) 極核

13. 某生依課本指示探討光反應的還原實驗，利用 DCPIP 的顏色變化
    測定葉綠體釋出的質子與電子。他配製適當濃度的葉綠體懸浮液
    後，卻誤加入 5% DCPIP 取代正常的 0.01-0.1%，導致 DCPIP 過
    量。經照光 30 分鐘後，離心，取上清液，觀察顏色變化，下列
    情形何者最有可能？
    (A) 維持藍色   (B) 維持無色
    (C) 由藍色變無色   (D) 由無色變藍色

14. 下列有關植物菌根與根瘤相關的敘述，何者正確？
    (A) 外生菌根比內生菌根常見
    (B) 內生菌根的菌絲穿透植物的細胞壁
    (C) 菌根是由根瘤菌與植物體共生形成
    (D) 與豆科共生的根瘤菌都是同一物種

15. 下列有關動物循環系統的敘述，何者正確？
    (A) 節肢動物的蝗蟲為閉鎖式循環
    (B) 環節動物的蚯蚓為開放式循環
    (C) 閉鎖式循環系統有微血管的構造
    (D) 開放式循環系統沒有心臟的構造

16. 下列有關消化系統的敘述，何者正確？
    (A) 唾液澱粉酶最適宜作用的 pH 為中性
    (B) 十二指腸的酸性食糜會間接導致胃腺分泌受抑制
    (C) 部分分解的蛋白質使賁門部位的細胞釋出胃泌素
    (D) 草食動物的盲腸細胞可分泌分解纖維素的酵素

17. 下列有關呼吸系統的敘述，何者正確？
    (A) 昆蟲的氣管系將由頭部氣門進入體內的氣體運送到全身
    (B) 兩生類成體的肺泡氣體交換已足以完全供給所需氧氣
    (C) 魚的鰓絲有平行排列的鰓板，水在其間流通可增加氣體交換
        的面積
    (D) 人類氣管在肺臟不斷分支，小支氣管最末端與一個肺泡連通
        進行氣體交換

18. 下列有關尿液形成過程的敘述，何者正確？
    (A) 過濾作用在絲球體與鮑氏囊間進行
    (B) 腎小管會以主動運輸的方式回收濾液中所有的離子
    (C) 腎小管會進行分泌作用將血液中的有害物質如病毒釋出
    (D) 集尿管受抗利尿激素刺激可再吸收尿液中的鉀離子

19. 下列有關生質能源的敘述，何者**不正確**？
    (A) 生物體將 CO_2 固定為有機物是生質能源的來源

(B) 生質能源是不會產生 CO_2 的再生綠色能源

(C) 以纖維素爲原料生產生質酒精,較不會損及穀物供應

(D) 以廢食用油爲原料生產生質柴油,可減少車輛的硫化物排放

20. 下列探討顯微測量的結論,何者正確?

(A) 視野下載物臺測微器每格隨物鏡倍率放大,所代表的長度不隨放大倍率改變

(B) 視野下載物臺測微器每格不隨物鏡倍率放大,所代表的長度隨放大倍率改變

(C) 目鏡測微器每格隨物鏡倍率放大,所代表的長度隨放大倍率改變

(D) 目鏡測微器每格不隨物鏡倍率放大,所代表的長度也不隨放大倍率改變

二、多選題(占 30 分)

說明:第 21 題至第 35 題,每題有 5 個選項,其中至少有一個是正確的選項,請將正確選項畫記在答案卡之「選擇題答案區」。各題之選項獨立判定,所有選項均答對者,得 2 分;答錯 1 個選項者,得 1.2 分;答錯 2 個選項者,得 0.4 分;答錯多於 2 個選項或所有選項均未作答者,該題以零分計算。

21. 下列有關親緣係重建的敘述,哪些正確?

(A) 指標化石做爲定年工具,其生存地史時間愈長則愈精準

(B) 通常解剖構造比外觀及功能特性更容易保留祖先特徵

(C) 人和雞的胚胎期出現鰓裂,可說明兩者間的趨同現象

(D) 碳水化合物及脂質常用於推斷物種間的親緣關係

(E) 不同地史時代的水陸分布,可用於推測物種的演化過程

22. 下列有關人類受精、懷孕及胚胎發生過程，哪些正確？
    (A) 精子會與次級卵母細胞結合以進行受精作用
    (B) 卵與精子在子宮中結合，形成受精卵
    (C) 胎兒的動脈與母體的靜脈在胎盤連通
    (D) 胚胎是由受精卵經有絲分裂所形成
    (E) 臍帶介於胎兒及胎盤之間，內有動脈與靜脈

23. 在同一個池塘中長期存有同屬不同物種的 2 種淡水螺，其生態棲
    位相似但不同，下列推論哪些正確？
    (A) 親緣接近的物種使用類似的資源
    (B) 池塘的資源長期無限地供應它們使用
    (C) 2 種淡水螺之間存有競爭關係
    (D) 生態棲位無關於生活資源的應用
    (E) 2 種淡水螺之間存有共生關係

24. 下列何者屬於結締組織？
    (A) 軟骨　　　　　(B) 血液　　　　　(C) 心肌
    (D) 皮下脂肪　　　(E) 神經

25. 下列有關植物木質部的敘述，哪些正確？
    (A) 由導管、管胞和伴細胞組成
    (B) 導管只有細胞壁
    (C) 管胞執行從根到葉的運輸
    (D) 伴細胞與導管可雙向運輸
    (E) 管胞的運輸功能較導管好

26. 利用濾紙色層分析法探討各光合色素在展開液（石油醚：丙酮 =
    9：1）中沿濾紙條往上移動的情形。若定義 Rf = 色素移動的距
    離／展開液移動的距離，則下列敘述哪些正確？

(A) 葉綠素 a 的 Rf 等於葉綠素 b 的 Rf

(B) 葉綠素 b 的 Rf 大於胡蘿蔔素的 Rf

(C) 胡蘿蔔素的 Rf 大於葉綠素 a 的 Rf

(D) 色素 Rf 越大層析後色素帶離原點越近

(E) 色素的 Rf 越小，該色素在濾紙上的移動速度越慢

27. 下列哪些因素會使血壓升高？

    (A) 心跳速率降低   (B) 周邊阻力變大

    (C) 心輸出量減少   (D) 交感神經活動增強

    (E) 副交感神經活動增強

28. 下列探討聚合酶連鎖反應的操作概念，哪些正確？

    (A) 加入限制酶是為了減緩反應速度

    (B) 升溫至 95℃ 是為了讓 DNA 模版重新恢復成雙股

    (C) 降溫至 50～60℃ 是為了讓 DNA 聚合酶發揮最佳效率

    (D) 加入引子引導 DNA 聚合酶在模版的特定位置作用

    (E) 加入核苷酸是為了做為複製 DNA 的原料

29. 下列與生態系相關的敘述，哪些正確？

    (A) 生態系多樣性與環境多樣性同義

    (B) 其群集組成會隨理化因子而變化

    (C) 其他條件不變，環境異質性增高，則生態系多樣性增高

    (D) 生態系多樣性指的就是物種數多寡及食物鏈的長短

    (E) 甲棲地物種多樣性高於乙，則乙棲地的物種豐富度必低

30. 下列哪些過程，在動物和植物細胞的有絲分裂中皆會發生？

    (A) 紡錘絲的形成   (B) 中心粒的形成

    (C) 染色體的形成   (D) 分裂末期細胞膜凹陷

    (E) 細胞板的形成

31. 下列有關真核細胞的呼吸作用之敘述，哪些正確？
    (A) 過程中會有丙酮酸形成
    (B) 丙酮酸經乳酸發酵會形成二氧化碳
    (C) 發酵釀酒須在氧氣充足的情況下進行
    (D) 動物細胞的有氧呼吸在粒線體進行
    (E) 酵母菌的發酵作用在過氧化體進行

32. 圖 1 中為某溫帶雙子葉木本植物的樹幹橫切面之局部放大圖。
    試根據附圖判斷下列選項，哪些正確？
    (A) 部位 I 可找到木栓細胞
    (B) 部位 II 為次生韌皮部
    (C) 部位 III 生長期間的氣候，較部
    　　 位 V 乾冷
    (D) 部位 IV 為次生木質部在一年期
    　　 間的生長範圍
    (E) 部位 VI 的細胞多已無法運送養
    　　 分和水分

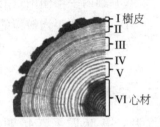

圖 1

33. 就已出土的化石而言，下列哪些為直立人（*Homo erectus*）？
    (A) 巧人（巧能人）　　　　(B) 北京人　　　　(C) 爪哇人
    (D) 尼安德塔人　　　　　　(E) 智人

34. 下列哪些狀況會造成水稻保衛細胞的膨壓下降？
    (A) 稻田因久旱不雨缺水
    (B) 日間光合作用旺盛
    (C) 植物體內離層酸增加
    (D) K^+ 流入保衛細胞
    (E) 吉貝素增加

35. （甲）～（丁）爲天擇模型圖，橫軸爲族群某一表現型的測量值，
縱軸爲相對頻率，虛線爲天擇前，實線爲天擇後的頻率分布圖。
下列敘述哪些正確？

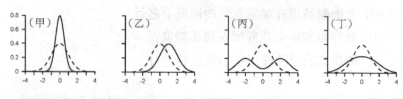

(A) 圖甲表示天擇沒有作用
(B) 圖乙正值個體的存活或生殖率較高
(C) 圖丙平均值附近的個體較不適應
(D) 圖丁離平均較遠的個體較不適應
(E) 圖丙的情況最有可能形成新物種

三、閱讀題（占 24 分）

說明：第 36 題至第 46 題，包含單選題與多選題，單選題有 4 個選項，多選題有 5 個選項，每題選出最適當的選項，標示在答案卡之「選擇題答案區」。單選題各題答對得 2 分，答錯、未作答或畫記多於 1 個選項者，該題以零分計算。多選題所有選項均答對者，得 3 分；答錯 1 個選項者，得 1.8 分；答錯 2 個選項者，得 0.6 分；答錯多於 2 個選項或所有選項均未作答者，該題以零分計算。

閱讀一

早在 70 年前，科學家就提出限制熱量攝取可以延長壽命的看法。過去以酵母菌、線蟲、果蠅與老鼠做實驗的結果，也普遍支持此理論。然而要以限制飲食的方式來延長人類的壽命，在執行上有其困難度。因此，科學家致力於開發與限制人體飲食及熱量具有相同效果的藥物。其中，白藜蘆醇是廣泛受重視的研究對象之一。

　　白藜蘆醇具有活化 SIRT1 去乙醯化酵素的功能。活化後的 SIRT1 在 NAD^+ 存在的條件下，會作用在 PGC-1α 這個轉錄因子上，使其開啟一系列與能量代謝有關的基因，進而強化粒線體功能並對抗代謝疾病。然而白藜蘆醇活化 SIRT1 的機制仍待進一步釐清。最近的實驗結果指出，白藜蘆醇可以抑制磷酸二酯酵素（phosphodiesterase），導致細胞質中的 cAMP 濃度增加，進而造成細胞質中游離的 Ca^{2+} 濃度及其下游的磷酸化酵素 CamKKβ 活性上升。CamKKβ 會作用在 AMPK 酵素上，增強其酵素活性。當 AMPK 被活化後，一方面可增加細胞質中 NAD^+ 的濃度，另一方面會對 PGC-1α 進行磷酸化修飾。SIRT1 能辨識被磷酸化的 PGC-1α，並活化其功能。依據上文內容和習得的知識，回答第 36-39 題：

36. 下列研究對象何者缺乏直接實驗證據支持，限制飲食熱量可延長其壽命？
    (A) 酵母菌　　　(B) 線蟲　　　(C) 老鼠　　　(D) 人類

37. 限制飲食及熱量攝取可能造成下列哪一結果？
    (A) SIRT1 乙醯化增加　　　　　(B) NAD^+ 轉化為 NADH
    (C) PGC-1α 活性增加　　　　　(D) 粒線體功能下降

38. 下列哪一分子具有磷酸酶活性？
    (A) SIRT1　　　　　　　　　　(B) PGC-1α
    (C) 磷酸二酯酵素　　　　　　　(D) CamKKβ

39. 下列哪一因素直接調控細胞質中 PGC-1α 的活性？
    (A) 與 cAMP 結合　　　　　　　(B) 被磷酸化修飾
    (C) NAD^+ 濃度上升　　　　　　(D) Ca^{2+} 濃度上升

閱讀二

　　"水優鮭" 是某一美國生技公司的產品，源自野生的大西洋鮭
（*Salmon salar*）。大西洋鮭最大體長可達 150 cm，體重 46.8 kgw，最
長壽命為 13 年。太平洋鮭（*Oncorhynchus tshawytscha*），是大西洋鮭
的近似種，最大體長 150 cm，體重 61.4 kgw，最長壽命為 9 年。以上
兩種鮭魚均為條鰭亞綱鮭科的成員。

　　水優鮭的基因體，是在大西洋鮭的基因體中加入一段外源 DNA 片
段。此外源 DNA 是由某一深海魚之抗凍蛋白基因的啟動子
（promoter），及太平洋鮭之生長激素基因的互補 DNA（cDNA）所組
合而成。製作此嵌合體之目的是為改造大西洋鮭的基因體，使其成長
速率加快，養殖時間由 3 年縮短到 16-18 個月。此外，研究顯示此魚
比野生族群耐寒，且具較高的增肉率。若要增加相同的體重，養殖水
優鮭相較於野生大西洋鮭，可省 10% 的餌料。1996 年，有一個水產公
司向美國的藥物食品管理局（FDA）申請，欲以海灣養殖此魚並推廣
上市。本申請案歷經十四年後，FDA 才裁定：(1) 此魚應不會對環境引
起任何顯著影響；(2) 以此魚做為食物的安全性與傳統大西洋鮭一樣安
全。因此 FDA 認為：水優鮭所製作的食品與其他大西洋鮭的食品一樣
安全。環保人士對此則持不同意見，認為在進行商業養殖前應再審慎
評估。依據上文內容和習得的知識，回答第 40-43 題：

40. 大西洋鮭與太平洋鮭在下列哪一分類階層可以找到共同祖先？
　　(A) 目　　　　　(B) 屬　　　　　(C) 物種　　　　　(D) 亞種

41. 基因表現之調控模型中，有關使用抗凍蛋白基因的啟動子之敘
　　述，何者正確？
　　(A) 啟動子是 DNA 聚合酶附著處

(B) 啓動子是 RNA 聚合酶附著處

(C) 啓動子序列轉譯出調節蛋白

(D) 啓動子序列轉錄出 mRNA 之一部分

42. 下列水優鮭的敘述，何者正確？

(A) 是基改品系　　　　　　　(B) 是雜交物種

(C) 基因體是單套體　　　　　(D) 壽命 16-18 個月

43. 水優鮭若在溫帶沿岸，以商業化方式大量進行箱網養殖。下列哪些可能會發生的情況是 FDA 關切的議題？

(A) 可能形同入侵種

(B) 其子代個體可能不孕

(C) 無法與大西洋鮭雜交

(D) 上市時的體重可能達不到 60 kgw

(E) 可能不宜食用

閱讀三

　　蛋白酶體系統位於細胞質及細胞核中，負責分解生命週期短的蛋白質，其分解蛋白質的酵素活性區域侷限在系統構造的內部。被分解物須通過蛋白酶體兩端的開口，才能進入內部而被水解。由於蛋白酶體兩端開口大小的限制，只有三度空間結構先被破壞的多肽鏈，才是蛋白酶體的受質。蛋白質複合受到體積的限制，無法進入蛋白酶體的內部，其分解是經由溶體系統來執行。

　　溶體是由生物膜圍繞而成的胞器，在溶體內含有大量的水解酵素，可分解進入溶體的各種受質，這些受質包含蛋白質單體、蛋白質複合體乃至於整個胞器。目前已知蛋白質複合體可經由兩種不同的運

送途徑進入溶體，一是透過溶體膜內陷，將附著在溶體表面的受質帶入溶體內；另外一個機制則是在細胞質內進行自噬作用，將蛋白質複合體或胞器包裹成雙層膜的細胞自噬體，溶體與自噬體融合後再將內含物分解。依據上文內容和習得的知識，回答第 44-46 題：

44. 調控細胞分裂的蛋白質，最可能透過下列哪一途徑分解？
    (A) 蛋白酶體系統
    (B) 溶體外圍膜內陷帶入溶體內而分解
    (C) 形成細胞自噬體包裹後送入溶體中
    (D) 經胞吐作用釋出到細胞外

45. 有關蛋白酶體的受質之敘述，下列哪些正確？
    (A) 分解前結構先被破壞
    (B) 蛋白質複合體可為蛋白酶體的受質
    (C) 大小受限於蛋白酶體兩端開口
    (D) 分解前先被包裹在細胞質的膜狀胞器中
    (E) 細胞自噬體是蛋白酶體的受質

46. 細胞自噬作用完成後，最可能在哪裡找到體外膜的成分？
    (A) 內質網　　　　　　　　(B) 蛋白酶體中
    (C) 溶體內　　　　　　　　(D) 溶體膜

第貳部分：非選擇題（占 26 分）

說明：本部分共有四大題，答案必須寫在「答案卷」上，並於題號欄標明大題號（一、二、……）與子題號（1、2、……），作答時不必抄題。作答務必使用筆尖較粗之黑色墨水的筆書寫，且不得使用鉛筆。每一子題配分標於題末。

一、 圖 2 為有關於專一性免疫防禦機制
　　的反應簡圖，甲至丁代表不同時期。
　　試回答下列問題。

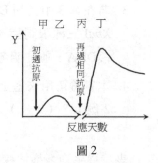

圖 2

　　1. 若圖 2 是說明體液免疫的變化，
　　　則 Y 軸為何種物質的濃度？
　　　（2 分）

　　2. 若圖 2 是說明細胞免疫的變化，
　　　相較於丙時期，哪些免疫細胞的
　　　數量在丁時期明顯增加？（4 分）

二、 圖 3 為用同一對引子，分別以甲、乙、丙及丁四人的 DNA 為
　　模版進行聚合酶連鎖反應（PCR）所得到的產物。四組產物長
　　皆為 2500 bp，bp 代表 DNA 的長度單位。*Eco*RI、*Bam*HI、
　　*Kpn*I 及 *Xba*I 分別代表四種不同的限制酶，其相對應的切位標
　　示於圖上。
　　表一為四組 PCR 產物在經過相同限制酶作用後，再分析產物
　　中所有的 DNA 片段長度。

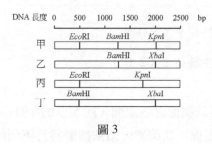

圖 3

表一

PCR 產物	DNA 長度（bp）
甲	500、2000
乙	500、2000
丙	500、2000
丁	500、2000

請依據圖 3 與表一回答下列問題：

1. 限制酶的功能為何？（2 分）

2. 表一最可能是**同時**使用了哪兩種限制酶作用的結果？（2 分）

3. 若在圖 3 中乙的 DNA 片段中加入足量的 *Eco*RI、*Bam*HI 及 *Xba*I 三種限制酶,並完全作用後,請寫出切割後會產生幾段DNA,並註明各片段長。(2分)

4. 本實驗可用來鑑定親子關係外,尚可應用於哪些方面(請舉 2 例)?(2分)

三、 表二為生物多樣性探討活動中,某同學所得的植物數據資料,A 及 B 為分隔的兩個不同棲地,而所觀察的性狀 T 為典型孟德爾模式之單基因遺傳,(TT)及(tt)為同型合子,(Tt)為異型合子,請回答下列問題。

表 二

物種	數量		異型合子頻率	
	棲地 A	棲地 B	棲地 A	棲地 B
甲	23	23	0.21	0.25
乙	19	21	0.25	0.33
丙	10	19	0.29	0.36
丁	18	19	0.48	0.43
戊	30	18	0.27	0.21

1. 哪一群集的物種多樣性最高?(2分)

2. 哪一個族群的基因多樣性最高?(2分)

四、 圖4～圖6為人類內分泌系統調節之示意圖,圖5中的 TRH 為促甲狀腺釋放激素、TSH 為促甲狀腺素,請依據圖回答下列問題。

1. 在維持血鈣濃度的功能上,A 激素與 B 激素存在什麼關係?(2分)

2. D 是指哪種類型的回饋控制？（2分）

3. E 是指哪種類型的回饋控制？（2分）

4. 分泌 A 激素的腺體為何？（2分）

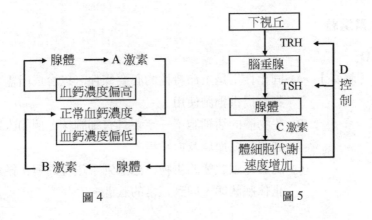

圖 4　　　　　　　　　　圖 5

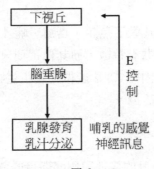

圖 6

104年度指定科目考試生物科試題詳解

第壹部分：選擇題

一、單選題

1. **D**

   【解析】(A) 同化作用是生命特性的必要條件，以合成所需要之物質提供細胞使用。

   (B) 生物體的活細胞不一定要具有細胞核，例如人類血液中的紅血球及血小板。

   (C) 處於休眠狀態的生物，感應到了環境的變化後會終止休眠狀態，回到正常的狀態。

2. **C**

   【解析】(C) 選項比較了魚類、鳥類、哺乳類三種不同種類的生物的共有特徵，而其他選項只有比較一種種類的生物，因此 (C) 才能做為現生生物由共同祖先演化而來的證據。

3. **B**

   【解析】 花粉管萌發的條件與周圍環境的蔗糖濃度最有相關，每種植物都有其最適合花粉管萌發的蔗糖濃度。

4. **D**

   【解析】(A) 皆為產生配子之器官

   (B) 皆為第一線運送配子之器官

   (C) 皆為幫助配子成熟之細胞

5. **B**

【解析】照射紅光會使光敏素轉變為有活性的形式，使萵苣種子能夠萌芽。

6. **B**

【解析】紅血球才是人體內數量最多的血球。

7. **C**

【解析】下視丘為腦垂腺分泌激素的總指揮。

8. **C**

【解析】(A) 伸縮泡是用來排出水

(B) 渦蟲的原腎是用來排出低濃度水溶液

(D) 人的腎元近曲小管才是負責再吸收大部分葡萄糖及胺基酸。

9. **B**

【解析】(A) 協助巨噬細胞進行吞噬作用

(B) 抗體結合上抗原後，會活會補體系統，進行一連串反應

(C) 抗體主要在體液中與抗原結合，並非細胞內。

(D) 抗體接上抗原之後，會活化補體產生穿孔素，本身並不會在細菌表面穿孔。

10. **C**

【解析】(A) 轉錄發生在細胞核，轉譯才是發生在核醣體。

(B) 成熟的 mRNA 只含外顯子，內含子已被切除。

(D) 吸 RNA 聚合　不需要引子，DNA 聚合酶才需要。

11. **D**

　【解析】(A) 組成所有生物的 DNA 皆爲相同的四種去氧核醣核酸。

　　　　　(B) 細胞壁具有穿透性，清潔劑可通過細胞壁，使細胞膜破裂。

　　　　　(C) 使用木瓜酵素是爲了去除蛋白質。

　　　　　(D) 除了減數分裂後的配子之外，植物經由細胞分裂產生的體細胞中的 DNA 皆爲相同的 2N 染色體。

12. **C**

　【解析】(A) (D) 皆爲單倍體

　　　　　(B) 爲三倍體

　　　　　(C) 會行減數分裂產生單倍體的孢子，因此孢子母細胞是雙倍體。

13. **A**

　【解析】因爲葉綠體要釋出足夠的質子及電子才能讓 5% 的 DCPIP 完全還原，但 5% 的 DCPIP 超過正常使用的 0.01~0.1% 五十倍以上，因此照光 30 分鐘葉綠體釋出的質子與電子無法令 全部的 DCPIP 還原，尚有許多維持氧化態的藍色 DCPIP 存在。

14. **B**

　【解析】(A) 內生菌根較外生菌根常見

　　　　　(C) 菌根是由土壤中的眞菌與植物體共生形成

　　　　　(D) 能跟植物共生的根留菌有很多種，而且通常，一種根瘤菌只能和一種豆科植物共生。

15. **C**

　【解析】 (A) 屬於開放式循環

　　　　　(B) 屬於閉鎖式循環

　　　　　(D) 開放式循環雖然沒有爲血管，但依然有類似血液幫浦的心臟構造。

16. **B**

　【解析】 (A) 一般而言，唾液爲弱酸性（pH 6.3～6.8），接近中性，以適合唾液澱粉　作用

　　　　　(B) 酸性食糜進入十二指腸後會刺激十二指腸分泌更多的胰泌素和膽囊收縮素，抑制胃的蠕動和胃腺分泌。

　　　　　(C) 分泌胃泌素的細胞位於幽門處

　　　　　(D) 草食動物分解纖維素是靠盲腸中的微生物分泌可以分解纖維素的酵素而分解利用。

17. **C**

　【解析】 (A) 昆蟲的氣門位於體表的兩側，並非頭部。

　　　　　(B) 大部分兩生類成體是以皮膚爲主要的氣體交換器官。

　　　　　(D) 小支氣管最末端是連接一個具有許多肺泡的大肺泡囊，並非一個肺泡。

18. **A**

　【解析】 (B) 並不是所有離子，因爲有些離子並無法用主動運輸再吸收回來。

　　　　　(C) 病毒並不會因爲分泌作用而被排除。

(D) 抗利尿激素主要刺激集尿管增加對水的通透性，再吸收水分子。

19. **B**

【解析】 生質能源是使用有機物來燃燒產生能源，仍會產生 CO_2，只是此 CO_2 爲有機物從大氣循環中吸收來的 CO_2，不像燃燒無機物、化石燃料會額外增加大氣 CO_2 的含量。

20. **A**

【解析】 (A)(B) 載物臺測微器就像是位於玻片上的一把尺，它所代表的長度並不會因爲物鏡放大而改變。

(C)(D) 目鏡測微器不會因爲物鏡而跟著放大，但是會因爲物鏡放大物體而代表著不同的長度。

二、多選題

21. **BE**

【解析】 (A) 存在地史越短的指標化石較準確，其出現可以將地層年齡定在範圍較小的年代。

(C) 表示兩個具有共同的祖先。

(D) 蛋白質及核酸較常被使用。

22. **ADE**

【解析】 (B) 在輸卵管中結合，再到子宮內著床。

(C) 母體和胎兒各自在胎盤形成微血管網隔著，血液不直接連通

23. **AC**

【解析】 (B) 在池塘生態系的資源是有限的，不可能無限量供
應牠們使用。

(D) 生態棲位相同代表所用的資源相似，不可能與生
活資源應用無關。

(E) 生態棲位相似通常為競爭關係。

24. **ABD**

【解析】 結締組織包括疏鬆結締組織、緻密結締組織、脂肪組
織、血液、軟骨、硬骨等等。

25. **BC**

【解析】 (A) 伴細胞是韌皮部的組成之一。

(D) 導管只能單向運輸。

(E) 導管的半徑較大，阻礙較少，因此運輸功能較好。

26. **CE**

【解析】 為 Rf＝色素移動的距離／展開液移動的距離， Rf 愈
大，表示該色素在濾紙上的移動速度愈快，層析後色
素帶離原點愈遠，脂溶性越高。脂溶性高低順序＝Rf
高低順序：胡蘿蔔素＞葉黃素＞葉綠素 a＞葉綠素 b。

27. **BD**

【解析】 (A)(C) 心速上升、心輸出量上升才會使單位時間內體
循環的血液增加，血壓上升。

(E) 副交感神經的作用會讓血壓下降。

28. **DE**

【解析】 (A) 限制　的作用是切割 DNA。

(B) 加熱至 95℃的作用是使 DNA 變爲單股。

(C) 是爲了讓加入的引子容易與 DNA 黏合。

29. **BC**

【解析】 (A) (D) 生態系包含生物及環境，因此生態系多樣性應
該將環境多樣性及各環境中的生物多樣性都考慮
進去才完整。

(E) 物種多樣性包括物種豐富度和均勻度，甲棲地物
種多樣性高於乙，可能是甲棲地物種均勻度較高，
但物種豐富度兩棲地可能相同。

30. **AC**

【解析】 (B) (D) 動物特有。

(E) 植物特有。

31. **AD**

【解析】 (B) 經酒精發酵才會產生二氧化碳。

(C) 需在缺乏氧氣狀況下進行。

(E) 於細胞質中進行。

32. **ACE**

【解析】 部位 I 爲樹皮，由外而內包括木栓層、木栓形成層、
皮層和韌皮部。部位 II 爲邊材，具有運輸水和無機鹽
的功能。部位 III 的年輪較緊密，表示生長較慢，所以
可推知其生長期間的氣候較乾冷。部位 III、IV、V 皆

　　爲次生木質部，在一年期間的生長範圍會造成一深一
淺的環紋，部位 IV 僅爲一較深的環紋，因此不能表示
一年期間的生長範圍。部位 VI 爲心材，已不具有運輸
水和無機鹽的功能。

33. **BC**

　　【解析】　直立人是舊石器時代最早期的人類。例子有在爪哇島
梭羅河附近發現爪哇人及周口店所發現的北京人。

34. **AC**

　　【解析】　缺水會造成植物體內離層酸增加，使保衛細胞釋出鉀
離子，水也跟著流出保衛細胞而導致其膨壓下降，氣
孔關閉。

35. **BCE**

　　【解析】　(A) 兩端的個體數減少，表示較不適應，天擇有發揮
效果。
　　　　　　(D) 比起天擇前，距離平均較遠的個體數增加，表示
天擇後較爲適應。

三、閱讀題

36. **D**

　　【解析】　題幹只有提到用酵母菌、線蟲、果蠅與老鼠做實驗，
尚未有人體實驗。

37. **C**

　　【解析】　文中提到，與限制人體飲食及熱量具有相同效果的藥

物中，白藜蘆醇是廣泛受重視的研究對象，而文中又
提到：白藜蘆醇具有活化 SIRT1 去乙醯化酵素的功能。
而 SIRT1 能辨識被磷酸化的 PGC-1α，並活化其功
能。所以邏輯上可以得到：白藜蘆醇→活化 SIRT1，
SIRT1→活化 PGC-1α，因此可以推論限制人體飲食
及熱量可能造成 PGC-1α 活性增加。

38. **D**

【解析】 文中第二段有提到 CamKKβ 是個磷酸化酵素。

39. **B**

【解析】 文中暗示著：PGC-1α 需要被 AMPK 磷酸化之後，才
能被 SIRT1 辨識並活化，因此選 (B)。

40. **A**

【解析】 大西洋鮭（Salmon salar）及太平洋鮭（Oncorhynchus
tshawytscha）的屬名不同，自然種、亞種也必定不同。
利用刪去法可以選出 (A) 爲正確。另外，文中也提到此
兩種鮭魚均爲條鰭亞綱鮭科的成員，表示兩者在科以
上的階層皆相同。

41. **B**

【解析】 啓動子是 DNA 的一段序列，轉錄時，RNA 聚合酶先
附著在啓動子上，以打開 DNA 雙螺旋。

42. **A**

【解析】 文中提到：「水優鮭的基因體，是在大西洋鮭的基因體

中加入一段外源 DNA 片段。」可推知水優鮭是經由基因改造而來的品系。

43. **AE**

【解析】商業化的申請案經過 14 年後，FDA 裁示「此魚應不會對環境引起任何顯著影響」及「以此魚做為食物的安全性與傳統大西洋鮭一樣安全」，表示 FDA 有考慮水優鮭是否會對當地生態系魚種造成影響及食用安全性。

44. **A**

【解析】文中提到蛋白酶體系統負責分解生命週期短的蛋白質，可知調控細胞分裂的蛋白質，最可能透過蛋白酶體系統分解。

45. **AC**

【解析】文中提到：「被分解物須通過蛋白酶體兩端的開口，才能進入內部而被水解。由於蛋白酶體兩端開口大小的限制，只有三度空間結構先被破壞的多肽鏈，才是蛋白酶體的受質。」可知 (A) (C) 為正確選項。

46. **D**

【解析】文中提到：「另外一個機制則是在細胞質內進行自噬作用，將蛋白質複合體或胞器包裹成雙層膜的細胞自噬體，溶體與自噬體融合後再將內含物分解。」可知溶體會與自噬體內膜融合，所以細胞自噬作用完成後，最可能在溶體膜找到細胞自噬體外膜的成分。

第貳部分：非選擇題

一、【解答】 1. 抗體

　　　　【解析】 體液免疫中，會因爲遇到抗原的次數不同
　　　　　　　　而濃度大量增加的，就是抗體。

　　　　 2. 輔助 T 細胞（T_H）、胞毒 T 細胞（T）

　　　　【解析】 細胞免疫中，輔助 T 細胞及胞毒 T 細胞也
　　　　　　　　具有記憶性，日後再次遇到相同抗原，兩
　　　　　　　　者均會迅速增生，而產生更快、更強的細
　　　　　　　　胞免疫。

二、【解答】 1. 可以辨識 DNA 上的特定序列，並且切割之。

　　　　 2. EcoRI，XbaI

　　　　【解析】 因爲 EcoRI 的切位在 500 bp 處，XbaI 切在
　　　　　　　　2000 bp 處；甲、丙有 EcoRI 的切割位置，
　　　　　　　　乙、丁有 XbaI 的切割位置，所以同時使用
　　　　　　　　EcoRI 和 XbaI 兩種限制酶，恰可將四組長
　　　　　　　　度皆爲 2500 bp 的 PCR 產物切成 500 和
　　　　　　　　2000 bp 的 DNA 片段長度。

　　　　 3. 三段，長度：1250 bp、750 bp 和 500 bp

　　　　【解析】 乙的 DNA 片段中無 EcoRI 的切割位置，
　　　　　　　　因此只能由 BamHI 和 XbaI 切出三段，產
　　　　　　　　生 1250 bp（0~1250）、750 bp（1250~
　　　　　　　　2000）和 500 bp（2000~2500）這三段。

　　　　 4. 嫌疑犯與證據間的 DNA 鑑定、物種間的親源關係建
　　　　　　 立、定位癌細胞的突變位置等等擇二。

【解析】 經由 DNA 序列的比對，我們可以將經 PCR 放大與限制　切割後的微量 DNA 進行許多研究。

三、【解答】 1. 棲地 B

【解析】 物種多樣性包括物種豐富度和均勻度，既然棲地 A 及 B 的物種豐富度相同，則以物種均勻度較佳的棲地 B 為物種多樣性最高之群集。

2. 棲地 A 的丁

【解析】 其異型合子頻率最高，表示其基因座的等位基因頻率較接近，較不易發生基因流失，因此基因多樣性最高。

四、【解答】 1. 拮抗

【解析】 激素 A 是降低血鈣以達到正常血鈣濃度，激素 B 則是增加血鈣以達到正常濃度，因此兩者是拮抗的作用。

2. 負回饋

【解析】 當體細胞的代謝速度增加後，身體會經由負回饋抑制 TRH 和 TSH 分泌。

3. 正回饋

【解析】 哺乳屬於正回饋控制。

4. 甲狀腺

【解析】 A 激素為降鈣素，由甲狀腺分泌。

104年大學入學指定科目考試試題
國文考科

第壹部分：選擇題（占 55 分）

一、單選題（占 34 分）

說明：第1題至第17題，每題有4個選項，其中只有一個是正確或
　　　最適當的選項，請畫記在答案卡之「選擇題答案區」。各題
　　　答對者，得2分；答錯、未作答或畫記多於一個選項者，該
　　　題以零分計算。

1. 下列文句，完全**沒有**錯別字的選項是：
   (A) 青年應該有為有守，不可做出卑躬屈膝、逢迎諂媚的無恥行為
   (B) 在辯論會上，雙方經過一番激烈的唇槍舌箭，仍然分不出勝負
   (C) 有些人處心積慮，一味謀取暴利，枉顧社會責任，真令人氣憤
   (D) 春節期間，高速公路湧進大量車潮，造成許多路段的交通雍塞

2. 下列文句中的「則」字，與顧炎武〈廉恥〉：「不廉則無所不取」
   的「則」字，用法相同的選項是：
   (A) 引入，微指左公處，則席地倚牆而坐
   (B) 愛其子，擇師而教之，於其身也則恥師焉
   (C) 君子博學而日參省乎己，則知明而行無過矣
   (D) 至於斟酌損益，進盡忠言，則攸之、禕、允之任也

3. 閱讀下文，推斷□內最適合填入的選項是：
   只有這樣瓜，它不急著知道自己是什麼。它很清楚自己是引人注
   視的，以一種充分的自信向前優雅地伸展。隨後，蜿蜒的枝條像
   洪流般□上來，蓋過了雜草。哥哥在圃路中段用竹條作了一個拱
   門，讓部分蔓藤□過拱門，造成一個小小的瓜棚，……於是，從

院子的這角到那角，滿眼碧綠。到處有分歧的嫩枝，□著頑皮的頭，好奇地張望，想跑得更遠更遠。葉子亭亭玉立，像極了荷葉，也學著在微風之下，沙沙地拋擲它們的波浪。（荊棘〈南瓜〉）

(A) 捲／爬／抬　　　　　　　　(B) 捲／穿／垂

(C) 淹／穿／抬　　　　　　　　(D) 淹／爬／垂

4. 下列是一首現代詩，請依詩意選出排列順序最恰當的選項：

怕遺忘的心事／怕被偷窺到的文件／怕無端受損的紀念品／好好收藏起來／放到隱秘／不容易翻到的地方／安心地／

甲、也把它遺忘

乙、甚麼文件或紀念品

丙、把隱藏的這件心事本身

丁、連帶忘了有過心事這回事

都沒有存在過似的／完美的收藏／在封閉的記憶門外／由他人／任意去陳列／在紛爭的歷史中（李魁賢〈收藏〉）

(A) 乙甲丁丙　　　　　　　　　(B) 乙丙甲丁

(C) 丙甲乙丁　　　　　　　　　(D) 丙甲丁乙

5. 語言和它所指稱的內容，可視為名和實的關係。下列有關先秦諸子名實關係的論述，依儒家、道家、法家、名家的順序排列，正確的選項是：

甲、得意忘言　　乙、正名定分　　丙、循名責實　　丁、白馬非馬

(A) 乙甲丙丁　　　　　　　　　(B) 乙丁甲丙

(C) 丙甲乙丁　　　　　　　　　(D) 丙丁乙甲

6. 閱讀下文，推斷「貞觀」覺得「好笑」的原因，最有可能的選項是：

水銀燈下，貞觀望著他專注修傘的臉，忽想起幾日前，他寄給她

的那本《長生殿》；書的後兩頁，有他所寫《禮記‧昏義》篇的幾個字——敬慎重正而后親之——好笑的是他還在旁邊加了註解：經過敬謹、隆重而又光明正大的婚禮之後，才去親愛她，是禮的真義。（蕭麗紅《千江有水千江月》）

(A) 「他」期待快點長大，好結婚生子
(B) 「他」重禮儀，希望婚禮場面盛大
(C) 「他」想含蓄表白，又怕對方不懂
(D) 「他」對古文一知半解，詮釋謬誤

7. 「閱讀下列現代詩句，選出與詩中所詠對象相同的選項：

用尾端，輕輕，就能頂住全世界的黑暗
死亡或遺忘。我便這樣不由自主地發光

(A) 熠熠與娟娟，池塘竹樹邊。亂飛如拽火，成聚卻無煙
(B) 粉翅嫩如水，繞砌乍依風。日高山露解，飛入菊花中
(C) 露滌清音遠，風吹數葉齊。聲聲似相接，各在一枝棲
(E) 兩角徒自長，空飛不服箱。爲牛竟何事，利吻穴枯桑

8. 閱讀下文，最符合作者觀點的選項是：

文學家之意匠經營，其間如何創新，當然要在作者的想像與感情之是否觸到「前人所未道」處，見其分曉。但是，作者縱使有了那樣的新意，倘無適當的語言與之配合表出，結果仍不足構成文學批評對象的價值。因此，語言雖爲文學批評對象之表層的客觀的事實，然而沒有這個事實，便也失去了那對象的存在。（王夢鷗《古典文學論探索》）

(A) 文學創作應致力於語言創新
(B) 文學創作是語言之美的展現
(C) 文學批評的語言應力求客觀
(D) 文學批評的對象離不開語言

9. 關於執政者的施政原則，諸葛亮說：「治世以大德，不以小惠」。
下列敘述，與此說法最接近的選項是：
(A) 邦有道，貧且賤焉，恥也；邦無道，富且貴焉，恥也
(B) 天下大悅而將歸己，視天下悅而歸己，猶草芥也，惟舜為然
(C) 菲飲食，而致孝乎鬼神；惡衣服，而致美乎黻冕；卑宮室，
而盡力乎溝洫
(D) 君子平其政，行辟人可也。焉得人人而濟之？故為政者，每
人而悅之，日亦不足矣

10. 閱讀下文，選出敘述正確的選項：
楚莊王欲伐晉，使豚尹觀焉。反曰：「不可伐也。其憂在上，其
樂在下；且賢臣在焉，曰沈駒。」明年，又使豚尹觀，反曰：
「可矣。初之賢人死矣，諂諛多在君之廬者。其君好樂而無禮；
其下危處以怨上。上下離心，與師伐之，其民必反。」莊王從
之，果如其言矣。（《說苑‧奉使》）
(A) 豚尹反對楚莊王攻打晉國，表現出他憂以天下、樂以天下的
博愛襟懷
(B) 豚尹與沈駒分別為晉國與楚國賢臣，豚尹受到重用，沈駒則
含冤而死
(C) 晉君由憂國轉而好樂，晉民由安樂轉而怨上，遂使晉國陷入
崩解危機
(D) 晉國在沈駒死後，晉民因晉君不守禮法而造反，楚國遂趁機
攻打晉國

11. 閱讀下文，選出最符合文意的選項：
害人之心不可有，防人之心不可無，此戒疏於慮也。寧受人之
欺，毋逆人之詐，此警傷於察也。二語並存，精明而渾厚矣。
（《菜根譚》）

(A) 寧可防察無疏,絕不受人欺詐

(B) 既要慎防危害,也要心胸寬大

(C) 對他人宜小心,對自己須誠實

(D) 千慮難免一疏,人心詐偽難防

12-13 為題組

閱讀下文,回答 12-13 題。

　　若石隱於冥山之陰,有虎恆蹲以窺其藩。若石帥其人晝夜警,日出而殷鉦,日入而燎煇,宵則振鐸以望,植棘樹墉,坎山谷以守。卒歲,虎不能有獲。一日而虎死,若石大喜,自以為虎死無毒己者矣,於是弛其機,撤其備,垣壞而不修,藩決而不理。無何,有貙逐麋來,止其室之隈,聞其牛、羊、豕之聲而入食焉。若石不知其為貙也,叱之不走,投之以塊。貙人立而爪之,斃。君子謂:若石知一而不知二,宜其及也。(劉基《郁離子‧虎貙》)

12. 根據上文,敘述正確的選項是:

(A) 若石雖然日夜警戒,但終究免不了被老虎咬死

(B) 兇猛的老虎蹲在籬笆牆邊窺視,是因為害怕貙

(C) 若石只知防備老虎,卻不知貙會危害身家性命

(D) 老虎被若石毒死,若石就鬆開弩機,撤除防備

13. 「貙人立而爪之」的「人立」,由「名詞＋動詞」組成,名詞「人」用來描述「立」這個動作的特徵,意謂「像人一樣的站立」。下列文句「」內,屬於此種組成方式的選項是:

(A) 彊公室,杜私門,「蠶食」諸侯,使秦成帝業

(B) 老成凋謝,莫可諮詢;「巷議」街譚,事多不實

(C) 越明年,政通「人和」,百廢具興,乃重修岳陽樓

(D) 「歌吹」為風,粉汗為雨,羅紈之盛,多於堤畔之草

14-15 為題組

閱讀下文，回答 14-15 題。

　　（朱）買臣道：「富貴貧賤，各有其時。有人算我八字，到五十歲上，必然發跡。常言 _____，你休料我。」其妻道：「那算命先生，見你癡顛模樣，故意耍笑你，你休聽信。到五十歲時，連柴擔也挑不動，餓死是有分的，還想做官！除是閻羅王殿上，少箇判官，等你去做！」（《喻世明言・金玉奴棒打薄情郎》）

14. 依據文意，_____ 內最適合填入的選項是：
(A) 天有不測風雲
(B) 海水不可斗量
(C) 養兵千日，用在一時
(D) 路遙知馬力，日久見人心

15. 關於朱買臣之妻的看法，敘述正確的選項是：
(A) 算命先生具有識人之明
(B) 算命先生具有悲憫之心
(C) 朱買臣為官必定公正廉明
(D) 朱買臣此生注定窮愁潦倒

16-17 為題組

閱讀下列甲、乙二文，回答 16-17 題。

甲

　　人面原不如那紙製的面具喲！你看那紅的、黑的、白的、青的、喜笑的、悲哀的、目眥怒得欲裂的面容，無論你怎樣褒獎，怎樣棄嫌，它們一點也不改變。紅的還是紅，白的還是白，目眥欲裂的還是目眥欲裂。

　　人面呢？顏色比那紙製的小玩意兒好而且活動，帶著生氣。可是你褒獎他的時候，他雖是很高興，臉上卻裝出很不願意的樣子；你指摘他的時候，他雖是懊惱，臉上偏要顯出勇於納言的顏色。

　　人面到底是靠不住呀！我們要學面具，但不要戴它，因為面具後頭應當讓它空著才好。（許地山〈面具〉）

乙

　　本世紀初的德國大詩人李爾克是一個觀察入微的詩人，他在那本有名的《馬爾特手記》裡，曾經對人的一張臉有著如下的描述。他說：「世界上，有無數的人群，但更無數的是面孔，因為每個人有好幾個。有些人好些年只帶一個面孔，那面孔逐漸舊損，積垢，開裂，起皺，鬆大有如旅行時戴過的手套。他們從來不換面孔，也不清洗。他們想，一個面孔就夠了。」

　　「但有的人卻以驚人的速度在換面孔。他們一個個試用，立刻把它們用壞。他們以為總歸夠用的。那知道剛到四十歲就已經用到最後一個了。不用說，他們沒有習慣慎用面孔。最後一張八天以後就用壞了，有的地方起破洞，薄得像紙。然後，裡裡也露出來，變為『無面孔』，他們也就把它戴著外出。」（向明〈臉〉）

16. 下列關於二文的解說，正確的選項是：
　　(A) 甲文「無論你怎樣褒獎，怎樣棄嫌，它們一點也不改變」意謂心如止水，無動於衷
　　(B) 乙文「那知道剛到四十歲就已經用到最後一個了」意謂形跡敗露，無從掩飾
　　(C) 甲文「面具後頭應該讓它空著才好」意同於乙文「變為『無面孔』」
　　(D) 甲文所云「紙製的面具」相當於乙文所云「薄得像紙」的臉

17. 下列關於二文對比手法的敘述，正確的選項是：
　　(A) 乙文凸顯人性「知足」和「貪婪」的對比
　　(B) 甲文凸顯「始終如一」和「表裡不一」的對比
　　(C) 二文均透過形象描寫提出「固執」和「變通」的對比
　　(D) 二文均選擇「受人喜愛」和「令人憎惡」的臉做為對比

二、多選題（占 21 分）

說明：第 18 題至第 24 題，每題有 5 個選項，其中至少有一個是正確
　　　的選項，請將正確選項畫記在答案卡之「選擇題答案區」。各
　　　題之選項獨立判定，所有選項均答對者，得 3 分；答錯 1 個選
　　　項者，得 1.8 分；答錯 2 個選項者，得 0.6 分；答錯多於 2 個選
　　　項或所有選項均未作答者，該題以零分計算。

18. 下列文句畫底線處的詞語，運用恰當的選項是：
　　(A) 楊時與游酢常向老師程頤不恥下問，好學進取的精神相當可佩
　　(B) 當志工貴在有服務熱忱，如果只是為了換取證書，就不值一哂
　　(C) 表演者上臺謝幕，現場的觀眾也不吝賜教，報以最熱烈的掌聲
　　(D) 雖然沒能得獎，他仍不假辭色地表現出開心的樣子，要大家別
　　　　灰心
　　(E) 但求無過的做法雖然不足為訓，然而眼下情況緊急，只能消極
　　　　因應

19. 下列各組文句「 」內的字，前後意義相同的選項是：
　　(A) 況脩短隨化，終期於「盡」／以天下之害「盡」歸於人
　　(B) 其門人甚眾，「薄」暮畢集／炎日「薄」茅上，暑氣蒸鬱，覺
　　　　悶甚
　　(C) 後五年，吾妻來「歸」／靖心知虬髯得事也，「歸」告張氏，
　　　　具禮拜賀
　　(D) 將崇極天之峻，永保無疆之「休」／譬如人身血脈，節節相通，
　　　　自無他病。數年以後，仍成樂土，豈不「休」哉
　　(E) 安能以身之察察，受物之汶汶者乎？「寧」赴湘流，葬於江魚
　　　　之腹中／將軍獨靦顏借命，驅馳氈裘之長，「寧」不哀哉

20. 「平原君欲封魯仲連，魯仲連辭讓者三」，句末的「三」用來描
　　述動作的頻率。下列文句中的「三」，屬於此種用法的選項是：

(A) 范增數目項王，舉所佩玉玦以示之者「三」

(B) 五帝五后，凡十主，未遷者六，未立者四，未謚者「三」

(C) 君子道者「三」，我無能焉：仁者不憂，知者不惑，勇者不懼

(D) 尋見莊帝從閶闔門入，登太極殿，唱萬歲者「三」，百官咸加朝服謁帝

(E) 每籲果毅都尉一人，被繡袍，各一人從；左右領軍衞有絳引幡，引前者三，掩後者「三」

21. 「前絲斷纏綿，意欲結交情。春蠶易感化，絲子已復生」，其中「絲子」和「思子」為雙關語。下列詩句<u>畫底線處</u>，屬於相同表達手法的選項是：

(A) 朝登涼臺上，夕宿蘭池裡。乘月採芙蓉，夜夜得<u>蓮子</u>

(B) 雖無賓主意，頗得清淨理。興盡方下山，何必待<u>之子</u>

(C) 五月南風興，思君下巴陵。八月西風起，想君發<u>揚子</u>

(D) 憐歡好情懷，移居作鄉里。桐樹生門前，出入見<u>梧子</u>

(E) 今日還家去，念母勞家裡。卻與小姑別，淚落連珠<u>子</u>

22. 閱讀下列兩則資料，選出敘述正確的選項：

甲、（李）延年善歌，為新變聲。是時上方興天地諸祠，欲造樂，令司馬相如等作詩頌，延年輒承意弦歌所造詩，為之新聲曲。（《漢書・佞幸傳》）

乙、宋翔鳳云：「宋元之間，詞與曲一也；以文寫之則為詞，以聲度之則曲。」詞、曲皆有曲度，故謂之填詞，又稱倚聲，並先有聲而後有詞，非若古樂府之始或徒歌，終由知音者為之作曲，被諸管弦也。（龍榆生《中國韻文史》）

(A) 「古樂府」即李延年「新聲曲」，乃「徒歌」之作

(B) 唐代白居易提倡的「新樂府」，體裁亦為「先有聲而後有詞」

(C) 詞在宋代的寫作方式，大致為「倚聲」，多按既有譜格填上新詞

(D) 李延年「弦歌所造詩」，即「知音者為之作曲，被諸管弦也」的表現

(E) 「宋元之間，詞與曲一也」意謂宋詞、元曲的押韻和協律方式完全相同

23. 閱讀下文，選出敘述正確的選項：

　　雷電交加，大雨傾盆而下。芭芭拉來自印第安納的特雷霍特，不知道登記入住時該給門房五元小費，因此門房是不會冒著大雨幫小氣鬼招計程車的。何況，下雨天紐約根本招不到計程車。她只好研究手上的觀光地圖，衡量接下來該怎麼做。

　　她發現，如果從西八十幾街朝中央公園西路跑，一路跑到五十九街，穿過中央公園南路到公園大道，再往北來到東八十幾街，絕對無法準時出席派對。於是她決定做一件所有人警告她絕對不能做的事。

　　她用報紙護著頭髮，衝進夜色裡，向死亡挑戰。一道閃電亮起，忽然間，幫派分子包圍了她。他們無論什麼天氣都在這裡混，等著晚上穿越公園的笨蛋。不過芭芭拉空手道不是白學的。她施展腳下功夫大戰幫派，踹裂了這個人的下巴，把另一個人的牙齒踢飛到水泥地上，最後跌跌撞撞跑出公園，保住了小命。（改寫自羅伯特‧麥基《故事的解剖》）

(A) 芭芭拉是紐約人，所以不知要給門房小費

(B) 芭芭拉為了趕赴派對，冒險穿過中央公園

(C) 芭芭拉研究地圖，表示能夠完全掌控局勢

(D) 「衝進夜色」暗示芭芭拉進入未知的險惡

(E) 「閃電亮起」暗示芭芭拉的危殆倏然降臨

24. 閱讀下文，選出敘述正確的選項：

　　不要以為「風格」或「味道」是小事，風格或味道可以說是一種綜合的價值觀念，這種綜合的價值觀念，既不能學，又無處學，而是長時間的空氣培養出來的。

　　大家都知道諾貝爾獎的物理獎第一個得主是倫琴。就是發明X光的那個倫琴。他得獎的論文我從來未讀過，但讚美他這篇文章的人，我卻看過不少。都說他風格迥異，耐人尋味。現在的人寫科學論文，如果像報告他這種重大的發現，一定是如下的次序：先說出一大套理論，繼之以實驗數據，然後是果然成功。也許把自己的名字名為這種射線，立時申請專利；改行開設公司，大賺其錢了事。

　　倫琴並沒有這樣做。他只老老實實的，像說故事似的說明經過，說有一天他把鑰匙忘在抽屜裡等。論文簡單到了家也老實到了家。《倫琴傳》中曾讚不絕口地敘述他人格的完美。科學論文的作風與人格問題距離好像太遠了，但我們不能不說他的風格清高，可是這種清高的風格卻不是一時高興，而是長時間才能培養得出來。（改寫自陳之藩《一星如月·談風格》）

(A) 「風格」不限於文學作品，科學家所寫的論文亦能顯現「風格」

(B) 倫琴獲得諾貝爾物理獎的論文別出心裁，以說故事代替建立理論

(C) 作者透過倫琴的科學著述和生活雜筆，深刻感受到倫琴「文如其人」

(D) 作者認為優秀的科學論文應有理論、實驗數據，具體成果也該申請專利

(E) 部分科學家急於表彰個人發明貢獻並尋求獲利途徑，或因缺乏清高風格

第貳部分：非選擇題（共二大題，占 45 分）

說明：本部分共有二題，請依各題指示作答，答案必須寫在「答案卷」上，並標明題號一、二。作答務必使用筆尖較粗之黑色墨水的筆書寫，且不得使用鉛筆。

一、文章解讀（占 18 分）

　　閱讀框線內節錄自魯迅〈孔乙己〉的兩段文字，回答問題。答案請標明（一）、（二）書寫，（一）、（二）合計文長約 200 — 250 字（約 9 — 11 行）。

（一）對照甲、乙兩段文字，**說明孔乙己的行為有哪些轉變**？（請舉出兩項）

（二）小說人物所說的話，能反映小說人物的性格、文化程度等特質。**請依據「孔乙己所說的話」，說明「孔乙己的人物特質」**。（請舉出**兩項**）

甲、孔乙己是站著喝酒而穿長衫的唯一的人。……孔乙己一到店，所有喝酒的人便都看著他笑，有的叫道：「孔乙己，你臉上又添上新傷疤了！」他不回答，對櫃裡說：「溫兩碗酒，要一碟茴香豆。」便排出九文大錢。他們又故意的高聲嚷道：「你一定又偷了人家的東西了！」孔乙己睜大眼睛說：「你怎麼這樣憑空汙人清白……」「什麼清白？我前天親眼見你偷了何家的書，吊著打。」孔乙己便漲紅了臉，額上的青筋條條綻出，爭辯道：「竊書不能算偷……竊書！……讀書人的事，能算偷麼？」接連便是難懂的話，什麼「君子固窮」，什麼「者乎」之類，引得眾人都哄笑起來。

乙、一天的下半天，沒有一個顧客，我正合了眼坐著。忽然間聽得一個聲音：「溫一碗酒。」這聲音雖然極低，卻很耳熟。看時又全沒有人。站起來向外一望，那孔乙己便在櫃臺下對了門檻坐著。他臉上黑而且瘦，已經不成樣子；穿一件破夾襖，盤著兩腿，下面墊一個蒲包，用草繩在肩上掛住；見了我，又說道：「溫一碗酒。」掌櫃也伸出頭去，一面說：「孔乙己麼？你還欠十九個錢呢！」孔乙己很頹唐的仰面答道：「這……下回還清罷。這一回是現錢，酒要好。」掌櫃仍然同平常一樣，笑著對他說：「孔乙己，你又偷了東西了！」但他這回卻不十分分辯，單說了一句：「不要取笑！」「取笑？要是不偷，怎麼會打斷腿？」孔乙己低聲說道：「跌斷，跌，跌……」他的眼色，很像懇求掌櫃，不要再提。此時已經聚集了幾個人，便和掌櫃都笑了。我溫了酒，端出去，放在門檻上。他從破衣袋裡摸出四文大錢，放在我手裡，見他滿手是泥，原來他便用這手走來的。不一會，他喝完酒，便又在旁人的說笑聲中，坐著用這手慢慢走去了。

二、作文（占 27 分）

　　曹丕〈典論論文〉在評論文章時，強調必須「審己以度人」（先審察、認清自己，然後再去衡量、評價別人）。除了評論文章，我們修己處世、學習求知，亦宜「審己以度人」。**請以「審己以度人」為題**，寫一篇文章，論說、記敘、抒情皆可，文長不限。

104年度指定科目考試國文科試題詳解

第壹部分：選擇題

一、單選題

1. **A**

   【解析】 (B) 脣槍舌「劍」(C) 「罔」顧
   　　　　(D) 交通「壅」塞

2. **C**

   【解析】 題目：「不廉則無所不取」的「則」意為：「便、就。」
   　　　　表示承接關係。
   　　　　(A) 原來（強調已然或發生的事）(B) 卻、反而
   　　　　(C) 便、就 (D) 是、乃是。

3. **A**

   【解析】 (1) 「蜿蜒的枝條像洪流般□上來」，由「洪流」則
   　　　　　　　「淹」似可，但由瓜的枝條聯想，則用「捲」較
   　　　　　　　適合。
   　　　　(2) 「讓部分藤蔓□過拱門」，用「爬」比「穿」更
   　　　　　　　能形象化地表現藤蔓的攀爬。
   　　　　(3) 「□著頑皮的頭，好奇的張望」，由「張望」可知
   　　　　　　　用「抬頭」較佳。

4. **D**

   【解析】 題目雖是＜收藏＞，但其實講的是「遺忘」。由「都沒
   　　　　有存在過似的」，可知前面應接兩項以上的主語，故應

為 (乙)「甚麼文件或紀念品」。而 (丁)「連帶忘了」可知應在 (甲)「也把它遺忘」後，並且「有過心事這回事」是 (丙)「把隱藏的這件心事本身」的更進一層，故應為 (D)：丙甲丁乙。

5. **A**

【解析】 (甲) 不拘泥於字句言辭，既得其意，則忘其言。《莊子‧外物》：「言者所以在意，得意而忘言。」

(乙) 孔子認為為政須先「正名」才能使百姓知所依循。出自《論語‧子路》：「名不正，則言不順；言不順，則事不成；事不成，則禮樂不興；禮樂不興，則刑罰不中；刑罰不中，則民無所措手足。」

(丙) 依照其名來責求其實。《韓非子‧定法》：「術者，因任而授官，循名而責實，操殺生之柄，課群臣之能者也，此人主之所執也。」

(丁) 戰國名家公孫龍所提出的一種認識論。「馬」是以形態命名，「白」是以顏色指稱。白馬含有白的特性，是馬的一種，故認為白馬不等於馬。旨在揭示名、實的不同。

6. **C**

【解析】 他寄書給貞觀，在書後留下《禮記‧昏義》（《禮記》中說明婚禮意義的篇章）中的字句，又怕貞觀看不懂而加了白話註解。這種含蓄的表白方式令貞觀覺得「好笑」。

7. **A**

【解析】 由「尾端」、「發光」可知題目描述的是螢火蟲。

(A) 由「熠熠」、「亂飛如拽火」，生長在「池塘竹樹邊」，可知爲螢火蟲。出自處默＜螢＞。

(B) 由「粉翅」、「飛入菊花中」可知應爲蝴蝶。出字王建＜晚蝶＞。

(C) 由「清音遠」、「聲聲似相接」可知應爲蟬。出自薛濤＜蟬＞。

(D) 由「兩角徒自長」、「爲牛」與蛀蝕桑樹的特性可知應爲「天牛」。出自蘇軾＜秀才畫草蟲八物：天水牛＞。

8. **D**

【解析】由「但是，……，倘無適當的語言與之配合表出，結果仍不足構成文學批評對象的價值。……，然而沒有這個事實（語言），便也失去那對象（文學作品）的存在。」故應選 (D)「文學批評的對象離不開語言」。

9. **D**

【語譯】題目：治理國家實施德政，應從大處著眼，而非給予小恩小惠。

(A) 國家政治清明的時候，若處於貧賤，那是可恥的；國家政治黑暗的時候，若身居富貴，那是可恥的。（《論語·泰伯》）

(B) 天下人民都十分喜悅敬服，想要來歸附自己，而自己卻把天下人民都非常悅服，前來歸附自己這件事，看得如同草一樣微不足道，只有虞舜才能如此。（《孟子·離婁上》）

(C) 飲食簡約，而盡心孝敬鬼神；衣著粗劣，祭服卻

很華美；居處低矮簡陋，而盡力修治溝渠水道。
（《論語˙泰伯》）

(D) 如果在上位者能將政事處理得當，即使是出行時
驅使行人迴避都可以。哪能讓人人都乘車渡河呢？
所以處理政事的人，要是想行小惠使每個人都歡
喜，恐怕用上一生，日子也不夠用。
（《孟子˙離婁下》）

【解析】(D) 為孟子批評子產主持鄭國政事時，曾用自己的車
子，在冬天在百姓渡過溱水和洧水，免得他們涉
水受凍，是「惠而不知政」。若能築橋讓人車通
行，比用自己的車一次次載運，受惠的人不就更
多也更方便？故在上位者治世應以大德，而非小
惠。

10. **C**

【語譯】　楚莊王想要攻打晉國，派了豚尹去了解情況。豚尹回
報說：「不可攻打晉國。在上位者憂心國事，在下位者
享受安樂；而且朝廷中有賢臣在，叫沈駒。」明年，
又派豚尹去了解情況，他回報說：「可以攻打了。原來
的賢人死了，君王宮廷中有許多阿諛諂媚的人。晉君
好享樂而無禮；在下位者處境危險而怨恨在上位者。
上下離心，這時舉兵攻打（原文應作「興師伐之」），
晉國人民必定響應背叛。」莊王聽從他的話，後來果
然就如豚尹所言。

【解析】(A) 豚尹反對攻晉，是因為那時晉國政治清明，有賢
臣在朝，不易成功。

　　(B) 文中看不出沈駒含冤而死。

　　(D) 豚尹是說楚國發兵後，晉民會乘機造反，之後果
　　　　如其言。

11. **B**

　【語譯】　「害人之心不可有，防人之心不可無」這是告誡那些
　　　　　思慮不周的人。「寧受人之欺，毋逆人之詐」，這是提
　　　　　醒那些過於防備的人。兩句話並存於心，可以讓人又
　　　　　精明又敦厚樸實。

　【解析】　題意是要人謹慎提防危害，但也不要總把人往壞處
　　　　　想，對人過於防備，故選 (B)。

12-13 為題組

　【語譯】　若石隱居在冥山的北邊，有老虎蹲踞在他家的藩籬外窺
　　　　　探。若石率領家人晝夜警戒，日出就敲響金鉦，日落就燃
　　　　　燒柴火照明，夜晚則搖鈴巡查，種植荊棘，築起高牆，挖
　　　　　掘坑谷來防範老虎。過了一年，老虎毫無所獲。有一天虎
　　　　　死了，若石大喜，自以為老虎死後就沒有能傷害自己的
　　　　　了，於是鬆開弩機，撤除防備，牆壞了也不修，藩籬有缺
　　　　　口有不管。沒多久，有貙（ㄔㄨ，猛獸名，形大如狗，毛
　　　　　紋像狸）追逐麋鹿，跑到他屋子的邊角，聽到牛羊豬的聲
　　　　　音就跑到籠圈裡捕食。若石不知道那是貙，大聲喝叱也趕
　　　　　不走，便用石塊扔擲。貙像人般站立，用前爪攻擊若石，
　　　　　若石就斃命了。君子說：「若石只知老虎會傷人而不知貙
　　　　　也會，無怪乎落得這般下場啊！」

12. **C**

13. **A**

【解析】 即前字名詞轉副詞修飾後面的動詞。

(A) 像蠶一樣地一點一點啃食。

(B) 里巷中的談論。

(C) 民生和樂。

(D) 歌唱和吹奏的樂曲。

14-15 為題組

14. **B**

【解析】 (A) 世事吉凶難以預料。

(B) 比喻不可小看別人。

(C) 長期培訓軍隊，以備一時用兵之需。

(D) 比喻人心的善惡，須經時間的考驗才能得知。由前後文可知，朱買臣妻看不起他，朱買臣用算命的說的話，表達對自己未來的信心，要妻子別小看他。

15. **D**

【解析】 妻子認為算命先生是要弄朱買臣，其言不可信。而且認定朱買臣不可能發跡，到了年老力衰挑不動柴時，就要窮到餓死。故應選 (D)。

16-17 為題組

16. **B**

【解析】 (A) 意謂紙面具的面容始終如一。

(B) 意謂無面具可戴，無從掩飾。

(C) 甲文意謂不要有兩張臉，用自己原本的臉，始終如一較好。乙文意謂已無法偽飾，露出真面目。

(D) 甲文「紙製的面具」指的是具體的，遮戴用的面具；乙文「薄得像紙」指的是露出破綻的偽裝。

17. **B**

【解析】 (A) 乙文凸顯「始終如一」與「虛偽巧詐」對比。

(B) 以面具的始終如一（毫不改變）與人面的表裡不一對比。

(C) 不變並非「固執」，反而是單純、真誠；改變亦非「變通」，而是虛偽、巧詐。

(D) 二文均未提到「令人喜愛」或「令人憎惡」的臉。

二、多選題

18. **BE**

【解析】 (A) 不恥下問：不以向身分較低微、或是學問較自己淺陋的人求教為羞恥。向老師請教不應用此語。

(B) 不值一哂（ㄕㄞˇ）：不值得一笑。表示事物毫無意義或內容空洞。有輕視的意思。

(C) 不吝賜教：請人多加指教的客套話。

(D) 不假辭色：在言語神色方面不做修飾、隱瞞。形容態度直接而嚴厲。

(E) 不足為訓：不能當作法則或典範。

19. **BD**

【解析】 (A) 盡頭，死亡（王羲之＜蘭亭集序＞）／都、皆（黃

宗羲＜原君＞）

(B) 迫近、接近（蒲松齡＜勞山道士＞）／迫近、接近（郁永河＜北投硫穴記＞）

(C) 女子出嫁稱歸（歸有光＜項脊軒志＞）／返回（杜光庭＜虯髯客傳＞）

(D) 美善、福祉（魏徵＜諫太宗十思疏＞）／美善、福祉（鄭用錫＜勸和論＞）

(E) 寧願（屈原＜漁父＞）／豈、難道（丘遲＜與陳伯之書＞）。

20. **AD**

【解析】 (A) 示意三次

(B) 有三位

(C) 有三種

(D) 高呼萬歲三次

(E) 有三人。

【語譯】 題目：平原君想要封魯仲連官爵，魯仲連再三推辭。（《史記·魯仲連鄒陽列傳》）

(A) 范增屢次向項王使眼色，舉起所配戴的玉玦示意了三次。（《史記·項羽本紀》）

(B) 五帝五后，未遷入宗廟的有六位，未立神主牌的有四位，未加諡號的有三位。（《舊五代史·禮志下》）

(C) 君子有三種美德，我沒能做到：仁德的人不憂慮，智慧的人不疑惑，勇敢的人不畏懼。
（《論語·憲問》）

(D) 不久，見到莊帝從閶闔門進來，登上太極殿，群臣

高呼萬歲三次，百官都穿著朝服拜見。

（《北史·列傳第六·景穆十二王下》）

(E) 每個衛隊有果毅都衛（官名）一人，穿著繡袍，各
一人隨從；左右領軍衛隊持紅色旗幟，在前引導的
有三人，押隊的有三人。（《新唐書·志·儀衛下》）

21. **AD**

【解析】(A) 芙蓉→夫容，蓮子→憐子，寫女子思念丈夫。
（＜子夜四時歌·夏歌＞）

(B) 「之子」指「這個人」，作者尋而不遇的西山隱
者，無雙關。（邱爲＜尋西山隱者不遇＞）

(C) 「揚子」指「揚子江」，無雙關。（李白／或說李
益＜長干行＞）

(D) 梧子→吾子，你，我所憐愛的人。（＜子夜歌＞）

(E) 淚落連珠子：眼淚像珍珠般不斷落下，無雙關。
（《樂府詩集·焦仲卿妻》）

22. **CD**

【解析】(A) 李延年的「新聲曲」已加上樂器伴奏（被諸管弦），
非「徒歌」（清唱或吟誦）之作。

(B) 白居易之新樂府不入樂。

(E) 宋詞與元曲的押韻及格律並不相同（如：元曲沒有
入聲韻，宋詞與元曲各有詞牌、曲牌，而元曲可加
襯字），相同的是都「倚聲填詞」。

【語譯】甲、李延年善於歌唱，能創作新曲。那時候漢武帝正

要舉辦各種祭祀天地的典禮，想要創造新樂曲，命司馬相如等人作祭祀頌詩，李延年就依照上意為他們所作的詩譜曲，稱作「新聲曲」。

乙、宋翔鳳說：「宋元之時，詞與曲本質上是一樣的；從文學創作來說便是詞，從音樂創作來說便是曲。」詞、曲都有樂曲的格律規範，所以叫「填詞」，又稱「倚聲」，都是先有樂曲才有歌詞，不像古樂府一開始只能清唱，最後才由懂音律的人為它作曲，加上樂器伴奏。

23. **BDE**

【解析】(A) 由「芭芭拉來自印第安納的特雷霍特，不知道登記入住時該給門房五元小費」，而芭芭拉當下身在紐約，可知芭芭拉並非紐約人。

(C) 因為招不到計程車，「她只好研究手上的觀光地圖，衡量接下來該怎麼做」，並未掌控局勢。

24. **AE**

【解析】(B) 「別出心裁」意指「獨出巧思，不同流俗」，但倫琴只是樸實簡單地寫出發明經過，以說故事的方式呈現理論，並非刻意標新立異。

(C) 作者說：「他得獎的論文我從來未讀過」，他應是透過他人著作中對倫琴的讚美與《倫琴傳》來了解倫琴的「文如其人」。

(D) 此指現在的人寫論文與保護研究成果的方式。

第貳部分：選擇題

一、文章解讀

（一）

1. 在甲文中孔乙己還能拿出九文大錢，要店家「溫兩碗酒，要一碟茴香豆。」在乙文中他不但欠了店家十九個錢，只能勉強拿出四個大錢，溫一碗酒喝，可見生活更加窘迫。

2. 在甲文中眾人說孔乙己偷東西時，孔乙己還努力反駁；在乙文中「他這回卻不十分分辯」，只用眼色懇求掌櫃不要再提，可見被打斷腿後，態度轉趨卑微。

（二）

1. 孔乙己偷竊，還咬文嚼字地為自己辯白，說「竊書不能算偷」，他已經喪失讀書人的尊嚴與操守，卻還要說些「君子固窮」、「者乎」的話來顯示自己讀過書，高於眾人。

2. 掌櫃看到孔乙己斷腿，說他又偷東西了，孔乙己說：「不要取笑！」試圖用蒼白無力的藉口——跌斷——粉飾，可見孔乙己仍掙扎著想保留最後一點尊嚴。

一、作文

【範文】

　　人總是善於自見己長而不自見己短，善於見人之惡而不見其善，以至於「家有敝帚，享之千金」，他人的一點缺失卻被我們無理地放大檢視，如此一來，將造成自我認識的偏差與對他人的言行的苛求，也將造成彼此的隔閡，無法用包容與平和的心面對事物，徒然增加對立與激化衝突。

　　人與人就像座標圖上無數個點，不能認清自己，就無法確認自己所在的位置，也就不能正確了解別人與我們相對的關係；不能客觀看待他人，就像錯誤的尺規比例，無法衡量出人我間準確的距離。如此將誤判方向，混淆距離，迷失在扭曲的錯誤定位中。

　　我曾經在小組活動中，質疑過組長的工作分配不均，質疑他只會張口號令，實際工作都是組員承擔，與其他組員將他批評得一無是處，又誇口如果是我，一定做得比他好。後來真有個機會讓我讓我擔任組長，我才知道工作分配不是切蛋糕、分糖果，真的做到人人滿意的「公平」，談何容易！也才知道組長要規畫整體事務，要對外聯繫，我當初講得頭頭是道，實際上場才知道什麼是「心有餘而力不足」，還要面對組員的意見與情緒——真是「事非經過不知難」啊！

　　我終於體認到何謂「以恕己之心恕人，以責人之心責己」。非審己無以度人，如果對自己沒有清楚的認知，高估自己的能力，把事情看得太容易，就會用高標準要求別人；如果不能站在別人的立場考慮斟酌，就不會發現事情在不同角度下的不同面向，而缺乏理解。先審己再度人，認清自己，就是訂好標準，才能正確評價自己與他人，而又須時時以省思與包容的心態，來校正這容易產生誤差的尺規。若能在一致的標準下審己度人，必定可以減少紛爭與怨懟，增加自律與寬容，成就眾人之幸，一己之幸。

104年指考國文科非選擇題閱卷評分原則說明

閱卷召集人：林啓屏〈國立政治大學中文系教授〉

　　本次參與指考國文科閱卷的委員，均爲國內各大學中文系、國文系、語文教育系或共同科之教師，共 160 人，分爲 16 組。除由正、副召集人統籌所有閱卷事宜外，每組均置一位協同主持人，負責該組閱卷工作，協同主持人皆爲各大學之專任教授。

　　大學入學考試國文科自99年首次採用電腦螢幕閱卷，經過多次的程式測試、修訂，以及電腦操作的演練，今年的閱卷工作更爲流暢純熟。7月7日，由正、副召集人與五位協同主持人，就 3000 份來自全省各考區的抽樣答案卷，詳加評閱、分析、討論，草擬評分原則。每題選出「A」、「B」、「C」等第之標準卷各1份，及試閱卷各18份。7 月 8 日，再由正、副召集人與16 位協同主持人深入討論、評比所選出的標準卷及試閱卷，並審視、修訂所擬之評分原則，確定之後，製作閱卷手冊，供 7 月 9 日正式閱卷前各組協同主持人說明及全體閱卷委員參考之用，並作爲評分時之參考。

　　本次國文科考試，非選擇題共二大題，占45分。第一大題爲「文章解讀」，占 18 分；第二大題爲「作文」，占 27 分。

　　第一大題爲文章解讀，評量重點分爲兩部分：（一）能對照甲、乙兩段文字，說明孔乙己的行爲轉變。(二)能依據孔乙己所說的「話」，清楚說明其人物特質。凡兩小題皆說明清楚，內容完整，文筆流暢者，給A等分數（18 分~ 13 分）；兩小題說明未臻完善，內容平實，脈絡大致清楚，文筆尚稱通順者，給B等（ 12 分~7分）；兩小題說明不全，內容貧乏，脈絡不清，文筆蕪亂者，則降入C等（ 6 分~1分）。其次，

再視標點符號使用恰當與否與錯別字之多寡，斟酌扣分；至於字數，則少於 7 行或多於13行者，酌扣 1 分。

第二大題為作文，要求考生以「審己以度人」為題，寫一篇文章，論說、記敘、抒情皆可。考生應就文題要求，針對「審己以度人」的意涵、重要性、相關例證、個人經驗、見解或體悟等方面，加以闡述。評閱重點，從「題旨發揮」、「資料掌握」、「結構安排」、「字句運用」四項指標，加以評分。凡能掌握題幹要求，緊扣題旨發揮；內容充實，思路清晰；表達適當，體悟深刻；論述周延，富有創意；舉證詳實貼切，材料運用恰當；結構嚴謹，前後通貫，條理分明；字句妥切，邏輯清晰；描寫細膩，論述精彩；文筆流暢，修辭優美，得A等（27 分~ 19 分）。尚能掌握題幹要求，依照題旨發揮；內容平實，思路尚稱清晰；表達尚稱適當，體悟稍欠深刻；論述尚稱周延，略有創意；舉證平淡疏略，材料運用尚稱恰當；結構大致完整，前後尚能通貫，條理尚稱分明；字句尚稱適當，邏輯尚稱清晰；描寫平淡，論述平實；文筆平順，修辭尚可，得B等（18 分~10 分）。未能掌握題幹要求，題旨不明或偏離題旨；內容浮泛，思路不清；表達不當，體悟膚淺或全無體悟；論述不周延，缺乏創意；舉證鬆散模糊，材料運用不當；結構鬆散，前後矛盾，條理紛雜；字句欠當，邏輯不通；描寫粗陋，論述空洞；文筆蕪蔓，修辭疏略，得C等（9 分~ 1 分）。

另外，文未終篇，或一段成文者，至多18 分。並視標點符號之使用與錯別字之多寡，斟酌扣分。完全文不對題或作答內容完全照抄試題者，給予零分。

大考中心公佈 104 學年度指定科目考試
國文、英文及數學甲、乙選擇（填）題答案

國文 題號	答案	英文 題號	答案	題號	答案	數學甲 題號		答案	數學乙 題號		答案
1	A	1	C	27	H	1		3	1		4
2	C	2	A	28	I	2		5	2		2
3	A	3	C	29	J	3		4	3		2,3
4	D	4	C	30	C	4		3,5	4		3,5
5	A	5	A	31	E	5		1,4	5		2,4
6	C	6	D	32	A	6		2,5	6		1,2,4
7	A	7	B	33	B	7		1,4	7		4,5
8	D	8	A	34	F	8		2,4	A	8	1
9	D	9	D	35	C		9	9		9	3
10	C	10	B	36	B	A	10	–	B	10	1
11	B	11	C	37	C		11	2		11	2
12	C	12	A	38	A		12	2		12	9
13	A	13	D	39	D	B	13	6		13	2
14	B	14	C	40	D		14	–	C	14	1
15	D	15	B	41	C		15	3		15	6
16	B	16	B	42	C	C	16	1		16	1
17	B	17	A	43	D		17	5		17	4
18	BE	18	D	44	D						
19	BD	19	B	45	A						
20	AD	20	B	46	D						
21	AD	21	E	47	A						
22	CD	22	G	48	A						
23	BDE	23	L	49	C						
24	AE	24	A	50	B						
		25	D	51	A						
		26	K								

大考中心公佈 104 學年度指定科目考試
歷史、地理、公民與社會選擇（填）題答案

歷	史			地	理			公	民	與	社 會
題號	答案	題號	答案	題號	答案	題號	答案	題號	答案	題號	答案
1	C	27	A	1	B	27	B	1	A	27	A
2	D	28	C	2	A	28	D	2	D	28	C
3	B	29	C	3	C	29	B	3	D	29	A
4	A	30	C	4	C	30	C	4	D	30	C
5	C	31	D	5	B	31	C	5	B	31	A
6	C	32	B	6	A	32	A	6	C	32	B
7	B	33	D	7	D	33	A	7	D	33	C
8	B	34	D	8	D	34	C	8	B	34	B
9	A	35	AD	9	C	35	B	9	D	35	A
10	B	36	AE	10	C	36	B	10	A	36	D
11	C	37	BDE	11	B	37	D	11	D	37	B
12	B	38	AD	12	A	38	A	12	C	38	D
13	B			13	A			13	C	39	A
14	C			14	B			14	C	40	ACE
15	B			15	D			15	A	41	AB
16	無答案			16	D			16	B	42	BC
17	B			17	A			17	B	43	CD
18	A			18	B			18	C	44	AD
19	A			19	D			19	D	45	CDE
20	A			20	D			20	B	46	BE
21	D			21	A			21	A	47	AC
22	A			22	D			22	C	48	BDE
23	D			23	C			23	C	49	CD
24	C			24	B			24	B	50	BE
25	D			25	C			25	D		
26	D			26	D			26	B		

大考中心公佈 104 學年度指定科目考試
物理、化學、生物選擇題答案

物　理		化　學		生　　物			
題號	答案	題號	答案	題號	答案	題號	答案
1	D	1	D	1	D	27	BD
2	B	2	D	2	C	28	DE
3	B	3	D	3	B	29	BC
4	C	4	C	4	D	30	AC
5	D	5	B	5	B	31	AD
6	E	6	B	6	B	32	ACE
7	A	7	C	7	C	33	BC
8	C	8	B	8	C	34	AC
9	A	9	C	9	B	35	BCE
10	C	10	E	10	C	36	D
11	D	11	C	11	D	37	C
12	E	12	A	12	C	38	D
13	B	13	C	13	A	39	B
14	E	14	D	14	B	40	A
15	D	15	E	15	C	41	B
16	A	16	E	16	B	42	A
17	C	17	BE	17	C	43	AE
18	B	18	AD	18	A	44	A
19	A	19	CDE	19	B	45	AC
20	E	20	AB	20	A	46	D
21	AE	21	ABD	21	BE		
22	BCE	22	BC	22	ADE		
23	BE	23	ABE	23	AC		
24	AD	24	CDE	24	ABD		
		25	CD	25	BC		
				26	CE		

104 學年度指定科目考試
各科成績標準一覽表

科　目	頂　標	前　標	均　標	後　標	底　標
國　文	68	64	57	49	42
英　文	76	66	46	28	20
數學甲	67	56	40	25	16
數學乙	69	58	44	30	21
化　學	79	70	54	37	26
物　理	82	72	52	34	25
生　物	83	77	63	46	34
歷　史	83	77	68	57	49
地　理	76	70	60	78	40
公民與社會	78	72	62	53	46

※ 以上五項標準均取為整數（小數只捨不入），且其計算均不含缺考生之成績，計算方式如下：

頂標：成績位於第 88 百分位數之考生成績。
前標：成績位於第 75 百分位數之考生成績。
均標：成績位於第 50 百分位數之考生成績。
後標：成績位於第 25 百分位數之考生成績。
底標：成績位於第 12 百分位數之考生成績。

例： 某科之到考考生為 99982 人，則該科五項標準為

　　頂標： 成績由低至高排序，取第 87985 名（99982×88%=87984.16，取整數，小數無條件進位）考生的成績，再取整數(小數只捨不入)。

　　前標： 成績由低至高排序，取第 74987 名（99982×75%=74986.5，取整數，小數無條件進位）考生的成績，再取整數(小數只捨不入)。

　　均標： 成績由低至高排序，取第 49991 名（99982×50%=49991）考生的成績，再取整數(小數只捨不入)。

　　後標： 成績由低至高排序，取第 24996 名（99982×25%=24995.5，取整數，小數無條件進位）考生的成績，再取整數(小數只捨不入)。

　　底標： 成績由低至高排序，取第 11998 名（99982×12%=11997.84，取整數，小數無條件進位）考生的成績，再取整數(小數只捨不入)。

104 年指定科目考試英文科成績人數累計表

分　　數	人　　數	百 分 比	自高分往低分累計		自低分往高分累計	
			累計人數	累計百分比	累計人數	累計百分比
100.00	0	0.00%	0	0.00%	54523	100.00%
99.00 - 99.99	1	0.00%	1	0.00%	54523	100.00%
98.00 - 98.99	3	0.01%	4	0.01%	54522	100.00%
97.00 - 97.99	5	0.01%	9	0.02%	54519	99.99%
96.00 - 96.99	23	0.04%	32	0.06%	54514	99.98%
95.00 - 95.99	31	0.06%	63	0.12%	54491	99.94%
94.00 - 94.99	41	0.08%	104	0.19%	54460	99.88%
93.00 - 93.99	71	0.13%	175	0.32%	54419	99.81%
92.00 - 92.99	92	0.17%	267	0.49%	54348	99.68%
91.00 - 91.99	124	0.23%	391	0.72%	54256	99.51%
90.00 - 90.99	164	0.30%	555	1.02%	54132	99.28%
89.00 - 89.99	230	0.42%	785	1.44%	53968	98.98%
88.00 - 88.99	259	0.48%	1044	1.91%	53738	98.56%
87.00 - 87.99	300	0.55%	1344	2.47%	53479	98.09%
86.00 - 86.99	367	0.67%	1711	3.14%	53179	97.53%
85.00 - 85.99	415	0.76%	2126	3.90%	52812	96.86%
84.00 - 84.99	436	0.80%	2562	4.70%	52397	96.10%
83.00 - 83.99	475	0.87%	3037	5.57%	51961	95.30%
82.00 - 82.99	511	0.94%	3548	6.51%	51486	94.43%
81.00 - 81.99	512	0.94%	4060	7.45%	50975	93.49%
80.00 - 80.99	570	1.05%	4630	8.49%	50463	92.55%
79.00 - 79.99	581	1.07%	5211	9.56%	49893	91.51%
78.00 - 78.99	608	1.12%	5819	10.67%	49312	90.44%
77.00 - 77.99	601	1.10%	6420	11.77%	48704	89.33%
76.00 - 76.99	655	1.20%	7075	12.98%	48103	88.23%
75.00 - 75.99	660	1.21%	7735	14.19%	47448	87.02%
74.00 - 74.99	655	1.20%	8390	15.39%	46788	85.81%
73.00 - 73.99	686	1.26%	9076	16.65%	46133	84.61%
72.00 - 72.99	627	1.15%	9703	17.80%	45447	83.35%
71.00 - 71.99	636	1.17%	10339	18.96%	44820	82.20%
70.00 - 70.99	685	1.26%	11024	20.22%	44184	81.04%
69.00 - 69.99	689	1.26%	11713	21.48%	43499	79.78%
68.00 - 68.99	647	1.19%	12360	22.67%	42810	78.52%
67.00 - 67.99	654	1.20%	13014	23.87%	42163	77.33%
66.00 - 66.99	653	1.20%	13667	25.07%	41509	76.13%
65.00 - 65.99	693	1.27%	14360	26.34%	40856	74.93%
64.00 - 64.99	661	1.21%	15021	27.55%	40163	73.66%
63.00 - 63.99	676	1.24%	15697	28.79%	39502	72.45%
62.00 - 62.99	688	1.26%	16385	30.05%	38826	71.21%
61.00 - 61.99	666	1.22%	17051	31.27%	38138	69.95%
60.00 - 60.99	690	1.27%	17741	32.54%	37472	68.73%
59.00 - 59.99	667	1.22%	18408	33.76%	36782	67.46%
58.00 - 58.99	671	1.23%	19079	34.99%	36115	66.24%
57.00 - 57.99	693	1.27%	19772	36.26%	35444	65.01%
56.00 - 56.99	687	1.26%	20459	37.52%	34751	63.74%
55.00 - 55.99	702	1.29%	21161	38.81%	34064	62.48%
54.00 - 54.99	702	1.29%	21863	40.10%	33362	61.19%
53.00 - 53.99	702	1.29%	22565	41.39%	32660	59.90%
52.00 - 52.99	668	1.23%	23233	42.61%	31958	58.61%

51.00 - 51.99	722	1.32%	23955	43.94%	31290	57.39%
50.00 - 50.99	682	1.25%	24637	45.19%	30568	56.06%
49.00 - 49.99	649	1.19%	25286	46.38%	29886	54.81%
48.00 - 48.99	664	1.22%	25950	47.59%	29237	53.62%
47.00 - 47.99	683	1.25%	26633	48.85%	28573	52.41%
46.00 - 46.99	726	1.33%	27359	50.18%	27890	51.15%
45.00 - 45.99	736	1.35%	28095	51.53%	27164	49.82%
44.00 - 44.99	690	1.27%	28785	52.79%	26428	48.47%
43.00 - 43.99	698	1.28%	29483	54.07%	25738	47.21%
42.00 - 42.99	728	1.34%	30211	55.41%	25040	45.93%
41.00 - 41.99	721	1.32%	30932	56.73%	24312	44.59%
40.00 - 40.99	710	1.30%	31642	58.03%	23591	43.27%
39.00 - 39.99	700	1.28%	32342	59.32%	22881	41.97%
38.00 - 38.99	670	1.23%	33012	60.55%	22181	40.68%
37.00 - 37.99	769	1.41%	33781	61.96%	21511	39.45%
36.00 - 36.99	747	1.37%	34528	63.33%	20742	38.04%
35.00 - 35.99	761	1.40%	35289	64.72%	19995	36.67%
34.00 - 34.99	771	1.41%	36060	66.14%	19234	35.28%
33.00 - 33.99	747	1.37%	36807	67.51%	18463	33.86%
32.00 - 32.99	772	1.42%	37579	68.92%	17716	32.49%
31.00 - 31.99	802	1.47%	38381	70.39%	16944	31.08%
30.00 - 30.99	836	1.53%	39217	71.93%	16142	29.61%
29.00 - 29.99	824	1.51%	40041	73.44%	15306	28.07%
28.00 - 28.99	863	1.58%	40904	75.02%	14482	26.56%
27.00 - 27.99	923	1.69%	41827	76.71%	13619	24.98%
26.00 - 26.99	867	1.59%	42694	78.30%	12696	23.29%
25.00 - 25.99	888	1.63%	43582	79.93%	11829	21.70%
24.00 - 24.99	916	1.68%	44498	81.61%	10941	20.07%
23.00 - 23.99	934	1.71%	45432	83.33%	10025	18.39%
22.00 - 22.99	954	1.75%	46386	85.08%	9091	16.67%
21.00 - 21.99	942	1.73%	47328	86.80%	8137	14.92%
20.00 - 20.99	901	1.65%	48229	88.46%	7195	13.20%
19.00 - 19.99	898	1.65%	49127	90.10%	6294	11.54%
18.00 - 18.99	842	1.54%	49969	91.65%	5396	9.90%
17.00 - 17.99	825	1.51%	50794	93.16%	4554	8.35%
16.00 - 16.99	796	1.46%	51590	94.62%	3729	6.84%
15.00 - 15.99	670	1.23%	52260	95.85%	2933	5.38%
14.00 - 14.99	584	1.07%	52844	96.92%	2263	4.15%
13.00 - 13.99	474	0.87%	53318	97.79%	1679	3.08%
12.00 - 12.99	409	0.75%	53727	98.54%	1205	2.21%
11.00 - 11.99	267	0.49%	53994	99.03%	796	1.46%
10.00 - 10.99	184	0.34%	54178	99.37%	529	0.97%
9.00 - 9.99	142	0.26%	54320	99.63%	345	0.63%
8.00 - 8.99	96	0.18%	54416	99.80%	203	0.37%
7.00 - 7.99	49	0.09%	54465	99.89%	107	0.20%
6.00 - 6.99	28	0.05%	54493	99.94%	58	0.11%
5.00 - 5.99	18	0.03%	54511	99.98%	30	0.06%
4.00 - 4.99	5	0.01%	54516	99.99%	12	0.02%
3.00 - 3.99	2	0.00%	54518	99.99%	7	0.01%
2.00 - 2.99	1	0.00%	54519	99.99%	5	0.01%
1.00 - 1.99	0	0.00%	54519	99.99%	4	0.01%
0.00 - 0.99	4	0.01%	54523	100.00%	4	0.01%
缺考	2591					

104 年指定科目考試數學科(甲)成績人數累計表

分　　數	人　　數	百 分 比	自高分往低分累計		自低分往高分累計	
			累計人數	累計百分比	累計人數	累計百分比
100.00	16	0.07%	16	0.07%	23942	100.00%
99.00 - 99.99	2	0.01%	18	0.08%	23926	99.93%
98.00 - 98.99	5	0.02%	23	0.10%	23924	99.92%
97.00 - 97.99	2	0.01%	25	0.10%	23919	99.90%
96.00 - 96.99	22	0.09%	47	0.20%	23917	99.90%
95.00 - 95.99	7	0.03%	54	0.23%	23895	99.80%
94.00 - 94.99	26	0.11%	80	0.33%	23888	99.77%
93.00 - 93.99	14	0.06%	94	0.39%	23862	99.67%
92.00 - 92.99	34	0.14%	128	0.53%	23848	99.61%
91.00 - 91.99	18	0.08%	146	0.61%	23814	99.47%
90.00 - 90.99	39	0.16%	185	0.77%	23796	99.39%
89.00 - 89.99	26	0.11%	211	0.88%	23757	99.23%
88.00 - 88.99	54	0.23%	265	1.11%	23731	99.12%
87.00 - 87.99	52	0.22%	317	1.32%	23677	98.89%
86.00 - 86.99	57	0.24%	374	1.56%	23625	98.68%
85.00 - 85.99	68	0.28%	442	1.85%	23568	98.44%
84.00 - 84.99	58	0.24%	500	2.09%	23500	98.15%
83.00 - 83.99	59	0.25%	559	2.33%	23442	97.91%
82.00 - 82.99	99	0.41%	658	2.75%	23383	97.67%
81.00 - 81.99	90	0.38%	748	3.12%	23284	97.25%
80.00 - 80.99	88	0.37%	836	3.49%	23194	96.88%
79.00 - 79.99	119	0.50%	955	3.99%	23106	96.51%
78.00 - 78.99	106	0.44%	1061	4.43%	22987	96.01%
77.00 - 77.99	115	0.48%	1176	4.91%	22881	95.57%
76.00 - 76.99	167	0.70%	1343	5.61%	22766	95.09%
75.00 - 75.99	118	0.49%	1461	6.10%	22599	94.39%
74.00 - 74.99	132	0.55%	1593	6.65%	22481	93.90%
73.00 - 73.99	171	0.71%	1764	7.37%	22349	93.35%
72.00 - 72.99	125	0.52%	1889	7.89%	22178	92.63%
71.00 - 71.99	192	0.80%	2081	8.69%	22053	92.11%
70.00 - 70.99	219	0.91%	2300	9.61%	21861	91.31%
69.00 - 69.99	191	0.80%	2491	10.40%	21642	90.39%
68.00 - 68.99	208	0.87%	2699	11.27%	21451	89.60%
67.00 - 67.99	249	1.04%	2948	12.31%	21243	88.73%
66.00 - 66.99	223	0.93%	3171	13.24%	20994	87.69%
65.00 - 65.99	238	0.99%	3409	14.24%	20771	86.76%
64.00 - 64.99	282	1.18%	3691	15.42%	20533	85.76%
63.00 - 63.99	239	1.00%	3930	16.41%	20251	84.58%
62.00 - 62.99	293	1.22%	4223	17.64%	20012	83.59%
61.00 - 61.99	326	1.36%	4549	19.00%	19719	82.36%
60.00 - 60.99	282	1.18%	4831	20.18%	19393	81.00%
59.00 - 59.99	295	1.23%	5126	21.41%	19111	79.82%
58.00 - 58.99	343	1.43%	5469	22.84%	18816	78.59%
57.00 - 57.99	321	1.34%	5790	24.18%	18473	77.16%
56.00 - 56.99	325	1.36%	6115	25.54%	18152	75.82%
55.00 - 55.99	353	1.47%	6468	27.02%	17827	74.46%
54.00 - 54.99	335	1.40%	6803	28.41%	17474	72.98%
53.00 - 53.99	340	1.42%	7143	29.83%	17139	71.59%
52.00 - 52.99	403	1.68%	7546	31.52%	16799	70.17%

51.00 - 51.99	302	1.26%	7848	32.78%	16396	68.48%
50.00 - 50.99	371	1.55%	8219	34.33%	16094	67.22%
49.00 - 49.99	424	1.77%	8643	36.10%	15723	65.67%
48.00 - 48.99	347	1.45%	8990	37.55%	15299	63.90%
47.00 - 47.99	427	1.78%	9417	39.33%	14952	62.45%
46.00 - 46.99	407	1.70%	9824	41.03%	14525	60.67%
45.00 - 45.99	380	1.59%	10204	42.62%	14118	58.97%
44.00 - 44.99	463	1.93%	10667	44.55%	13738	57.38%
43.00 - 43.99	416	1.74%	11083	46.29%	13275	55.45%
42.00 - 42.99	410	1.71%	11493	48.00%	12859	53.71%
41.00 - 41.99	434	1.81%	11927	49.82%	12449	52.00%
40.00 - 40.99	406	1.70%	12333	51.51%	12015	50.18%
39.00 - 39.99	392	1.64%	12725	53.15%	11609	48.49%
38.00 - 38.99	449	1.88%	13174	55.02%	11217	46.85%
37.00 - 37.99	361	1.51%	13535	56.53%	10768	44.98%
36.00 - 36.99	456	1.90%	13991	58.44%	10407	43.47%
35.00 - 35.99	432	1.80%	14423	60.24%	9951	41.56%
34.00 - 34.99	401	1.67%	14824	61.92%	9519	39.76%
33.00 - 33.99	381	1.59%	15205	63.51%	9118	38.08%
32.00 - 32.99	393	1.64%	15598	65.15%	8737	36.49%
31.00 - 31.99	320	1.34%	15918	66.49%	8344	34.85%
30.00 - 30.99	442	1.85%	16360	68.33%	8024	33.51%
29.00 - 29.99	361	1.51%	16721	69.84%	7582	31.67%
28.00 - 28.99	417	1.74%	17138	71.58%	7221	30.16%
27.00 - 27.99	362	1.51%	17500	73.09%	6804	28.42%
26.00 - 26.99	422	1.76%	17922	74.86%	6442	26.91%
25.00 - 25.99	335	1.40%	18257	76.26%	6020	25.14%
24.00 - 24.99	409	1.71%	18666	77.96%	5685	23.74%
23.00 - 23.99	306	1.28%	18972	79.24%	5276	22.04%
22.00 - 22.99	406	1.70%	19378	80.94%	4970	20.76%
21.00 - 21.99	326	1.36%	19704	82.30%	4564	19.06%
20.00 - 20.99	405	1.69%	20109	83.99%	4238	17.70%
19.00 - 19.99	243	1.01%	20352	85.01%	3833	16.01%
18.00 - 18.99	376	1.57%	20728	86.58%	3590	14.99%
17.00 - 17.99	296	1.24%	21024	87.81%	3214	13.42%
16.00 - 16.99	259	1.08%	21283	88.89%	2918	12.19%
15.00 - 15.99	306	1.28%	21589	90.17%	2659	11.11%
14.00 - 14.99	313	1.31%	21902	91.48%	2353	9.83%
13.00 - 13.99	161	0.67%	22063	92.15%	2040	8.52%
12.00 - 12.99	335	1.40%	22398	93.55%	1879	7.85%
11.00 - 11.99	158	0.66%	22556	94.21%	1544	6.45%
10.00 - 10.99	214	0.89%	22770	95.10%	1386	5.79%
9.00 - 9.99	258	1.08%	23028	96.18%	1172	4.90%
8.00 - 8.99	144	0.60%	23172	96.78%	914	3.82%
7.00 - 7.99	118	0.49%	23290	97.28%	770	3.22%
6.00 - 6.99	209	0.87%	23499	98.15%	652	2.72%
5.00 - 5.99	15	0.06%	23514	98.21%	443	1.85%
4.00 - 4.99	167	0.70%	23681	98.91%	428	1.79%
3.00 - 3.99	97	0.41%	23778	99.32%	261	1.09%
2.00 - 2.99	0	0.00%	23778	99.32%	164	0.68%
1.00 - 1.99	96	0.40%	23874	99.72%	164	0.68%
0.00 - 0.99	68	0.28%	23942	100.00%	68	0.28%
缺考	1389					

104 年指定科目考試數學科 (乙) 成績人數累計表

分　　數	人　數	百 分 比	自高分往低分累計		自低分往高分累計	
			累計人數	累計百分比	累計人數	累計百分比
100.00	47	0.11%	47	0.11%	43435	100.00%
99.00 - 99.99	0	0.00%	47	0.11%	43388	99.89%
98.00 - 98.99	5	0.01%	52	0.12%	43388	99.89%
97.00 - 97.99	0	0.00%	52	0.12%	43383	99.88%
96.00 - 96.99	55	0.13%	107	0.25%	43383	99.88%
95.00 - 95.99	0	0.00%	107	0.25%	43328	99.75%
94.00 - 94.99	50	0.12%	157	0.36%	43328	99.75%
93.00 - 93.99	14	0.03%	171	0.39%	43278	99.64%
92.00 - 92.99	118	0.27%	289	0.67%	43264	99.61%
91.00 - 91.99	6	0.01%	295	0.68%	43146	99.33%
90.00 - 90.99	105	0.24%	400	0.92%	43140	99.32%
89.00 - 89.99	14	0.03%	414	0.95%	43035	99.08%
88.00 - 88.99	208	0.48%	622	1.43%	43021	99.05%
87.00 - 87.99	48	0.11%	670	1.54%	42813	98.57%
86.00 - 86.99	158	0.36%	828	1.91%	42765	98.46%
85.00 - 85.99	65	0.15%	893	2.06%	42607	98.09%
84.00 - 84.99	225	0.52%	1118	2.57%	42542	97.94%
83.00 - 83.99	29	0.07%	1147	2.64%	42317	97.43%
82.00 - 82.99	274	0.63%	1421	3.27%	42288	97.36%
81.00 - 81.99	79	0.18%	1500	3.45%	42014	96.73%
80.00 - 80.99	324	0.75%	1824	4.20%	41935	96.55%
79.00 - 79.99	147	0.34%	1971	4.54%	41611	95.80%
78.00 - 78.99	339	0.78%	2310	5.32%	41464	95.46%
77.00 - 77.99	131	0.30%	2441	5.62%	41125	94.68%
76.00 - 76.99	403	0.93%	2844	6.55%	40994	94.38%
75.00 - 75.99	144	0.33%	2988	6.88%	40591	93.45%
74.00 - 74.99	443	1.02%	3431	7.90%	40447	93.12%
73.00 - 73.99	196	0.45%	3627	8.35%	40004	92.10%
72.00 - 72.99	486	1.12%	4113	9.47%	39808	91.65%
71.00 - 71.99	226	0.52%	4339	9.99%	39322	90.53%
70.00 - 70.99	601	1.38%	4940	11.37%	39096	90.01%
69.00 - 69.99	324	0.75%	5264	12.12%	38495	88.63%
68.00 - 68.99	554	1.28%	5818	13.39%	38171	87.88%
67.00 - 67.99	404	0.93%	6222	14.32%	37617	86.61%
66.00 - 66.99	606	1.40%	6828	15.72%	37213	85.68%
65.00 - 65.99	387	0.89%	7215	16.61%	36607	84.28%
64.00 - 64.99	652	1.50%	7867	18.11%	36220	83.39%
63.00 - 63.99	420	0.97%	8287	19.08%	35568	81.89%
62.00 - 62.99	726	1.67%	9013	20.75%	35148	80.92%
61.00 - 61.99	520	1.20%	9533	21.95%	34422	79.25%
60.00 - 60.99	657	1.51%	10190	23.46%	33902	78.05%
59.00 - 59.99	619	1.43%	10809	24.89%	33245	76.54%
58.00 - 58.99	752	1.73%	11561	26.62%	32626	75.11%
57.00 - 57.99	520	1.20%	12081	27.81%	31874	73.38%
56.00 - 56.99	907	2.09%	12988	29.90%	31354	72.19%
55.00 - 55.99	492	1.13%	13480	31.03%	30447	70.10%
54.00 - 54.99	846	1.95%	14326	32.98%	29955	68.97%
53.00 - 53.99	758	1.75%	15084	34.73%	29109	67.02%
52.00 - 52.99	776	1.79%	15860	36.51%	28351	65.27%

51.00 - 51.99	752	1.73%	16612	38.25%	27575	63.49%
50.00 - 50.99	875	2.01%	17487	40.26%	26823	61.75%
49.00 - 49.99	584	1.34%	18071	41.60%	25948	59.74%
48.00 - 48.99	979	2.25%	19050	43.86%	25364	58.40%
47.00 - 47.99	573	1.32%	19623	45.18%	24385	56.14%
46.00 - 46.99	857	1.97%	20480	47.15%	23812	54.82%
45.00 - 45.99	823	1.89%	21303	49.05%	22955	52.85%
44.00 - 44.99	799	1.84%	22102	50.89%	22132	50.95%
43.00 - 43.99	786	1.81%	22888	52.69%	21333	49.11%
42.00 - 42.99	973	2.24%	23861	54.93%	20547	47.31%
41.00 - 41.99	564	1.30%	24425	56.23%	19574	45.07%
40.00 - 40.99	1074	2.47%	25499	58.71%	19010	43.77%
39.00 - 39.99	636	1.46%	26135	60.17%	17936	41.29%
38.00 - 38.99	861	1.98%	26996	62.15%	17300	39.83%
37.00 - 37.99	703	1.62%	27699	63.77%	16439	37.85%
36.00 - 36.99	849	1.95%	28548	65.73%	15736	36.23%
35.00 - 35.99	680	1.57%	29228	67.29%	14887	34.27%
34.00 - 34.99	904	2.08%	30132	69.37%	14207	32.71%
33.00 - 33.99	636	1.46%	30768	70.84%	13303	30.63%
32.00 - 32.99	905	2.08%	31673	72.92%	12667	29.16%
31.00 - 31.99	576	1.33%	32249	74.25%	11762	27.08%
30.00 - 30.99	872	2.01%	33121	76.25%	11186	25.75%
29.00 - 29.99	567	1.31%	33688	77.56%	10314	23.75%
28.00 - 28.99	766	1.76%	34454	79.32%	9747	22.44%
27.00 - 27.99	615	1.42%	35069	80.74%	8981	20.68%
26.00 - 26.99	712	1.64%	35781	82.38%	8366	19.26%
25.00 - 25.99	616	1.42%	36397	83.80%	7654	17.62%
24.00 - 24.99	686	1.58%	37083	85.38%	7038	16.20%
23.00 - 23.99	407	0.94%	37490	86.31%	6352	14.62%
22.00 - 22.99	716	1.65%	38206	87.96%	5945	13.69%
21.00 - 21.99	306	0.70%	38512	88.67%	5229	12.04%
20.00 - 20.99	662	1.52%	39174	90.19%	4923	11.33%
19.00 - 19.99	477	1.10%	39651	91.29%	4261	9.81%
18.00 - 18.99	392	0.90%	40043	92.19%	3784	8.71%
17.00 - 17.99	463	1.07%	40506	93.26%	3392	7.81%
16.00 - 16.99	464	1.07%	40970	94.32%	2929	6.74%
15.00 - 15.99	199	0.46%	41169	94.78%	2465	5.68%
14.00 - 14.99	448	1.03%	41617	95.81%	2266	5.22%
13.00 - 13.99	94	0.22%	41711	96.03%	1818	4.19%
12.00 - 12.99	383	0.88%	42094	96.91%	1724	3.97%
11.00 - 11.99	283	0.65%	42377	97.56%	1341	3.09%
10.00 - 10.99	122	0.28%	42499	97.85%	1058	2.44%
9.00 - 9.99	284	0.65%	42783	98.50%	936	2.15%
8.00 - 8.99	174	0.40%	42957	98.90%	652	1.50%
7.00 - 7.99	37	0.09%	42994	98.98%	478	1.10%
6.00 - 6.99	162	0.37%	43156	99.36%	441	1.02%
5.00 - 5.99	4	0.01%	43160	99.37%	279	0.64%
4.00 - 4.99	123	0.28%	43283	99.65%	275	0.63%
3.00 - 3.99	87	0.20%	43370	99.85%	152	0.35%
2.00 - 2.99	0	0.00%	43370	99.85%	65	0.15%
1.00 - 1.99	41	0.09%	43411	99.94%	65	0.15%
0.00 - 0.99	24	0.06%	43435	100.00%	24	0.06%
缺考	2556					

104 年指定科目考試地理科成績人數累計表

分　　數	人　　數	百分比	自高分往低分累計		自低分往高分累計	
			累計人數	累計百分比	累計人數	累計百分比
100.00	1	0.00%	1	0.00%	33004	100.00
99.00 - 99.99	0	0.00%	1	0.00%	33003	99.00 - 99.99
98.00 - 98.99	2	0.01%	3	0.01%	33003	98.00 - 98.99
97.00 - 97.99	2	0.01%	5	0.02%	33001	97.00 - 97.99
96.00 - 96.99	8	0.02%	13	0.04%	32999	96.00 - 96.99
95.00 - 95.99	3	0.01%	16	0.05%	32991	95.00 - 95.99
94.00 - 94.99	25	0.08%	41	0.12%	32988	94.00 - 94.99
93.00 - 93.99	10	0.03%	51	0.15%	32963	93.00 - 93.99
92.00 - 92.99	68	0.21%	119	0.36%	32953	92.00 - 92.99
91.00 - 91.99	11	0.03%	130	0.39%	32885	91.00 - 91.99
90.00 - 90.99	110	0.33%	240	0.73%	32874	90.00 - 90.99
89.00 - 89.99	34	0.10%	274	0.83%	32764	89.00 - 89.99
88.00 - 88.99	187	0.57%	461	1.40%	32730	88.00 - 88.99
87.00 - 87.99	48	0.15%	509	1.54%	32543	87.00 - 87.99
86.00 - 86.99	313	0.95%	822	2.49%	32495	86.00 - 86.99
85.00 - 85.99	77	0.23%	899	2.72%	32182	85.00 - 85.99
84.00 - 84.99	368	1.12%	1267	3.84%	32105	84.00 - 84.99
83.00 - 83.99	123	0.37%	1390	4.21%	31737	83.00 - 83.99
82.00 - 82.99	508	1.54%	1898	5.75%	31614	82.00 - 82.99
81.00 - 81.99	139	0.42%	2037	6.17%	31106	81.00 - 81.99
80.00 - 80.99	633	1.92%	2670	8.09%	30967	80.00 - 80.99
79.00 - 79.99	191	0.58%	2861	8.67%	30334	79.00 - 79.99
78.00 - 78.99	725	2.20%	3586	10.87%	30143	78.00 - 78.99
77.00 - 77.99	206	0.62%	3792	11.49%	29418	77.00 - 77.99
76.00 - 76.99	870	2.64%	4662	14.13%	29212	76.00 - 76.99
75.00 - 75.99	224	0.68%	4886	14.80%	28342	75.00 - 75.99
74.00 - 74.99	937	2.84%	5823	17.64%	28118	74.00 - 74.99
73.00 - 73.99	279	0.85%	6102	18.49%	27181	73.00 - 73.99
72.00 - 72.99	1036	3.14%	7138	21.63%	26902	72.00 - 72.99
71.00 - 71.99	311	0.94%	7449	22.57%	25866	71.00 - 71.99
70.00 - 70.99	1153	3.49%	8602	26.06%	25555	70.00 - 70.99
69.00 - 69.99	348	1.05%	8950	27.12%	24402	69.00 - 69.99
68.00 - 68.99	1157	3.51%	10107	30.62%	24054	68.00 - 68.99
67.00 - 67.99	343	1.04%	10450	31.66%	22897	67.00 - 67.99
66.00 - 66.99	1212	3.67%	11662	35.34%	22554	66.00 - 66.99
65.00 - 65.99	358	1.08%	12020	36.42%	21342	65.00 - 65.99
64.00 - 64.99	1315	3.98%	13335	40.40%	20984	64.00 - 64.99
63.00 - 63.99	372	1.13%	13707	41.53%	19669	63.00 - 63.99
62.00 - 62.99	1227	3.72%	14934	45.25%	19297	62.00 - 62.99
61.00 - 61.99	375	1.14%	15309	46.39%	18070	61.00 - 61.99
60.00 - 60.99	1279	3.88%	16588	50.26%	17695	60.00 - 60.99
59.00 - 59.99	359	1.09%	16947	51.35%	16416	59.00 - 59.99
58.00 - 58.99	1264	3.83%	18211	55.18%	16057	58.00 - 58.99
57.00 - 57.99	375	1.14%	18586	56.31%	14793	57.00 - 57.99
56.00 - 56.99	1244	3.77%	19830	60.08%	14418	56.00 - 56.99
55.00 - 55.99	335	1.02%	20165	61.10%	13174	55.00 - 55.99
54.00 - 54.99	1156	3.50%	21321	64.60%	12839	54.00 - 54.99
53.00 - 53.99	323	0.98%	21644	65.58%	11683	53.00 - 53.99
52.00 - 52.99	1174	3.56%	22818	69.14%	11360	52.00 - 52.99

51.00 - 51.99	300	0.91%	23118	70.05%	10186	30.86%
50.00 - 50.99	1049	3.18%	24167	73.22%	9886	29.95%
49.00 - 49.99	262	0.79%	24429	74.02%	8837	26.78%
48.00 - 48.99	962	2.91%	25391	76.93%	8575	25.98%
47.00 - 47.99	243	0.74%	25634	77.67%	7613	23.07%
46.00 - 46.99	917	2.78%	26551	80.45%	7370	22.33%
45.00 - 45.99	195	0.59%	26746	81.04%	6453	19.55%
44.00 - 44.99	850	2.58%	27596	83.61%	6258	18.96%
43.00 - 43.99	184	0.56%	27780	84.17%	5408	16.39%
42.00 - 42.99	759	2.30%	28539	86.47%	5224	15.83%
41.00 - 41.99	117	0.35%	28656	86.83%	4465	13.53%
40.00 - 40.99	685	2.08%	29341	88.90%	4348	13.17%
39.00 - 39.99	134	0.41%	29475	89.31%	3663	11.10%
38.00 - 38.99	594	1.80%	30069	91.11%	3529	10.69%
37.00 - 37.99	115	0.35%	30184	91.46%	2935	8.89%
36.00 - 36.99	462	1.40%	30646	92.86%	2820	8.54%
35.00 - 35.99	83	0.25%	30729	93.11%	2358	7.14%
34.00 - 34.99	405	1.23%	31134	94.33%	2275	6.89%
33.00 - 33.99	63	0.19%	31197	94.52%	1870	5.67%
32.00 - 32.99	355	1.08%	31552	95.60%	1807	5.48%
31.00 - 31.99	57	0.17%	31609	95.77%	1452	4.40%
30.00 - 30.99	309	0.94%	31918	96.71%	1395	4.23%
29.00 - 29.99	44	0.13%	31962	96.84%	1086	3.29%
28.00 - 28.99	248	0.75%	32210	97.59%	1042	3.16%
27.00 - 27.99	30	0.09%	32240	97.69%	794	2.41%
26.00 - 26.99	194	0.59%	32434	98.27%	764	2.31%
25.00 - 25.99	27	0.08%	32461	98.35%	570	1.73%
24.00 - 24.99	142	0.43%	32603	98.78%	543	1.65%
23.00 - 23.99	17	0.05%	32620	98.84%	401	1.22%
22.00 - 22.99	101	0.31%	32721	99.14%	384	1.16%
21.00 - 21.99	13	0.04%	32734	99.18%	283	0.86%
20.00 - 20.99	88	0.27%	32822	99.45%	270	0.82%
19.00 - 19.99	9	0.03%	32831	99.48%	182	0.55%
18.00 - 18.99	77	0.23%	32908	99.71%	173	0.52%
17.00 - 17.99	1	0.00%	32909	99.71%	96	0.29%
16.00 - 16.99	47	0.14%	32956	99.85%	95	0.29%
15.00 - 15.99	3	0.01%	32959	99.86%	48	0.15%
14.00 - 14.99	22	0.07%	32981	99.93%	45	0.14%
13.00 - 13.99	1	0.00%	32982	99.93%	23	0.07%
12.00 - 12.99	10	0.03%	32992	99.96%	22	0.07%
11.00 - 11.99	1	0.00%	32993	99.97%	12	0.04%
10.00 - 10.99	6	0.02%	32999	99.98%	11	0.03%
9.00 - 9.99	0	0.00%	32999	99.98%	5	0.02%
8.00 - 8.99	2	0.01%	33001	99.99%	5	0.02%
7.00 - 7.99	0	0.00%	33001	99.99%	3	0.01%
6.00 - 6.99	0	0.00%	33001	99.99%	3	0.01%
5.00 - 5.99	0	0.00%	33001	99.99%	3	0.01%
4.00 - 4.99	0	0.00%	33001	99.99%	3	0.01%
3.00 - 3.99	0	0.00%	33001	99.99%	3	0.01%
2.00 - 2.99	1	0.00%	33002	99.99%	3	0.01%
1.00 - 1.99	0	0.00%	33002	99.99%	2	0.01%
0.00 - 0.99	2	0.01%	33004	100.00%	2	0.01%
缺考	1870					

104 年指定科目考試歷史科成績人數累計表

分　數	人　數	百分比	自高分往低分累計		自低分往高分累計	
			累計人數	累計百分比	累計人數	累計百分比
100.00	0	0.00%	0	0.00%	33548	100.00%
99.00 - 99.99	3	0.01%	3	0.01%	33548	100.00%
98.00 - 98.99	5	0.01%	8	0.02%	33545	99.99%
97.00 - 97.99	11	0.03%	19	0.06%	33540	99.98%
96.00 - 96.99	13	0.04%	32	0.10%	33529	99.94%
95.00 - 95.99	38	0.11%	70	0.21%	33516	99.90%
94.00 - 94.99	62	0.18%	132	0.39%	33478	99.79%
93.00 - 93.99	99	0.30%	231	0.69%	33416	99.61%
92.00 - 92.99	152	0.45%	383	1.14%	33317	99.31%
91.00 - 91.99	196	0.58%	579	1.73%	33165	98.86%
90.00 - 90.99	267	0.80%	846	2.52%	32969	98.27%
89.00 - 89.99	316	0.94%	1162	3.46%	32702	97.48%
88.00 - 88.99	419	1.25%	1581	4.71%	32386	96.54%
87.00 - 87.99	453	1.35%	2034	6.06%	31967	95.29%
86.00 - 86.99	536	1.60%	2570	7.66%	31514	93.94%
85.00 - 85.99	574	1.71%	3144	9.37%	30978	92.34%
84.00 - 84.99	649	1.93%	3793	11.31%	30404	90.63%
83.00 - 83.99	651	1.94%	4444	13.25%	29755	88.69%
82.00 - 82.99	726	2.16%	5170	15.41%	29104	86.75%
81.00 - 81.99	714	2.13%	5884	17.54%	28378	84.59%
80.00 - 80.99	804	2.40%	6688	19.94%	27664	82.46%
79.00 - 79.99	815	2.43%	7503	22.36%	26860	80.06%
78.00 - 78.99	866	2.58%	8369	24.95%	26045	77.64%
77.00 - 77.99	814	2.43%	9183	27.37%	25179	75.05%
76.00 - 76.99	863	2.57%	10046	29.95%	24365	72.63%
75.00 - 75.99	825	2.46%	10871	32.40%	23502	70.05%
74.00 - 74.99	860	2.56%	11731	34.97%	22677	67.60%
73.00 - 73.99	803	2.39%	12534	37.36%	21817	65.03%
72.00 - 72.99	846	2.52%	13380	39.88%	21014	62.64%
71.00 - 71.99	893	2.66%	14273	42.55%	20168	60.12%
70.00 - 70.99	845	2.52%	15118	45.06%	19275	57.45%
69.00 - 69.99	875	2.61%	15993	47.67%	18430	54.94%
68.00 - 68.99	892	2.66%	16885	50.33%	17555	52.33%
67.00 - 67.99	889	2.65%	17774	52.98%	16663	49.67%
66.00 - 66.99	802	2.39%	18576	55.37%	15774	47.02%
65.00 - 65.99	845	2.52%	19421	57.89%	14972	44.63%
64.00 - 64.99	821	2.45%	20242	60.34%	14127	42.11%
63.00 - 63.99	830	2.47%	21072	62.81%	13306	39.66%
62.00 - 62.99	768	2.29%	21840	65.10%	12476	37.19%
61.00 - 61.99	727	2.17%	22567	67.27%	11708	34.90%
60.00 - 60.99	746	2.22%	23313	69.49%	10981	32.73%
59.00 - 59.99	719	2.14%	24032	71.63%	10235	30.51%
58.00 - 58.99	696	2.07%	24728	73.71%	9516	28.37%
57.00 - 57.99	606	1.81%	25334	75.52%	8820	26.29%
56.00 - 56.99	651	1.94%	25985	77.46%	8214	24.48%
55.00 - 55.99	623	1.86%	26608	79.31%	7563	22.54%
54.00 - 54.99	560	1.67%	27168	80.98%	6940	20.69%
53.00 - 53.99	494	1.47%	27662	82.45%	6380	19.02%
52.00 - 52.99	530	1.58%	28192	84.03%	5886	17.55%

51.00 - 51.99	471	1.40%	28663	85.44%	5356	15.97%
50.00 - 50.99	477	1.42%	29140	86.86%	4885	14.56%
49.00 - 49.99	434	1.29%	29574	88.15%	4408	13.14%
48.00 - 48.99	353	1.05%	29927	89.21%	3974	11.85%
47.00 - 47.99	397	1.18%	30324	90.39%	3621	10.79%
46.00 - 46.99	313	0.93%	30637	91.32%	3224	9.61%
45.00 - 45.99	301	0.90%	30938	92.22%	2911	8.68%
44.00 - 44.99	284	0.85%	31222	93.07%	2610	7.78%
43.00 - 43.99	257	0.77%	31479	93.83%	2326	6.93%
42.00 - 42.99	217	0.65%	31696	94.48%	2069	6.17%
41.00 - 41.99	255	0.76%	31951	95.24%	1852	5.52%
40.00 - 40.99	188	0.56%	32139	95.80%	1597	4.76%
39.00 - 39.99	173	0.52%	32312	96.32%	1409	4.20%
38.00 - 38.99	135	0.40%	32447	96.72%	1236	3.68%
37.00 - 37.99	140	0.42%	32587	97.14%	1101	3.28%
36.00 - 36.99	95	0.28%	32682	97.42%	961	2.86%
35.00 - 35.99	119	0.35%	32801	97.77%	866	2.58%
34.00 - 34.99	90	0.27%	32891	98.04%	747	2.23%
33.00 - 33.99	83	0.25%	32974	98.29%	657	1.96%
32.00 - 32.99	69	0.21%	33043	98.49%	574	1.71%
31.00 - 31.99	64	0.19%	33107	98.69%	505	1.51%
30.00 - 30.99	80	0.24%	33187	98.92%	441	1.31%
29.00 - 29.99	52	0.16%	33239	99.08%	361	1.08%
28.00 - 28.99	68	0.20%	33307	99.28%	309	0.92%
27.00 - 27.99	34	0.10%	33341	99.38%	241	0.72%
26.00 - 26.99	35	0.10%	33376	99.49%	207	0.62%
25.00 - 25.99	23	0.07%	33399	99.56%	172	0.51%
24.00 - 24.99	27	0.08%	33426	99.64%	149	0.44%
23.00 - 23.99	18	0.05%	33444	99.69%	122	0.36%
22.00 - 22.99	16	0.05%	33460	99.74%	104	0.31%
21.00 - 21.99	17	0.05%	33477	99.79%	88	0.26%
20.00 - 20.99	20	0.06%	33497	99.85%	71	0.21%
19.00 - 19.99	10	0.03%	33507	99.88%	51	0.15%
18.00 - 18.99	10	0.03%	33517	99.91%	41	0.12%
17.00 - 17.99	7	0.02%	33524	99.93%	31	0.09%
16.00 - 16.99	5	0.01%	33529	99.94%	24	0.07%
15.00 - 15.99	3	0.01%	33532	99.95%	19	0.06%
14.00 - 14.99	7	0.02%	33539	99.97%	16	0.05%
13.00 - 13.99	1	0.00%	33540	99.98%	9	0.03%
12.00 - 12.99	2	0.01%	33542	99.98%	8	0.02%
11.00 - 11.99	0	0.00%	33542	99.98%	6	0.02%
10.00 - 10.99	4	0.01%	33546	99.99%	6	0.02%
9.00 - 9.99	1	0.00%	33547	100.00%	2	0.01%
8.00 - 8.99	0	0.00%	33547	100.00%	1	0.00%
7.00 - 7.99	0	0.00%	33547	100.00%	1	0.00%
6.00 - 6.99	0	0.00%	33547	100.00%	1	0.00%
5.00 - 5.99	0	0.00%	33547	100.00%	1	0.00%
4.00 - 4.99	0	0.00%	33547	100.00%	1	0.00%
3.00 - 3.99	0	0.00%	33547	100.00%	1	0.00%
2.00 - 2.99	1	0.00%	33548	100.00%	1	0.00%
1.00 - 1.99	0	0.00%	33548	100.00%	0	0.00%
0.00 - 0.99	0	0.00%	33548	100.00%	0	0.00%
缺考	1926					

104 年指定科目考試公民與社會科成績人數累計表

分　　數	人　數	百分比	自高分往低分累計		自低分往高分累計	
			累計人數	累計百分比	累計人數	累計百分比
100.00	0	0.00%	0	0.00%	29876	100.00%
99.00 - 99.99	0	0.00%	0	0.00%	29876	100.00%
98.00 - 98.99	1	0.00%	1	0.00%	29876	100.00%
97.00 - 97.99	3	0.01%	4	0.01%	29875	100.00%
96.00 - 96.99	3	0.01%	7	0.02%	29872	99.99%
95.00 - 95.99	6	0.02%	13	0.04%	29869	99.98%
94.00 - 94.99	11	0.04%	24	0.08%	29863	99.96%
93.00 - 93.99	20	0.07%	44	0.15%	29852	99.92%
92.00 - 92.99	40	0.13%	84	0.28%	29832	99.85%
91.00 - 91.99	34	0.11%	118	0.39%	29792	99.72%
90.00 - 90.99	89	0.30%	207	0.69%	29758	99.61%
89.00 - 89.99	72	0.24%	279	0.93%	29669	99.31%
88.00 - 88.99	161	0.54%	440	1.47%	29597	99.07%
87.00 - 87.99	144	0.48%	584	1.95%	29436	98.53%
86.00 - 86.99	254	0.85%	838	2.80%	29292	98.05%
85.00 - 85.99	204	0.68%	1042	3.49%	29038	97.20%
84.00 - 84.99	346	1.16%	1388	4.65%	28834	96.51%
83.00 - 83.99	261	0.87%	1649	5.52%	28488	95.35%
82.00 - 82.99	499	1.67%	2148	7.19%	28227	94.48%
81.00 - 81.99	356	1.19%	2504	8.38%	27728	92.81%
80.00 - 80.99	605	2.03%	3109	10.41%	27372	91.62%
79.00 - 79.99	450	1.51%	3559	11.91%	26767	89.59%
78.00 - 78.99	669	2.24%	4228	14.15%	26317	88.09%
77.00 - 77.99	456	1.53%	4684	15.68%	25648	85.85%
76.00 - 76.99	710	2.38%	5394	18.05%	25192	84.32%
75.00 - 75.99	505	1.69%	5899	19.74%	24482	81.95%
74.00 - 74.99	743	2.49%	6642	22.23%	23977	80.26%
73.00 - 73.99	532	1.78%	7174	24.01%	23234	77.77%
72.00 - 72.99	793	2.65%	7967	26.67%	22702	75.99%
71.00 - 71.99	553	1.85%	8520	28.52%	21909	73.33%
70.00 - 70.99	941	3.15%	9461	31.67%	21356	71.48%
69.00 - 69.99	574	1.92%	10035	33.59%	20415	68.33%
68.00 - 68.99	929	3.11%	10964	36.70%	19841	66.41%
67.00 - 67.99	644	2.16%	11608	38.85%	18912	63.30%
66.00 - 66.99	973	3.26%	12581	42.11%	18268	61.15%
65.00 - 65.99	626	2.10%	13207	44.21%	17295	57.89%
64.00 - 64.99	981	3.28%	14188	47.49%	16669	55.79%
63.00 - 63.99	643	2.15%	14831	49.64%	15688	52.51%
62.00 - 62.99	990	3.31%	15821	52.96%	15045	50.36%
61.00 - 61.99	680	2.28%	16501	55.23%	14055	47.04%
60.00 - 60.99	922	3.09%	17423	58.32%	13375	44.77%
59.00 - 59.99	624	2.09%	18047	60.41%	12453	41.68%
58.00 - 58.99	927	3.10%	18974	63.51%	11829	39.59%
57.00 - 57.99	601	2.01%	19575	65.52%	10902	36.49%
56.00 - 56.99	889	2.98%	20464	68.50%	10301	34.48%
55.00 - 55.99	569	1.90%	21033	70.40%	9412	31.50%
54.00 - 54.99	877	2.94%	21910	73.34%	8843	29.60%
53.00 - 53.99	535	1.79%	22445	75.13%	7966	26.66%
52.00 - 52.99	799	2.67%	23244	77.80%	7431	24.87%

51.00 - 51.99	537	1.80%	23781	79.60%	6632	22.20%
50.00 - 50.99	699	2.34%	24480	81.94%	6095	20.40%
49.00 - 49.99	481	1.61%	24961	83.55%	5396	18.06%
48.00 - 48.99	645	2.16%	25606	85.71%	4915	16.45%
47.00 - 47.99	389	1.30%	25995	87.01%	4270	14.29%
46.00 - 46.99	589	1.97%	26584	88.98%	3881	12.99%
45.00 - 45.99	343	1.15%	26927	90.13%	3292	11.02%
44.00 - 44.99	417	1.40%	27344	91.52%	2949	9.87%
43.00 - 43.99	276	0.92%	27620	92.45%	2532	8.48%
42.00 - 42.99	385	1.29%	28005	93.74%	2256	7.55%
41.00 - 41.99	213	0.71%	28218	94.45%	1871	6.26%
40.00 - 40.99	264	0.88%	28482	95.33%	1658	5.55%
39.00 - 39.99	175	0.59%	28657	95.92%	1394	4.67%
38.00 - 38.99	231	0.77%	28888	96.69%	1219	4.08%
37.00 - 37.99	124	0.42%	29012	97.11%	988	3.31%
36.00 - 36.99	159	0.53%	29171	97.64%	864	2.89%
35.00 - 35.99	103	0.34%	29274	97.99%	705	2.36%
34.00 - 34.99	110	0.37%	29384	98.35%	602	2.01%
33.00 - 33.99	66	0.22%	29450	98.57%	492	1.65%
32.00 - 32.99	78	0.26%	29528	98.84%	426	1.43%
31.00 - 31.99	51	0.17%	29579	99.01%	348	1.16%
30.00 - 30.99	68	0.23%	29647	99.23%	297	0.99%
29.00 - 29.99	37	0.12%	29684	99.36%	229	0.77%
28.00 - 28.99	41	0.14%	29725	99.49%	192	0.64%
27.00 - 27.99	27	0.09%	29752	99.58%	151	0.51%
26.00 - 26.99	31	0.10%	29783	99.69%	124	0.42%
25.00 - 25.99	13	0.04%	29796	99.73%	93	0.31%
24.00 - 24.99	26	0.09%	29822	99.82%	80	0.27%
23.00 - 23.99	9	0.03%	29831	99.85%	54	0.18%
22.00 - 22.99	9	0.03%	29840	99.88%	45	0.15%
21.00 - 21.99	8	0.03%	29848	99.91%	36	0.12%
20.00 - 20.99	10	0.03%	29858	99.94%	28	0.09%
19.00 - 19.99	7	0.02%	29865	99.96%	18	0.06%
18.00 - 18.99	3	0.01%	29868	99.97%	11	0.04%
17.00 - 17.99	2	0.01%	29870	99.98%	8	0.03%
16.00 - 16.99	2	0.01%	29872	99.99%	6	0.02%
15.00 - 15.99	2	0.01%	29874	99.99%	4	0.01%
14.00 - 14.99	0	0.00%	29874	99.99%	2	0.01%
13.00 - 13.99	0	0.00%	29874	99.99%	2	0.01%
12.00 - 12.99	0	0.00%	29874	99.99%	2	0.01%
11.00 - 11.99	0	0.00%	29874	99.99%	2	0.01%
10.00 - 10.99	1	0.00%	29875	100.00%	2	0.01%
9.00 - 9.99	0	0.00%	29875	100.00%	1	0.00%
8.00 - 8.99	0	0.00%	29875	100.00%	1	0.00%
7.00 - 7.99	0	0.00%	29875	100.00%	1	0.00%
6.00 - 6.99	0	0.00%	29875	100.00%	1	0.00%
5.00 - 5.99	0	0.00%	29875	100.00%	1	0.00%
4.00 - 4.99	0	0.00%	29875	100.00%	1	0.00%
3.00 - 3.99	0	0.00%	29875	100.00%	1	0.00%
2.00 - 2.99	0	0.00%	29875	100.00%	1	0.00%
1.00 - 1.99	0	0.00%	29875	100.00%	1	0.00%
0.00 - 0.99	1	0.00%	29876	100.00%	1	0.00%
缺考	1897					

104 年指定科目考試物理科成績人數累計表

分　　數	人　數	百 分 比	自高分往低分累計		自低分往高分累計	
			累計人數	累計百分比	累計人數	累計百分比
100.00	23	0.11%	23	0.11%	20925	100.00%
99.00 - 99.99	13	0.06%	36	0.17%	20902	99.89%
98.00 - 98.99	34	0.16%	70	0.33%	20889	99.83%
97.00 - 97.99	67	0.32%	137	0.65%	20855	99.67%
96.00 - 96.99	60	0.29%	197	0.94%	20788	99.35%
95.00 - 95.99	82	0.39%	279	1.33%	20728	99.06%
94.00 - 94.99	92	0.44%	371	1.77%	20646	98.67%
93.00 - 93.99	123	0.59%	494	2.36%	20554	98.23%
92.00 - 92.99	134	0.64%	628	3.00%	20431	97.64%
91.00 - 91.99	157	0.75%	785	3.75%	20297	97.00%
90.00 - 90.99	168	0.80%	953	4.55%	20140	96.25%
89.00 - 89.99	216	1.03%	1169	5.59%	19972	95.45%
88.00 - 88.99	175	0.84%	1344	6.42%	19756	94.41%
87.00 - 87.99	208	0.99%	1552	7.42%	19581	93.58%
86.00 - 86.99	190	0.91%	1742	8.32%	19373	92.58%
85.00 - 85.99	237	1.13%	1979	9.46%	19183	91.68%
84.00 - 84.99	222	1.06%	2201	10.52%	18946	90.54%
83.00 - 83.99	256	1.22%	2457	11.74%	18724	89.48%
82.00 - 82.99	245	1.17%	2702	12.91%	18468	88.26%
81.00 - 81.99	263	1.26%	2965	14.17%	18223	87.09%
80.00 - 80.99	253	1.21%	3218	15.38%	17960	85.83%
79.00 - 79.99	276	1.32%	3494	16.70%	17707	84.62%
78.00 - 78.99	263	1.26%	3757	17.95%	17431	83.30%
77.00 - 77.99	260	1.24%	4017	19.20%	17168	82.05%
76.00 - 76.99	258	1.23%	4275	20.43%	16908	80.80%
75.00 - 75.99	238	1.14%	4513	21.57%	16650	79.57%
74.00 - 74.99	249	1.19%	4762	22.76%	16412	78.43%
73.00 - 73.99	242	1.16%	5004	23.91%	16163	77.24%
72.00 - 72.99	270	1.29%	5274	25.20%	15921	76.09%
71.00 - 71.99	287	1.37%	5561	26.58%	15651	74.80%
70.00 - 70.99	276	1.32%	5837	27.89%	15364	73.42%
69.00 - 69.99	270	1.29%	6107	29.19%	15088	72.11%
68.00 - 68.99	273	1.30%	6380	30.49%	14818	70.81%
67.00 - 67.99	256	1.22%	6636	31.71%	14545	69.51%
66.00 - 66.99	273	1.30%	6909	33.02%	14289	68.29%
65.00 - 65.99	263	1.26%	7172	34.27%	14016	66.98%
64.00 - 64.99	266	1.27%	7438	35.55%	13753	65.73%
63.00 - 63.99	257	1.23%	7695	36.77%	13487	64.45%
62.00 - 62.99	258	1.23%	7953	38.01%	13230	63.23%
61.00 - 61.99	264	1.26%	8217	39.27%	12972	61.99%
60.00 - 60.99	267	1.28%	8484	40.54%	12708	60.73%
59.00 - 59.99	252	1.20%	8736	41.75%	12441	59.46%
58.00 - 58.99	253	1.21%	8989	42.96%	12189	58.25%
57.00 - 57.99	274	1.31%	9263	44.27%	11936	57.04%
56.00 - 56.99	261	1.25%	9524	45.51%	11662	55.73%
55.00 - 55.99	247	1.18%	9771	46.70%	11401	54.49%
54.00 - 54.99	275	1.31%	10046	48.01%	11154	53.30%
53.00 - 53.99	241	1.15%	10287	49.16%	10879	51.99%
52.00 - 52.99	256	1.22%	10543	50.38%	10638	50.84%

51.00 - 51.99	264	1.26%	10807	51.65%	10382	49.62%
50.00 - 50.99	280	1.34%	11087	52.98%	10118	48.35%
49.00 - 49.99	279	1.33%	11366	54.32%	9838	47.02%
48.00 - 48.99	245	1.17%	11611	55.49%	9559	45.68%
47.00 - 47.99	282	1.35%	11893	56.84%	9314	44.51%
46.00 - 46.99	267	1.28%	12160	58.11%	9032	43.16%
45.00 - 45.99	283	1.35%	12443	59.46%	8765	41.89%
44.00 - 44.99	257	1.23%	12700	60.69%	8482	40.54%
43.00 - 43.99	319	1.52%	13019	62.22%	8225	39.31%
42.00 - 42.99	273	1.30%	13292	63.52%	7906	37.78%
41.00 - 41.99	289	1.38%	13581	64.90%	7633	36.48%
40.00 - 40.99	287	1.37%	13868	66.27%	7344	35.10%
39.00 - 39.99	304	1.45%	14172	67.73%	7057	33.73%
38.00 - 38.99	273	1.30%	14445	69.03%	6753	32.27%
37.00 - 37.99	310	1.48%	14755	70.51%	6480	30.97%
36.00 - 36.99	315	1.51%	15070	72.02%	6170	29.49%
35.00 - 35.99	310	1.48%	15380	73.50%	5855	27.98%
34.00 - 34.99	343	1.64%	15723	75.14%	5545	26.50%
33.00 - 33.99	307	1.47%	16030	76.61%	5202	24.86%
32.00 - 32.99	330	1.58%	16360	78.18%	4895	23.39%
31.00 - 31.99	313	1.50%	16673	79.68%	4565	21.82%
30.00 - 30.99	333	1.59%	17006	81.27%	4252	20.32%
29.00 - 29.99	291	1.39%	17297	82.66%	3919	18.73%
28.00 - 28.99	330	1.58%	17627	84.24%	3628	17.34%
27.00 - 27.99	280	1.34%	17907	85.58%	3298	15.76%
26.00 - 26.99	290	1.39%	18197	86.96%	3018	14.42%
25.00 - 25.99	291	1.39%	18488	88.35%	2728	13.04%
24.00 - 24.99	297	1.42%	18785	89.77%	2437	11.65%
23.00 - 23.99	236	1.13%	19021	90.90%	2140	10.23%
22.00 - 22.99	230	1.10%	19251	92.00%	1904	9.10%
21.00 - 21.99	247	1.18%	19498	93.18%	1674	8.00%
20.00 - 20.99	184	0.88%	19682	94.06%	1427	6.82%
19.00 - 19.99	211	1.01%	19893	95.07%	1243	5.94%
18.00 - 18.99	188	0.90%	20081	95.97%	1032	4.93%
17.00 - 17.99	147	0.70%	20228	96.67%	844	4.03%
16.00 - 16.99	149	0.71%	20377	97.38%	697	3.33%
15.00 - 15.99	98	0.47%	20475	97.85%	548	2.62%
14.00 - 14.99	105	0.50%	20580	98.35%	450	2.15%
13.00 - 13.99	102	0.49%	20682	98.84%	345	1.65%
12.00 - 12.99	50	0.24%	20732	99.08%	243	1.16%
11.00 - 11.99	44	0.21%	20776	99.29%	193	0.92%
10.00 - 10.99	51	0.24%	20827	99.53%	149	0.71%
9.00 - 9.99	23	0.11%	20850	99.64%	98	0.47%
8.00 - 8.99	23	0.11%	20873	99.75%	75	0.36%
7.00 - 7.99	24	0.11%	20897	99.87%	52	0.25%
6.00 - 6.99	13	0.06%	20910	99.93%	28	0.13%
5.00 - 5.99	3	0.01%	20913	99.94%	15	0.07%
4.00 - 4.99	7	0.03%	20920	99.98%	12	0.06%
3.00 - 3.99	1	0.00%	20921	99.98%	5	0.02%
2.00 - 2.99	1	0.00%	20922	99.99%	4	0.02%
1.00 - 1.99	0	0.00%	20922	99.99%	3	0.01%
0.00 - 0.99	3	0.01%	20925	100.00%	3	0.01%
缺考	1069					

104 年指定科目考試化學科成績人數累計表

分　　數	人　數	百 分 比	自高分往低分累計		自低分往高分累計	
			累計人數	累計百分比	累計人數	累計百分比
100.00	8	0.04%	8	0.04%	22308	100.00%
99.00 - 99.99	1	0.00%	9	0.04%	22300	99.96%
98.00 - 98.99	20	0.09%	29	0.13%	22299	99.96%
97.00 - 97.99	20	0.09%	49	0.22%	22279	99.87%
96.00 - 96.99	50	0.22%	99	0.44%	22259	99.78%
95.00 - 95.99	63	0.28%	162	0.73%	22209	99.56%
94.00 - 94.99	61	0.27%	223	1.00%	22146	99.27%
93.00 - 93.99	83	0.37%	306	1.37%	22085	99.00%
92.00 - 92.99	83	0.37%	389	1.74%	22002	98.63%
91.00 - 91.99	89	0.40%	478	2.14%	21919	98.26%
90.00 - 90.99	154	0.69%	632	2.83%	21830	97.86%
89.00 - 89.99	139	0.62%	771	3.46%	21676	97.17%
88.00 - 88.99	141	0.63%	912	4.09%	21537	96.54%
87.00 - 87.99	174	0.78%	1086	4.87%	21396	95.91%
86.00 - 86.99	157	0.70%	1243	5.57%	21222	95.13%
85.00 - 85.99	191	0.86%	1434	6.43%	21065	94.43%
84.00 - 84.99	218	0.98%	1652	7.41%	20874	93.57%
83.00 - 83.99	194	0.87%	1846	8.28%	20656	92.59%
82.00 - 82.99	239	1.07%	2085	9.35%	20462	91.72%
81.00 - 81.99	259	1.16%	2344	10.51%	20223	90.65%
80.00 - 80.99	272	1.22%	2616	11.73%	19964	89.49%
79.00 - 79.99	292	1.31%	2908	13.04%	19692	88.27%
78.00 - 78.99	287	1.29%	3195	14.32%	19400	86.96%
77.00 - 77.99	311	1.39%	3506	15.72%	19113	85.68%
76.00 - 76.99	321	1.44%	3827	17.16%	18802	84.28%
75.00 - 75.99	301	1.35%	4128	18.50%	18481	82.84%
74.00 - 74.99	306	1.37%	4434	19.88%	18180	81.50%
73.00 - 73.99	314	1.41%	4748	21.28%	17874	80.12%
72.00 - 72.99	322	1.44%	5070	22.73%	17560	78.72%
71.00 - 71.99	355	1.59%	5425	24.32%	17238	77.27%
70.00 - 70.99	351	1.57%	5776	25.89%	16883	75.68%
69.00 - 69.99	338	1.52%	6114	27.41%	16532	74.11%
68.00 - 68.99	355	1.59%	6469	29.00%	16194	72.59%
67.00 - 67.99	330	1.48%	6799	30.48%	15839	71.00%
66.00 - 66.99	338	1.52%	7137	31.99%	15509	69.52%
65.00 - 65.99	331	1.48%	7468	33.48%	15171	68.01%
64.00 - 64.99	364	1.63%	7832	35.11%	14840	66.52%
63.00 - 63.99	358	1.60%	8190	36.71%	14476	64.89%
62.00 - 62.99	344	1.54%	8534	38.26%	14118	63.29%
61.00 - 61.99	370	1.66%	8904	39.91%	13774	61.74%
60.00 - 60.99	376	1.69%	9280	41.60%	13404	60.09%
59.00 - 59.99	349	1.56%	9629	43.16%	13028	58.40%
58.00 - 58.99	327	1.47%	9956	44.63%	12679	56.84%
57.00 - 57.99	342	1.53%	10298	46.16%	12352	55.37%
56.00 - 56.99	320	1.43%	10618	47.60%	12010	53.84%
55.00 - 55.99	361	1.62%	10979	49.22%	11690	52.40%
54.00 - 54.99	356	1.60%	11335	50.81%	11329	50.78%
53.00 - 53.99	383	1.72%	11718	52.53%	10973	49.19%
52.00 - 52.99	329	1.47%	12047	54.00%	10590	47.47%

51.00 - 51.99	304	1.36%	12351	55.37%	10261	46.00%
50.00 - 50.99	308	1.38%	12659	56.75%	9957	44.63%
49.00 - 49.99	332	1.49%	12991	58.23%	9649	43.25%
48.00 - 48.99	334	1.50%	13325	59.73%	9317	41.77%
47.00 - 47.99	304	1.36%	13629	61.09%	8983	40.27%
46.00 - 46.99	332	1.49%	13961	62.58%	8679	38.91%
45.00 - 45.99	293	1.31%	14254	63.90%	8347	37.42%
44.00 - 44.99	326	1.46%	14580	65.36%	8054	36.10%
43.00 - 43.99	322	1.44%	14902	66.80%	7728	34.64%
42.00 - 42.99	335	1.50%	15237	68.30%	7406	33.20%
41.00 - 41.99	294	1.32%	15531	69.62%	7071	31.70%
40.00 - 40.99	321	1.44%	15852	71.06%	6777	30.38%
39.00 - 39.99	320	1.43%	16172	72.49%	6456	28.94%
38.00 - 38.99	297	1.33%	16469	73.83%	6136	27.51%
37.00 - 37.99	280	1.26%	16749	75.08%	5839	26.17%
36.00 - 36.99	301	1.35%	17050	76.43%	5559	24.92%
35.00 - 35.99	289	1.30%	17339	77.73%	5258	23.57%
34.00 - 34.99	295	1.32%	17634	79.05%	4969	22.27%
33.00 - 33.99	282	1.26%	17916	80.31%	4674	20.95%
32.00 - 32.99	292	1.31%	18208	81.62%	4392	19.69%
31.00 - 31.99	249	1.12%	18457	82.74%	4100	18.38%
30.00 - 30.99	284	1.27%	18741	84.01%	3851	17.26%
29.00 - 29.99	281	1.26%	19022	85.27%	3567	15.99%
28.00 - 28.99	290	1.30%	19312	86.57%	3286	14.73%
27.00 - 27.99	266	1.19%	19578	87.76%	2996	13.43%
26.00 - 26.99	255	1.14%	19833	88.91%	2730	12.24%
25.00 - 25.99	258	1.16%	20091	90.06%	2475	11.09%
24.00 - 24.99	233	1.04%	20324	91.11%	2217	9.94%
23.00 - 23.99	263	1.18%	20587	92.29%	1984	8.89%
22.00 - 22.99	224	1.00%	20811	93.29%	1721	7.71%
21.00 - 21.99	196	0.88%	21007	94.17%	1497	6.71%
20.00 - 20.99	229	1.03%	21236	95.19%	1301	5.83%
19.00 - 19.99	175	0.78%	21411	95.98%	1072	4.81%
18.00 - 18.99	135	0.61%	21546	96.58%	897	4.02%
17.00 - 17.99	172	0.77%	21718	97.36%	762	3.42%
16.00 - 16.99	121	0.54%	21839	97.90%	590	2.64%
15.00 - 15.99	109	0.49%	21948	98.39%	469	2.10%
14.00 - 14.99	101	0.45%	22049	98.84%	360	1.61%
13.00 - 13.99	62	0.28%	22111	99.12%	259	1.16%
12.00 - 12.99	40	0.18%	22151	99.30%	197	0.88%
11.00 - 11.99	50	0.22%	22201	99.52%	157	0.70%
10.00 - 10.99	41	0.18%	22242	99.70%	107	0.48%
9.00 - 9.99	25	0.11%	22267	99.82%	66	0.30%
8.00 - 8.99	16	0.07%	22283	99.89%	41	0.18%
7.00 - 7.99	14	0.06%	22297	99.95%	25	0.11%
6.00 - 6.99	5	0.02%	22302	99.97%	11	0.05%
5.00 - 5.99	3	0.01%	22305	99.99%	6	0.03%
4.00 - 4.99	2	0.01%	22307	100.00%	3	0.01%
3.00 - 3.99	0	0.00%	22307	100.00%	1	0.00%
2.00 - 2.99	1	0.00%	22308	100.00%	1	0.00%
1.00 - 1.99	0	0.00%	22308	100.00%	0	0.00%
0.00 - 0.99	0	0.00%	22308	100.00%	0	0.00%
缺考	1046					

104 年指定科目考試生物科成績人數累計表

分　　　數	人　數	百　分　比	自高分往低分累計		自低分往高分累計	
			累計人數	累計百分比	累計人數	累計百分比
100.00	0	0.00%	0	0.00%	15345	100.00%
99.00 - 99.99	1	0.01%	1	0.01%	15345	100.00%
98.00 - 98.99	0	0.00%	1	0.01%	15344	99.99%
97.00 - 97.99	2	0.01%	3	0.02%	15344	99.99%
96.00 - 96.99	5	0.03%	8	0.05%	15342	99.98%
95.00 - 95.99	17	0.11%	25	0.16%	15337	99.95%
94.00 - 94.99	30	0.20%	55	0.36%	15320	99.84%
93.00 - 93.99	50	0.33%	105	0.68%	15290	99.64%
92.00 - 92.99	58	0.38%	163	1.06%	15240	99.32%
91.00 - 91.99	104	0.68%	267	1.74%	15182	98.94%
90.00 - 90.99	141	0.92%	408	2.66%	15078	98.26%
89.00 - 89.99	165	1.08%	573	3.73%	14937	97.34%
88.00 - 88.99	203	1.32%	776	5.06%	14772	96.27%
87.00 - 87.99	231	1.51%	1007	6.56%	14569	94.94%
86.00 - 86.99	247	1.61%	1254	8.17%	14338	93.44%
85.00 - 85.99	238	1.55%	1492	9.72%	14091	91.83%
84.00 - 84.99	273	1.78%	1765	11.50%	13853	90.28%
83.00 - 83.99	306	1.99%	2071	13.50%	13580	88.50%
82.00 - 82.99	271	1.77%	2342	15.26%	13274	86.50%
81.00 - 81.99	299	1.95%	2641	17.21%	13003	84.74%
80.00 - 80.99	327	2.13%	2968	19.34%	12704	82.79%
79.00 - 79.99	300	1.96%	3268	21.30%	12377	80.66%
78.00 - 78.99	329	2.14%	3597	23.44%	12077	78.70%
77.00 - 77.99	303	1.97%	3900	25.42%	11748	76.56%
76.00 - 76.99	290	1.89%	4190	27.31%	11445	74.58%
75.00 - 75.99	294	1.92%	4484	29.22%	11155	72.69%
74.00 - 74.99	295	1.92%	4779	31.14%	10861	70.78%
73.00 - 73.99	297	1.94%	5076	33.08%	10566	68.86%
72.00 - 72.99	274	1.79%	5350	34.86%	10269	66.92%
71.00 - 71.99	280	1.82%	5630	36.69%	9995	65.14%
70.00 - 70.99	289	1.88%	5919	38.57%	9715	63.31%
69.00 - 69.99	302	1.97%	6221	40.54%	9426	61.43%
68.00 - 68.99	273	1.78%	6494	42.32%	9124	59.46%
67.00 - 67.99	298	1.94%	6792	44.26%	8851	57.68%
66.00 - 66.99	299	1.95%	7091	46.21%	8553	55.74%
65.00 - 65.99	276	1.80%	7367	48.01%	8254	53.79%
64.00 - 64.99	225	1.47%	7592	49.48%	7978	51.99%
63.00 - 63.99	266	1.73%	7858	51.21%	7753	50.52%
62.00 - 62.99	256	1.67%	8114	52.88%	7487	48.79%
61.00 - 61.99	247	1.61%	8361	54.49%	7231	47.12%
60.00 - 60.99	247	1.61%	8608	56.10%	6984	45.51%
59.00 - 59.99	245	1.60%	8853	57.69%	6737	43.90%
58.00 - 58.99	235	1.53%	9088	59.22%	6492	42.31%
57.00 - 57.99	219	1.43%	9307	60.65%	6257	40.78%
56.00 - 56.99	229	1.49%	9536	62.14%	6038	39.35%
55.00 - 55.99	212	1.38%	9748	63.53%	5809	37.86%
54.00 - 54.99	237	1.54%	9985	65.07%	5597	36.47%
53.00 - 53.99	204	1.33%	10189	66.40%	5360	34.93%
52.00 - 52.99	196	1.28%	10385	67.68%	5156	33.60%

Score	Count	%	Cumulative	Cum %	Count	%
51.00 - 51.99	191	1.24%	10576	68.92%	4960	32.32%
50.00 - 50.99	203	1.32%	10779	70.24%	4769	31.08%
49.00 - 49.99	197	1.28%	10976	71.53%	4566	29.76%
48.00 - 48.99	210	1.37%	11186	72.90%	4369	28.47%
47.00 - 47.99	200	1.30%	11386	74.20%	4159	27.10%
46.00 - 46.99	172	1.12%	11558	75.32%	3959	25.80%
45.00 - 45.99	195	1.27%	11753	76.59%	3787	24.68%
44.00 - 44.99	162	1.06%	11915	77.65%	3592	23.41%
43.00 - 43.99	198	1.29%	12113	78.94%	3430	22.35%
42.00 - 42.99	163	1.06%	12276	80.00%	3232	21.06%
41.00 - 41.99	179	1.17%	12455	81.17%	3069	20.00%
40.00 - 40.99	159	1.04%	12614	82.20%	2890	18.83%
39.00 - 39.99	150	0.98%	12764	83.18%	2731	17.80%
38.00 - 38.99	177	1.15%	12941	84.33%	2581	16.82%
37.00 - 37.99	178	1.16%	13119	85.49%	2404	15.67%
36.00 - 36.99	153	1.00%	13272	86.49%	2226	14.51%
35.00 - 35.99	165	1.08%	13437	87.57%	2073	13.51%
34.00 - 34.99	137	0.89%	13574	88.46%	1908	12.43%
33.00 - 33.99	146	0.95%	13720	89.41%	1771	11.54%
32.00 - 32.99	143	0.93%	13863	90.34%	1625	10.59%
31.00 - 31.99	141	0.92%	14004	91.26%	1482	9.66%
30.00 - 30.99	158	1.03%	14162	92.29%	1341	8.74%
29.00 - 29.99	140	0.91%	14302	93.20%	1183	7.71%
28.00 - 28.99	120	0.78%	14422	93.99%	1043	6.80%
27.00 - 27.99	126	0.82%	14548	94.81%	923	6.01%
26.00 - 26.99	97	0.63%	14645	95.44%	797	5.19%
25.00 - 25.99	105	0.68%	14750	96.12%	700	4.56%
24.00 - 24.99	85	0.55%	14835	96.68%	595	3.88%
23.00 - 23.99	85	0.55%	14920	97.23%	510	3.32%
22.00 - 22.99	71	0.46%	14991	97.69%	425	2.77%
21.00 - 21.99	69	0.45%	15060	98.14%	354	2.31%
20.00 - 20.99	62	0.40%	15122	98.55%	285	1.86%
19.00 - 19.99	37	0.24%	15159	98.79%	223	1.45%
18.00 - 18.99	32	0.21%	15191	99.00%	186	1.21%
17.00 - 17.99	35	0.23%	15226	99.22%	154	1.00%
16.00 - 16.99	32	0.21%	15258	99.43%	119	0.78%
15.00 - 15.99	26	0.17%	15284	99.60%	87	0.57%
14.00 - 14.99	19	0.12%	15303	99.73%	61	0.40%
13.00 - 13.99	15	0.10%	15318	99.82%	42	0.27%
12.00 - 12.99	6	0.04%	15324	99.86%	27	0.18%
11.00 - 11.99	6	0.04%	15330	99.90%	21	0.14%
10.00 - 10.99	4	0.03%	15334	99.93%	15	0.10%
9.00 - 9.99	1	0.01%	15335	99.93%	11	0.07%
8.00 - 8.99	2	0.01%	15337	99.95%	10	0.07%
7.00 - 7.99	2	0.01%	15339	99.96%	8	0.05%
6.00 - 6.99	2	0.01%	15341	99.97%	6	0.04%
5.00 - 5.99	2	0.01%	15343	99.99%	4	0.03%
4.00 - 4.99	0	0.00%	15343	99.99%	2	0.01%
3.00 - 3.99	0	0.00%	15343	99.99%	2	0.01%
2.00 - 2.99	1	0.01%	15344	99.99%	2	0.01%
1.00 - 1.99	0	0.00%	15344	99.99%	1	0.01%
0.00 - 0.99	1	0.01%	15345	100.00%	1	0.01%
缺考	1130					

104 年指定科目考試國文科成績人數累計表

分　　　數	人　　數	百 分 比	自高分往低分累計		自低分往高分累計	
			累計人數	累計百分比	累計人數	累計百分比
100.00	0	0.00%	0	0.00%	54221	100.00%
99.00 - 99.99	0	0.00%	0	0.00%	54221	100.00%
98.00 - 98.99	0	0.00%	0	0.00%	54221	100.00%
97.00 - 97.99	0	0.00%	0	0.00%	54221	100.00%
96.00 - 96.99	0	0.00%	0	0.00%	54221	100.00%
95.00 - 95.99	0	0.00%	0	0.00%	54221	100.00%
94.00 - 94.99	0	0.00%	0	0.00%	54221	100.00%
93.00 - 93.99	0	0.00%	0	0.00%	54221	100.00%
92.00 - 92.99	0	0.00%	0	0.00%	54221	100.00%
91.00 - 91.99	0	0.00%	0	0.00%	54221	100.00%
90.00 - 90.99	0	0.00%	0	0.00%	54221	100.00%
89.00 - 89.99	1	0.00%	1	0.00%	54221	100.00%
88.00 - 88.99	1	0.00%	2	0.00%	54220	100.00%
87.00 - 87.99	0	0.00%	2	0.00%	54219	100.00%
86.00 - 86.99	6	0.01%	8	0.01%	54219	100.00%
85.00 - 85.99	7	0.01%	15	0.03%	54213	99.99%
84.00 - 84.99	12	0.02%	27	0.05%	54206	99.97%
83.00 - 83.99	21	0.04%	48	0.09%	54194	99.95%
82.00 - 82.99	29	0.05%	77	0.14%	54173	99.91%
81.00 - 81.99	55	0.10%	132	0.24%	54144	99.86%
80.00 - 80.99	62	0.11%	194	0.36%	54089	99.76%
79.00 - 79.99	129	0.24%	323	0.60%	54027	99.64%
78.00 - 78.99	165	0.30%	488	0.90%	53898	99.40%
77.00 - 77.99	225	0.41%	713	1.31%	53733	99.10%
76.00 - 76.99	290	0.53%	1003	1.85%	53508	98.69%
75.00 - 75.99	372	0.69%	1375	2.54%	53218	98.15%
74.00 - 74.99	463	0.85%	1838	3.39%	52846	97.46%
73.00 - 73.99	616	1.14%	2454	4.53%	52383	96.61%
72.00 - 72.99	726	1.34%	3180	5.86%	51767	95.47%
71.00 - 71.99	911	1.68%	4091	7.55%	51041	94.14%
70.00 - 70.99	1026	1.89%	5117	9.44%	50130	92.45%
69.00 - 69.99	1180	2.18%	6297	11.61%	49104	90.56%
68.00 - 68.99	1331	2.45%	7628	14.07%	47924	88.39%
67.00 - 67.99	1495	2.76%	9123	16.83%	46593	85.93%
66.00 - 66.99	1639	3.02%	10762	19.85%	45098	83.17%
65.00 - 65.99	1777	3.28%	12539	23.13%	43459	80.15%
64.00 - 64.99	1831	3.38%	14370	26.50%	41682	76.87%
63.00 - 63.99	1927	3.55%	16297	30.06%	39851	73.50%
62.00 - 62.99	1971	3.64%	18268	33.69%	37924	69.94%
61.00 - 61.99	1912	3.53%	20180	37.22%	35953	66.31%
60.00 - 60.99	2079	3.83%	22259	41.05%	34041	62.78%
59.00 - 59.99	1900	3.50%	24159	44.56%	31962	58.95%
58.00 - 58.99	1865	3.44%	26024	48.00%	30062	55.44%
57.00 - 57.99	1871	3.45%	27895	51.45%	28197	52.00%
56.00 - 56.99	1884	3.47%	29779	54.92%	26326	48.55%
55.00 - 55.99	1765	3.26%	31544	58.18%	24442	45.08%
54.00 - 54.99	1706	3.15%	33250	61.32%	22677	41.82%
53.00 - 53.99	1606	2.96%	34856	64.29%	20971	38.68%
52.00 - 52.99	1625	3.00%	36481	67.28%	19365	35.71%

51.00 - 51.99	1581	2.92%	38062	70.20%	17740	32.72%
50.00 - 50.99	1408	2.60%	39470	72.79%	16159	29.80%
49.00 - 49.99	1348	2.49%	40818	75.28%	14751	27.21%
48.00 - 48.99	1308	2.41%	42126	77.69%	13403	24.72%
47.00 - 47.99	1152	2.12%	43278	79.82%	12095	22.31%
46.00 - 46.99	1085	2.00%	44363	81.82%	10943	20.18%
45.00 - 45.99	1021	1.88%	45384	83.70%	9858	18.18%
44.00 - 44.99	934	1.72%	46318	85.42%	8837	16.30%
43.00 - 43.99	906	1.67%	47224	87.10%	7903	14.58%
42.00 - 42.99	832	1.53%	48056	88.63%	6997	12.90%
41.00 - 41.99	714	1.32%	48770	89.95%	6165	11.37%
40.00 - 40.99	593	1.09%	49363	91.04%	5451	10.05%
39.00 - 39.99	556	1.03%	49919	92.07%	4858	8.96%
38.00 - 38.99	506	0.93%	50425	93.00%	4302	7.93%
37.00 - 37.99	454	0.84%	50879	93.84%	3796	7.00%
36.00 - 36.99	401	0.74%	51280	94.58%	3342	6.16%
35.00 - 35.99	370	0.68%	51650	95.26%	2941	5.42%
34.00 - 34.99	320	0.59%	51970	95.85%	2571	4.74%
33.00 - 33.99	285	0.53%	52255	96.37%	2251	4.15%
32.00 - 32.99	290	0.53%	52545	96.91%	1966	3.63%
31.00 - 31.99	207	0.38%	52752	97.29%	1676	3.09%
30.00 - 30.99	168	0.31%	52920	97.60%	1469	2.71%
29.00 - 29.99	171	0.32%	53091	97.92%	1301	2.40%
28.00 - 28.99	155	0.29%	53246	98.20%	1130	2.08%
27.00 - 27.99	115	0.21%	53361	98.41%	975	1.80%
26.00 - 26.99	105	0.19%	53466	98.61%	860	1.59%
25.00 - 25.99	94	0.17%	53560	98.78%	755	1.39%
24.00 - 24.99	84	0.15%	53644	98.94%	661	1.22%
23.00 - 23.99	82	0.15%	53726	99.09%	577	1.06%
22.00 - 22.99	56	0.10%	53782	99.19%	495	0.91%
21.00 - 21.99	59	0.11%	53841	99.30%	439	0.81%
20.00 - 20.99	53	0.10%	53894	99.40%	380	0.70%
19.00 - 19.99	46	0.08%	53940	99.48%	327	0.60%
18.00 - 18.99	42	0.08%	53982	99.56%	281	0.52%
17.00 - 17.99	42	0.08%	54024	99.64%	239	0.44%
16.00 - 16.99	37	0.07%	54061	99.70%	197	0.36%
15.00 - 15.99	21	0.04%	54082	99.74%	160	0.30%
14.00 - 14.99	24	0.04%	54106	99.79%	139	0.26%
13.00 - 13.99	22	0.04%	54128	99.83%	115	0.21%
12.00 - 12.99	32	0.06%	54160	99.89%	93	0.17%
11.00 - 11.99	15	0.03%	54175	99.92%	61	0.11%
10.00 - 10.99	17	0.03%	54192	99.95%	46	0.08%
9.00 - 9.99	11	0.02%	54203	99.97%	29	0.05%
8.00 - 8.99	9	0.02%	54212	99.98%	18	0.03%
7.00 - 7.99	2	0.00%	54214	99.99%	9	0.02%
6.00 - 6.99	1	0.00%	54215	99.99%	7	0.01%
5.00 - 5.99	2	0.00%	54217	99.99%	6	0.01%
4.00 - 4.99	1	0.00%	54218	99.99%	4	0.01%
3.00 - 3.99	0	0.00%	54218	99.99%	3	0.01%
2.00 - 2.99	0	0.00%	54218	99.99%	3	0.01%
1.00 - 1.99	1	0.00%	54219	100.00%	3	0.01%
0.00 - 0.99	2	0.00%	54221	100.00%	2	0.00%
缺考	2597